성운대사가 들려주는

불법의 참된 의미

佛法眞義

성운대사 지음 · 조은자 옮김

운주사

서문

불법은 경전에서 말하듯 '허공은 본래 멀고 가까움이 없으나 허공을 날고 있는 세 마리의 새가 흔적을 만든다. 강은 본래 깊고 얕음이 없지만 강을 건너는 세 마리의 짐승이 흔적을 남긴다'라는 말로 잘 표현할 수 있습니다. 무슨 말인가 하면, 하늘 위에 독수리·비둘기·참새, 이 세 종류의 새가 날고 있습니다. 독수리는 날개를 한껏 펼쳐 수십 킬로를 날아갑니다. 비둘기는 힘껏 날개를 퍼덕여 몇 킬로를 날아갑니다. 참새는 죽을힘을 다해 날갯짓해도 몇 미터 거리밖에 날지 못합니다. 허공은 본래 멀고 가까움이 없습니다. 그렇지만 능력이 서로 다른 새들이 비행하면서 멀고 가까움의 차이가 생겨납니다.

또한 땅 위에서는 코끼리·말·토끼, 이 세 종류의 짐승이 강을 건넙니다. 거대하고 단단한 몸집을 가진 코끼리는 강바닥을 딛고 강을 가로질러 맞은편 강기슭에 도달합니다. 말과 토끼는 체형과 체력이 다르므로 강을 건널 때 반드시 강바닥에 발이 닿지는 않겠지만, 역시 반대편 강기슭까지 헤엄쳐 갑니다.

불법은 바다와 같고 허공과 같습니다. 우리는 바다와 허공 안에 있지만, 저마다 신앙과 근성의 단계가 달라 식견의 깊고 얕음이 어느 정도 다를 수 있으므로 꼭 나만 옳다고 고집하지 말아야 합니다. "깊고 얕은지는 당사자가 직접 봐야 하고, 누가 옳은지 그른지는 장담하기 어렵다"라고 했습니다. 강을 건너는 세 짐승인 코끼리·말·

삼보에 귀의하면 내재된 정신의 역량을 얻을 수 있다.

토끼 중 우리는 어디에 속하는지, 허공을 나는 세 마리 새인 참새·비둘기·독수리 중 우리는 어디에 속하는지를 스스로 검토해 봐야 합니다.

　부처님의 교법은 자비롭고, 지혜롭고, 평등합니다. 제비와 참새가 어찌 기러기나 고니의 뜻을 알겠느냐는 말이 있습니다. 천이 얼마나 긴지는 줄자로 재봐야 확실히 알 수 있고, 물건이 얼마나 무거운지는 저울로 달아봐야만 알 수 있는 것과 같습니다. 저마다 아는 만큼의 불법이 있으니, 자기 신앙의 길고 짧음, 무겁고 가벼움을 알아야 합니다. 그렇지 않으면 유치원에서 공부하면서 억지로 대학교 과정을 설명해 달라는 것과 같습니다. 이것은 자신의 무지를 드러내 타인의 비웃음을 사는 것입니다.

　오늘날의 우리 불교계가 부처님의 본래 품은 뜻을 거스르지 않고 불법의 참뜻을 역설하는 게 가능할까요? 한 예로 천당과 지옥은 우리가 근면하게 수학하여 타락하지 말도록 권면하여 자신을 한 단계 더 발전시키게 해줍니다. 그러나 일부 무지한 인사들은 지옥을 예로 들면서 겁을 주고 공포심으로 대중을 호도하고 있습니다. 천당의 아름다움으로 사람들을 동경하게 만드는 것이 더 낫지 않을까요?

또한 불교에 공헌하고 사찰에 지지를 보내며 공양을 올리는 신도들에게 감사해야 마땅한데, 신도들에게 "당신의 발심에 아미타불께서 감사하실 것입니다"라고 하며 아미타불에게 떠넘겨 버립니다. 왜 아미타불께서 사찰 대신 신도에게 감사해야 합니까? 사찰에서 은혜에 감사하고 덕으로 보답해야지, 어찌 떠넘길 수 있습니까? 부처님께서 말씀하신 근본 불법인 고달픔(苦)조차도 기꺼이 받아들이고 참아내는 정신을 가지라고 우리를 격려하는 것이므로, 우리는 고

세상의 모든 성취는 어디에서 오나? 고행이 가장 중요한 조력이다.

사대가 모두 공空함으로 유有를 드러낸다.

행을 통해 자신을 단련시켜야 합니다. 괴로움은 우리를 더욱 발전시키고 굳건하게 만들어주는 인연이 되니, 이는 선비가 매서운 추위를 견디며 밤낮없이 글공부에 매진해 장원 급제하는 것과 마찬가지입니다. 그래서 "괴로움 가운데 지극한 괴로움을 견뎌내야 사람 가운데 높은 자리에 앉을 수 있다"라는 말처럼 괴로움은 우리 인생에 의미를 주고 있는 겁니다.

그러나 요즘 불교도는 사람을 만나면 "괴롭구나, 괴로워! 살고 싶지가 않아. 서둘러 왕생해서 어서 다음 생을 구합시다!"라고 외칩니다. 부처님이 괴로움을 강조하시고, 나아가 그 괴로움을 뛰어넘어 해탈해야 한다는 의미를 다 잃어버린 것입니다. 이것은 잘못된 해석의 본보기가 아닐까 생각합니다.

불법의 '공空'이란 것도, 오랜 세월 동안 사회 인사들에게 불교의 '사대가 모두 공空하다'라는 것이 텅 비어 아무것도 없고 어떤 것도 필요 없다고 인식시켜 왔습니다. 이러한 단멸견斷滅見을 가지고 전교하는 스님이 이처럼 무지한 도리를 얘기하니, 사람들의 신앙이 어찌 더 깊어지겠습니까?

'공'에는 건설적인 성격이 있습니다. 비워야 채워질 수 있습니다. 방이 비어 있지 않은데 당신이 어디에 누워 잘 수 있으며, 비어 있지 않은 책상에서 어떻게 일을 할 수 있습니까? 빈 대지가 없는데 어떻게 집을 지으며, 주머니가 비어 있지 않은데 돈을 어디에 넣겠습니까? 또 위장이 비어 있지 않는다면 어떻게 살아갈 수 있습니까? 이 좋고 훌륭한 '공'을 왜 없다는 것으로만 말하는 겁니까? '공'은 없다는 것이 아님은 물론, 적극적이고 건설적이며, 완성시킨다는 의미가 있습니다.

또한 '무상無常'도 더할 나위 없이 좋습니다. 정형화되어 있지 않으니 자신을 변화시킬 수 있고, 더 발전시킬 수 있고, 더 향상하게 시킬 수 있고, 더욱 선하고 아름답고 좋게 할 수 있습니다. 그런데 왜 '무상'을 세간의 일체가 종말이라도 오는 것처럼 아무런 희망도 없다고 느끼게끔 설명합니까? 사실 '무상'은 중도를 배우는 불교도에게 주는 희망입니다. 우리는 불법의 참뜻을 저버렸고, 우리는 심혈을 기울인 부처님의 마음을 오해하였습니다. 그래서 이러한 불법의 참뜻에 대해 우리는 다시 한번 깊이 연구하고 더 널리 알리지 않으면 안 됩니다.

불교는 2천여 년 동안 개인적 의견, 개인의 잘못, 개인적 미신 등 할 것 없이 전부 '불교'라는 이름을 갖다 붙이는 바람에 부처님께서 그 수많은 삿된 견해와 거짓말을 떠안아야 했지만, 사실 그것은 부처님이 본래 품었던 뜻에 어긋납니다.

'보시布施'를 얘기하자면, 가끔 타인에게 말 한마디 건네고, 웃음 띤 얼굴을 보내고, 봉사 조금 하는 것 모두 보시라 할 수 있습니다. 그러나 현재 불교에서는 돈을 내라는 것으로 해석합니다. 더구나 보시 두 글자에 담긴 의미는 우리 자신이 아까워하지 않고 나눠줘야 한다는 것이지, 남을 오라고 불러놓고 내놓으라고 하는 것이 아닙니다.

불도를 배우는 과정에서 항상 말하는 '지계持戒'는 사람들에게 어떻게 하면 자신의 행위와 자신의 몸과 마음, 자신의 말이 부처님의 가르침에 부합될 수 있는지를 알고 그것을 간직하여 지켜 나가라는 것입니다. 스스로 깨닫게 하는 교육이 없고, 스스로 부끄러워할 줄 모르고, 스스로 고뇌할 줄 모른다면 불법의 발전을 어찌 이룰 수 있겠습니까?

성암省庵 대사께서는 『권발보리심문勸發菩提心文』에서 "일찍이 입도入道의 요문은 발심發心이 먼저라고 들었으니……"라고 말씀하신 것은 발심에는 바른 믿음과 바른 견해가 있어야 한다는 뜻입니다. 간단히 말해, 불도를 배우는 것은 자비와 희사를 배우고, 사섭법을 배우고, 육도만행 등을 닦는 것입니다. 그러나 현재 우리 사찰 안에서의 육바라밀법은 모두 나의 사찰에 와서 향 피우고 불공을 드리면서 보시금을 내면 그 공덕으로 재앙을 소멸할 수 있다고 신도들을 부추길 뿐입니다. 그러므로 육조六祖 혜능惠能 대사께서는 큰소리로 꾸짖으시면서 「무상송無相頌」에서 "불도를 이룸(成道)은 금전보시로 말미암지 않는다"라고 말씀하셨습니다. 그렇지만 대체 얼마

주는 것과 받는 것은 평등하여 차별이 없다.(2014년 불광산 공승법회供僧
法會)

나 많은 불자가 혜능 대사의 목소리를 들었을까요?

불교에 대한 일부 잘못된 설명은 본래의 참된 뜻을 퇴색시켜 버렸
지만, 결국은 부처님 마음에 품은 뜻이 무엇인지 느끼도록 바로 잡
아야 합니다. 옳지 못한 방법의 방생은 도리어 살생이란 어리석은
행동으로 이어지는 것과 같습니다. 장수를 기원하는 사람이 방생하
고 싶어 물고기를 잡고 새를 잡아오게 하지만, 잡고 방생하는 사이
에서 얼마나 많은 생명이 목숨을 잃는지 모릅니다. 이렇게 해놓고도
장수할 수 있겠습니까? 인과에 대한 정확한 이해가 없으면서 몸 건
강하게 해달라고 채식하고, 돈 많이 벌게 해달라고 하는 불공은 모
두 인과를 위배하는 것입니다. 돈 많이 버는 데는 그만한 인과가 있
고, 건강한 데는 건강의 인과가 있으며, 신앙에도 신앙의 인과가 있
습니다. 수박씨를 심고 어찌 콩을 얻길 바라며, 콩을 심고 어찌 수박

이 자라길 바랍니까?

법法답지 않게, 신년 초하루에 제일 먼저 사찰에 도착해 첫 번째로 종을 치고, 첫 번째로 향을 올려야 1년이 평안하다는 등 수많은 미신을 빌미로 헛소문을 퍼뜨리고 사기 친 경우가 얼마나 많은지 모릅니다. 종소리는 경계와 일깨움의 용도이지, 돈을 요구하는 것이 아닙니다. 향을 피움은 부처님을 존경한다는 뜻이지, 사고파는 것이 아닙니다. 점괘를 뽑고, 연락 끊긴 사람의 길흉을 점치며, 불도의 실천보다는 얻고자 하는 것만을 위해 기도하니 어찌 인과에 부합되겠습니까?

또 예를 들어 풍수지리는 원래부터 있었던 겁니다. 사람에게는 사람의 이치가 있고, 정情에는 정의 이치가 있고, 물건에는 물건의 이치가 있는데, 땅이라고 어찌 땅의 이치가 없겠습니까? 그러나 지리는 반드시 어느 방향이어야 풍수에 좋다고 해석하지 않고, 당신에게 바람이 잘 통하고 깨끗한 환경과 넓게 펼쳐진 경관에 건축물이 골고루 들어선 곳이 당신에게 가장 훌륭한 지리입니다. 그렇지 않다면 중국 산서성山西省에 있는 현공사懸空寺는 절벽 중간에 나무 기둥으로 떠받쳐져 있는데, 이를 풍수지리로 어떻게 설명하실 겁니까?

불교에서는 천룡팔부天龍八部를 얘기합니다. 하지만 하늘은 어디에 있고, 용은 또 어디에 있습니까? 팔부란 대체 무엇인가요? 그들 역시 일종의 인간 종족 가운데 하나인데 우리는 그들을 하늘의 신(天神)·하늘의 장수(天將)라 해석합니다. 부처님께서는 오른쪽 옆구리에서 태어나셨다는데, 당신이 본 적이 있나요? 이와 같은 수많은 불가능한 신화를 부처님한테 전부 덧붙이는 이유는 무엇일까요? 심

불법은 밖으로 구하지 않나니, 자기 본심을 찾으면 보리는 눈앞에 있다.

지어 결집한 불교 경전에 대해 나쁜 생각을 품은 몇몇 사람이 대대로 부처님의 이름으로 왜곡되게 선전을 하여, 현재 대장경 안에는 허위의 경전과 이론이 수없이 많습니다.

　어떤 사람들은 수많은 보살과 나한, 심지어 경문을 근거로 불교가 다신교라 비꼬기도 하지만, 그분들(보살, 나한 등)에게는 역사가 없습니다. 누가 그분들의 부모이고, 자란 곳은 어디란 말입니까? 용수龍樹 보살, 무착無着 보살, 바수반두 존자 등 많은 분들에게는 역사가 있습니다. 그러나 역사가 없는 그 많은 분들을 우리는 또한 부정하지 않습니다. 사실 그분들 모두 부처님께서 천백억으로 나투신 화신이라 말할 수 있습니다. 왜 당신은 신앙을 부처님한테 집중시키지 않고 재물신이니, 성황신(성곽과 마을을 수호하는 신)이니, 토지신이니, 왕야(王爺: 염라대왕)니, 주생낭랑(註生娘娘: 임신과 출산을 담당하는 여신)이니, 월하노인(月下老人: 중매와 혼인을 담당하는 신선) 등이니 하며 더 많은 신을 만들어냅니까? 하느님이 인간을 만들었다 하지만, 사실 인간도 하느님을 창조했습니다. 불교가 일반 종교와 다른 점은 부처님은 가장 위대하신 분이시고, 인간 세상에서 깨달으신 분이시며, 역사가 있으시며, 진실하시다는 것입니다. 부처님은 환상 속에서 튀어나온 신명神明이나 신선이 아니고 인간임이 분명한데, 불교도들은 왜 부처님에게 본래 모습을 돌려주지 않는 걸까요?

가엾은 부처님은 2천여 년 동안 그릇된 신도들이 덮어씌운 수많은 미신이라는 외투와 귀신이라는 가면 때문에 본래의 모습을 잃어버렸으니, 참으로 개탄을 금할 길이 없습니다.

예를 들어 불교에서 말하는 사홍서원은 우리에게 원력을 세우고 실천하라는 것인데, 지금 불자들은 노래는 기꺼이 불러도 실천은 엄두를 내지도 못합니다. 이러면 사홍서원이 무슨 소용이 있습니까?

또한 부처님께서 말씀하신 육도만행六度萬行은 우리 스스로 보살도를 배우고 이 여섯 가지 방법을 찾아 실천하는 것이자, 자신을 제도한 뒤 타인도 제도하라는 것입니다. 보시하고, 지계하고, 인욕하고, 정진하고, 선정을 닦고, 반야가 있어야 합니다. 그러나 출가자는 지금 육도를 이용해 타인에게 보시를 요구하고, 자신은 보시하지 않으며 그저 받을 생각만 합니다. 솔직히 신도는 불도를 실천하여 이미 제도되었는데, 승려가 도리어 피안에 오르지 못하면 되겠습니까? 부처님의 경전에만 머물며 불법을 통해 얻을 이익만 생각하는

부처를 구하는 건 부처를 행하는 것만 못하다.

승려의 전도된 사상과 행위를 개인의 자율적 발전에 맡긴다면, 장차 인과의 판결을 받는 것 말고 지금은 어떠한 법률로도 부처님을 위해 본래 가지셨던 뜻을 행사하게 할 방법이 없습니다.

불교에서 강조하는 '팔정도八正道'는 세상에서 가장 중요한 행위입니다. 당시 서역西域의 호인胡人이 설법을 도와주었는데, 우리는 욕하는 말인 '호설팔도(胡說八道: 말 같지도 않은 소리)'로 변색시켰으니 수많은 북방 민족에게 미안하지 않습니까? 수당隨唐 시기 일부 젊은 학도는 불교의 덕이 높은 스승을 찾아다니며 수학하였습니다. 강서江西에 계시던 마조馬祖 대사를 찾아뵙고 가르침을 청하거나, 호남湖南에 계시던 희천希遷 대사께 도를 묻곤 하였기에, 소위 강호(江湖: 강서와 호남을 합쳐 강호라 함)를 오간다는 말은 그들이 가르침을 청하고자 찾아뵙는다는 것을 의미하였습니다. 그러나 지금은 이처럼 좋은 말을 길에서 묘기부리며 살아가는 것을 '강호로 나간다'라고 합니다. 또 누가 이것을 바로잡아야 합니까?

『유마힐경』·『승만경』 등의 경전에서도 나오지만, 그 안의 유마힐 거사와 승만 부인이 재가자로서 설법하지 않았던가요? 그런데 왜 지금에 와서는 재가자인 교수나 신도가 설법하면 말법未法 시대가 온 것이라 여기면서 우수한 불교 신자가 불교를 도와 널리 포교할 수 없게 만드는지 모르겠습니다. 이와 같은 그릇된 주장을 하는 수많은 사람은 자신의 죄업을 쌓는 것이 아니겠습니까?

'영생永生'은 원래 불교에서 생명은 죽지 않고 윤회할 뿐이라는 의미를 설명하는 거였지만, 기독교도들이 '믿는 자에게 영생이 있으리라'고 부르짖자, 불교에서는 '영생'이란 단어를 사용할 엄두를 못 내

'팔정도'란 당신의 삶에서 '앞으로 나아가는 길이 있다'고 할 수 있는 8가지
바른 도이다.

게 되었습니다. 부처님은 중생을 구제하시기 위해 인간 세상에 오신
구세주가 분명합니다. 그러나 천주교도는 예수가 구세주라고 말하
니, 불교는 또 부처님을 교주라 칭할 엄두를 못 냅니다. 이렇게 좋은
말을 다른 종교에서 사용하게 내주고는 당치도 않은 신앙, 기묘하고
도 허황한 생각들만 불교에 붙였습니다.

　율전律典에서 "술에 손을 대면 오백 세대 동안 손이 없게 된다"라
는 말이 있는데, 이런 무시무시한 징벌이 있을까요? 이것은 어느 대
덕께서 결집하신 것인가요? 그것은 부처님의 본래 뜻을 알지 못하
고, 당치 않은 개인적 인식만 있었지 상식이 없었기 때문에 만들어
진 그릇된 견해입니다. 또한 '사미십계沙彌十戒'는 과연 불교의 장로

들께서도 봉행할 수 있는지 한번 살펴보십시오. 장로도 봉행하지 못하는 사미십계를 막 입문한 사미에게 봉행하라고 하는 것은 오히려 뒤바뀐 것이 아닙니까?

'팔경법八敬法'의 경우도 마찬가지입니다. 부처님은 평등을 제창하시면서 "사성(四姓: 카스트제도에서 네 계급인 브라만·크샤트리아·바이샤·수드라)이 출가하면 모두 석씨釋氏가 된다"라고 말씀하신 거로 아는데, 남녀가 불평등한 팔경법이 있을 수 있습니까? 어느 대덕께서 계율에 결집해 넣어 부처님의 명의를 빌어 사람들에게 봉행하게 하였는지 모르겠습니다. 불교에서 삼귀의의 정신은 '민주'이고, 오계의 의미는 '자유'입니다. 부처님께서는 사부대중의 평등을 제창하셨는데, 어째서 이처럼 아름다운 불법을 오늘 이 시대의 자유·민

열반은 원만하고 영원한 생명이며, 시간과 공간을 초월하여 생사 가운데 유전하지 않는다.

주·평등의 보편적 가치와 하나가 되려 하지 않습니까?

오늘날 불교에는 '부처님이 말씀하시길, 부처님이 말씀하시길'이란 말이 많습니다만, 과연 부처님께서 말씀하신 것이 맞습니까? 우리는 또한 '부처님이 말씀하지 않으신, 부처님이 말씀하지 않으신' 것이라고 말할 수 있습니다. 부처님이 말씀하셨고, 우리에게 실천하라 하신 것은 당연히 가르침대로 봉행해야 합니다. 지금 우리는 사람들에게 '행불行佛하십시오, 불법을 배우십시오, 진정한 부처가 되십시오, 내가 부처라고 인정하십시오'라고 합니다. 그러나 부처님을 억울하게 해서는 안 됩니다. 자신의 집착·사견邪見에다가 부처님의 명의를 붙여 떠드는 것은 심각한 인과를 초래할 수 있습니다.

오늘날 불교 신도들은 불교를 위해 봉사하고, 불교를 위해 보시하며, 불교를 위해 호법해 왔고, 그들이 불교를 길러주었는데, 불교는 다시 신도들에게 무엇을 회향하여야 할까요?

한번은 빈승이 집전한 삼귀오계 수계법회에서 수계를 못 하겠다는 한 신도가 있었습니다. 이유를 물었더니 '망어妄語'라는 계율이 있어 못 하겠다는 겁니다. 옛날 한 선사가 '불락인과不落因果'와 '불매인과不昧因果'에서 한 글자 차이 때문에 오백생 동안 여우의 몸으로 지내게 되었다는 이야기를 듣고, 자신이 거짓말을 하면 어떡하나 하는 두려움이 생겼답니다. 불교도가 들었다면 그에게 "그럼 당신은 이 계를 받지 않으면 되죠!"라고 얘기했을 것 같습니다.

사실, 거짓말하지 않을까 걱정할 시간에 바른말을 하면 됩니다. 그 신도는 포목점을 운영합니다. 원단을 사러 온 사람은 한 자에 얼마냐고 묻습니다. 그는 5원이라 대답하겠지요. 그럼 손님은 물이 빠지는지 안 빠지는지 묻습니다. 그는 천을 팔기 위해 결국 안 빠진다고 거짓말을 합니다.

후에 저는 그렇게 얘기하지 말고 "5원짜리는 물이 빠질 수도 있지만, 저쪽의 8원짜리는 물이 안 빠집니다"라고 얘기해 보라고 알려주었습니다. 훗날 이 신도는 건물을 지을 정도로 돈을 많이 벌었는데 성실한 데다 거짓말하지 않았기에 그의 사업은 날로 번창하였고, 덕분에 커다란 빌딩까지 갖게 되었습니다. 이처럼 훌륭한 불법을 어찌하여 적극적으로 설명해 신도들이 불법의 이로움을 받도록 하지 않는지 의아할 뿐입니다.

이 책은 300여 개의 주제를 모아 엮은 것입니다. 이는 단지 평소 우연히 든 생각일 뿐인데, 사실 불교의 문제가 어찌 이처럼 단순한

오계를 받는 건 신앙의 실천이다.(불광 청년들이 젊은이들에게 오계를 받을 것을 홍보하고 있다)

것에 그치겠습니까? 뜻있는 분들께서 불교를 위해 다시 한번 결집하여 근본적인 개혁을 이루고, 부처님의 진정한 교화가 인간 세상에 두루 나타나게 해주시길 희망합니다.

물론, 우리도 불교가 전 세계로 발전해 나가기 위해서는 서로 다른 각 지역의 지리·문화·언어·풍속·민간정서·기후 등에 맞게 불법을 설명할 수 있는 방편이 약간 필요합니다.

중국 불교에서는 단지 역대의 선사들이 가진 바른 견해와 불법은 얘기를 많이 하지만, 기타의 불법, 예컨대 삼론종三論宗의 진정한 불법인 '연기중도緣起中道'는 연구하고 널리 알리려는 사람이 오히려 적습니다. "정도正道가 흥성하지 않으면, 사교邪敎가 횡행한다"라고 말합니다. 그런 까닭에 부득이 이 작은 책을 통해 여러분에게 색다른 사고를 해보십사 제공하려 합니다. 혹은 설명이 완전하지 못한 부분이 있더라도 부끄럽고 참회하는 마음으로 부처님의 마음과 합일되기 원할 뿐이니, 여러분께서 불법의 참뜻에 대해 새로이 가치를 세우시고, 뜻있는 분과 시방의 대덕들께서도 저의 고심을 이해해 주시고 많은 가르침 주시길 바랍니다. 여기서 갈음하겠습니다.

星雲

2016년 5월 불광산佛光山 개산료開山寮에서

누구든지 신앙이 필요하니, 신앙이 있다면 자신을 확대하고 미래를 이룰 수 있다.

불법의리 佛法義理

무상無常은 생멸生滅을 계속 이어줍니다.

꽃이 피고 지고, 해가 뜨고 지고, 달이 차고 이지러지고,

사계절의 변화, 낮과 밤의 자전 등

이 모두는 무상이 세간에 주는 서로 다른 아름다운 모습입니다.

무상하기에 대자연은 더욱 다채로움을 보이고

인간 세상 역시 분발하려는 역량이 충만합니다.

귀의삼보 歸依三寶

불佛·법法·승僧 삼보는 불교 신자의 신앙 중심이자 세간을 초월하는 거룩한 재보(聖財)입니다.

불은 교주이고, 법은 진리이며, 승은 스승입니다. 세 가지 모두 중생제도의 중요한 인연입니다. 경전에서는 부처님은 훌륭한 의사이고, 가르침은 좋은 약이며, 스님은 간호사로 비유하고 있습니다. 환자는 이 세 가지가 갖추어져야 완쾌될 수 있습니다. 인생 역시 마찬가지입니다. 불·법·승 삼보의 힘에 의지해야만 괴로움을 벗어나 즐거움을 얻을 수 있고, 자재와 해탈을 얻을 수 있습니다.

부처님은 빛과 같아 중생을 원숙하게 할 수 있습니다. 빛은 밝게 비추고, 따뜻하게 해주고, 완숙시키는 세 가지 기능이 있습니다. 빛이 있기에 어둠 속에서도 환해지니, 우리는 두려움을 느끼지 않습니다. 빛이 있기에 따스한 온기로 인해 추위도 두렵지 않습니다. 빛이 있기에 태양은 만물을 무르익게 해줍니다. 그러므로 부처님의 광명이 두루 비추기에 마음에 광명이 생기게 되고 마음의 등불이 환하게 밝아지게 됩니다. 또한 부처님께 귀의하는 건 자신의 마음에 발전소를 하나 세워 자비와 지혜와 신심이라는 선법이 끊이지 않게 하는 것이라고 할 수 있습니다.

가르침은 물과 같아 중생을 촉촉이 적셔줄 수 있습니다. 물은 씻어내는 기능이 있어 우리의 더러워진 업장을 없애 줄 수 있습니다.

물은 해갈의 기능이 있어 인간의 갈증을 해소해 줍니다. 물에는 성장시키는 에너지가 있으니 꽃 한 송이, 풀 한 포기도 물을 뿌려주어야 합니다. 물이 우리를 건강하게 하고 성장시키듯, 법에 귀의하면 우리 마음에 수자원공사를 하나 세우는 것과 같으니, 법수法水는 우리의 신심에 영양을 주고 우리의 번뇌 티끌을 씻어줍니다.

스님은 밭과 같아서 복덕을 심을 수 있습니다. 스님은 우리의 스승이니, 관세음보살·미륵보살·지장보살, 고승대덕 등 선지식과 마찬가지로 모두 우리를 가르치고 지도하며, 우리에게 지식을 전수해주고, 우리를 위해 일하시고 우리에게 방편을 주십니다. 복전승福田僧이라 하듯이, 우리가 그분들에게 귀의한다면 씨를 심고 경작하여 오곡을 풍성하게 수확할 수 있는 많은 논밭을 가진 것과 같습니다. 논밭이 생기면 건물을 세우거나 오곡을 심거나 발전하고 성장할 수 있습니다.

세간에서 재물이 있으면 우리의 생활은 좀 더 낫습니다. 불법승 삼보는 정신에 내재한 보물입니다. 우리가 그것을 얻은 뒤에는 평안과 행복, 해탈과 자재를 구하지 않아도 자연스럽게 얻게 됩니다. 걷기 불편한 노인이 지팡이가 있으면 안전한 것과 같고, 괴롭힘 당하는 아이가 부모가 곁에 없더라도 큰소리로 "엄마!"라고 외치기만 해도 괴롭히던 아이는 '아, 그에게 엄마가 있었구나'라고 생각하고 더는 함부로 행동하지 못하는 것과 같습니다. 마찬가지로 세상에는 수많은 사마외도의 재난이 있지만, 삼보가 곁에 없더라도 삼보를 떠올리고 외치기만 해도 커다란 힘을 발휘할 것입니다.

삼보에 귀의하는 진정한 의미는, 최초의 삼보와 사찰의 삼보에서 더 나아가 자성삼보自性三寶에 귀의하는 것입니다. 부처님께선 사람이 저마다 불성을 지니고 있다고 말씀하셨습니다. 그러므로 불법승 삼보에 귀의하는 것은 곧 자신에게 귀의하는 것입니다. "마음과 부처와 중생은 차별이 없다(心佛衆生, 三無差別)"라고 했으니, 삼보에 대해 마음에 반드시 공경과 인정(긍정)을 갖추어야 그 가운데서 이로움을 얻습니다.

삼보에 귀의한 뒤에는 계율의 구속은 없지만, 신앙에 귀의하는 자체가 하나의 계율입니다. 특히 신앙은 자신의 마음, 자신의 인격을 대표하기에 위배해서는 더욱 안 됩니다. 그러므로 삼보에 귀의하는 것은 스승을 모시는 것이 아니라 자신의 신심에 귀의하고 자신의 본성에 귀의하며 자아에 의지하고 자아를 존중하는 것이니, 부처님께서 보이신 인간의 기본 도덕을 준수하고 스스로 처세의 근본을 수호해야 합니다. 바른 행위·바른말·바른 생각을 가지고, 몸(身)으로 좋은 일 하고, 입(口)으로 좋은 말 하고, 마음(意)에 좋은 생각 갖자는 '삼호 운동三好運動'을 봉행한다면 신구의身口意 삼업이 정화될 수 있을 것입니다. 그렇게 하면 삼보에 귀의하는 의의를 진정 이해했다 할 수 있습니다.

괴로움은 잠시 지나가는 과정일 뿐, 전부는 아니다.

오계수지 五戒受持

불교 내의 각 종파들은 부처님께서 펼쳐 보이신 가르침에 대해 교리 사상의 면에서 각기 다른 주장을 펴고 있지만, 부처님께서 제정하신 계법戒法에 대해서만은 하나같이 받들어 따르고 있습니다.

불교도가 계법을 수지하는 것은, 학생이 교칙을 따르고 국민이 법률을 준수하는 것과 같습니다. 다른 점이라면 교칙과 법률은 외부에서 오는 구속이라 타율적이지만, 불교의 계율은 마음에서 우러나 자신에게 요구하는 것이니 자율적입니다.

삼보에 귀의함은 불도에 드는 첫 관문이고, 오계를 수지함은 신앙을 실천하는 것입니다. 계법의 본질은 침해하지 않는 것이고, 침해하지 않는 가운데 신구의 삼업이 청정해집니다. 그러므로 계법은 일체 선법의 근본입니다. 오계를 수지하면 신심과 지혜를 증가시키고, 공덕을 자라게 하며, 건강하고 평안할 수 있습니다. 또한 도를 생각함(道念)이 자라나고, 방비지악(防非止惡: 그릇됨을 막고 악을 그침)하며, 사람들에게 존중을 받으며, 남들과 화목할 수 있습니다.

첫째, 불살생不殺生: 함부로 생명을 해치지 말라

주된 요지는 사람의 생명을 침해하지 않고, 더 나아가 타인의 생명과 자유를 존중하는 것입니다. 불교에선 비록 누구나 채식을 하라고 강요하진 않지만, "권하노니 그대 나뭇가지로 새 때리지 마오. 어린

새끼가 둥지에서 어미 새가 돌아오길 기다린다오"라는 시에서 보듯이 함부로 생명을 해치는 행위는 하지 말아야 합니다. 그러므로 불살생은 타인의 생명을 침해하지 않고, 해치지 않는 데서 더 나아가 인권에서부터 생존권을 보호하는 데까지 미칩니다.

둘째, 불투도不偸盜: 도둑질하지 말라

타인의 재물을 합법적이지 않은 방법으로 점유하면 안 되며, 타인의 재산의 자유를 존중해야 합니다. 주지 않는데 가져가는 것은 자신이 가져가건, 가져가라 시키건, 보이는 걸 함부로 가져가건 모두 부당한 것들입니다. 남이 보지 않을 때 슬쩍 물건을 가져가고, 위법하게 횡령하고, 착복하여 보관하고, 공공재산을 편취하고, 온당하지 않은 경영·투자·사기 등은 모두 불교에서 허락하지 않는, 온당하지 않은 방법으로 얻는 것들입니다.

셋째, 불사음不邪淫: 삿된 음행을 하지 말라

삿된 음행은 부부간의 정상적인 관계 외의 감정적인 생활을 가리키는데, 가정의 불행과 사회 혼란을 야기할 수도 있습니다. 삿된 음행 하지 말고 타인의 신체와 정절의 자유를 존중할 수 있어야 가정이 원만하고 행복하며, 국가와 사회 역시 안정되고 화목해집니다.

넷째, 불망어不妄語: 거짓말 하지 말라

망어에는 나쁜 말·이간질·속이는 말·거짓말 등이 해당됩니다. 만일 자신의 말 한마디가 사달을 일으키고 타인의 명예를 훼손시키며,

다른 이의 좋은 일을 망쳐 그가 커다란 피해를 보게 되었다면 그것이 곧 망어입니다. 그러므로 망어를 하지 않음은 타인의 명예와 신용을 존중하는 것이자, 침해하지 않는 것입니다.

다섯째, 불음주不飮酒: 술을 마시지 말라

오계 가운데 음주하지 말라는 것은 광범위한 의미에서 자신의 신체 건강을 해치고 자신의 정신을 혼란케 하는 물건을 함부로 먹지도 가까이하지도 말라는 것입니다. 모르핀 등의 마약은 자신의 신심을 해칠 뿐만 아니라 개인의 명성·금전·인연까지도 싹 먹어치워 버릴 것입니다. 술을 마시는 것 또한 자극적인 음료인 술을 지나치게 많이 마시면 술 또한 독극물과 같습니다. 그래서 술을 마시지 않음은 바로 자신과 타인의 건강과 지혜를 존중하는 것입니다.

오계를 다섯 가지로 나누어 말씀드렸지만, 근본적인 면에서 보면 결국 '침해하지 않는다'는 한 가지 계입니다. 침해하지 않고 타인을 존중하면 자신은 더욱 자유롭습니다. 오계를 수지하는 것은 사실 자유민주주의의 참뜻을 구현하는 것입니다. 전체적으로 볼 때, 자유를 잃고 교도소에 갇힌 사람의 원인을 파헤쳐 보면 대부분 오계를 범했기에 감옥에 갇히는 판결을 받은 것입니다. 그래서 계를 받음은 법을 지키는 것이고, 오계를 받아 지닐 수 있는 사람이야말로 신심身心의 두려움과 번뇌에서 벗어나고, 더 나아가 진정한 자유와 평안·기쁨·존엄을 누릴 수 있습니다.

일반 불교 신도는 모두 보시하며 복을 닦아야 한다는 것을 압니다. 이것은 재물을 이용해 타인을 이롭게 하는 것이며, 기꺼이 나누고자 하는 마음이 있는 사람이라면 누구나 해낼 수 있습니다. 오계를 받아 지님은 악행을 멈추고 선을 행한다는 계행으로서, 자신의 마음을 청정하게 할 뿐 아니라 나아가 타인을 존중함으로써 사회에 무형의 내적이고 안정적인 힘을 가져와 모두가 커다란 자유를 누릴 수 있습니다. 타인을 침해하지 않는 이 공덕은 보시보다도 크기에 부처님께서는 항상 오계를 '다섯 가지 커다란 보시'라고 찬탄하셨습니다.

이외에도 살생·도둑질·음란·망어·술을 금지하는 불교의 '오계'는 중국 유교의 인仁·의義·예禮·지智·신信의 '오상五常'과도 공통점이 있습니다. 살생하지 않음은 인이고, 도둑질하지 않음은 의이며, 음란하지 않음은 예이고, 망어하지 않음은 신이며, 함부로 먹지 않음은 지입니다. 유교의 오상은 타인에게 권면하고 스스로 단속함에 그치지만, 불교의 오계는 침해하지 않으려 노력하는 소극적인 것에서 벗어나 적극적으로 타인의 이익을 존중합니다. 타인의 자유를 존중하고 타인을 침범하지 않는 것이 근본정신입니다. 이처럼 살생하지 않고 오히려 생명을 보호하면 자연히 건강하고 장수합니다. 도둑질하지 않고 오히려 기쁘게 나누어주면 자연히 돈을 많이 벌어 부유해집니다. 음란하지 않고 오히려 타인의 명예를 존중하면 자연히 가정이 화목하고 원만해집니다. 망령되이 말하지 않고 오히려 타인을 칭찬하면 자연히 선하고 아름다운 명예를 얻을 수 있습니다. 술을 마시지 않고 오히려 해로운 것들을 멀리하면 자연히 우리 몸이 건강해집니다.

그러므로 오계를 받아 지님은 개인의 이로움에서 보자면 복전福田에 씨를 뿌리는 것과 같아서, 구하지 않아도 절로 더 많은 이익이 돌아오고 다함이 없는 공덕의 선한 과보를 누릴 수 있습니다. 타인을 이롭게 하는 데서 보면 오계는 사람의 마음을 청정하게 하는 훌륭한 약입니다. 한 사람이 받아 지니면 한 사람이 이로움을 얻고, 만인이 받아 지니면 만인이 이로움을 받습니다. 만일 온 나라의 모든 국민이 다 함께 오계를 받아 지닌다면 이 국가는 필경 평안하고 화목하며 즐겁고 이로운 자유민주국가일 것입니다.

보시 布施

불교에서 '육도六度'는 우리의 인생이 번뇌를 벗어나 불도를 성취할 수 있게 해주는 실천의 여섯 가지 수행 방편입니다. 육도의 수행을 통해 발심하여 타인을 제도할 뿐만 아니라 자신도 이로 인해 제도될 수 있습니다. 그러므로 육도는 "자신을 제도한 뒤 타인을 제도하고, 자신을 이롭게 한 뒤 타인을 이롭게 하라(自度度他, 自利利人)"는 일종의 수행입니다.

자신을 제도하는 것에서부터 기쁘게 남을 제도하는 데까지, 자신과 남을 모두 제도하는 것은 하나의 몸에 양면이 있는 것입니다. 자신도 아직 성불하지 못했고 해탈하지 못했으면서 무슨 능력이 있어 남을 제도하느냐고 물을지도 모릅니다. 사실 불도를 이루지 못했으면서 먼저 남을 제도하는 것이 보살의 발심입니다. 보살은 남을 제도하겠다고 발심하는 과정에서 자신의 불도를 원만하게 성취합니다. 그러므로 먼저 남을 제도하면서 복덕의 자양분을 쌓으면 결국에는 자신도 역시 제도됩니다.

이른바 보시·지계·인욕·정진·선정·지혜가 '육도'입니다. 그러나 육도에 대한 진정한 이해 없이 얕은 지식만 가진 일반인은 단순하게 불교는 기쁘게 보시하고, 스스로 알아서 계를 지키고, 책임을 감내하고, 쉼 없이 정진하고, 단정히 앉아 선정에 들라고만 한다고 생각합니다. 이러한 말은 가끔 중생의 근기에 맞는 설명이 되지 못해 불교에 대한 오해를 불러일으키게 합니다. 사실 육도는 그런 뜻이 아닙니다. '보시'를 예로 불법의 참뜻을 설명해 보겠습니다.

보시에는 재보시財布施, 법보시法布施, 무외보시無畏布施가 있습니다. 그러나 현대인은 항상 보시를 금전적 보시에만 국한시킵니다. 사실 불교에서 보시에 대한 견해는 그렇게 좁고 한정된 견해가 아닙니다. 넓은 의미에서 보면, 보시는 돈을 주는 것뿐만이 아닙니다. 돈이 있어 돈을 낸다는 것은 초급단계입니다. 금전 보시보다 조금 더 높은 것이 힘을 보태는 보시입니다. 시간·노동력·전문기술 또는 지혜를 기꺼이 보시하며, 사찰에서 자원 봉사길 원합니다. 또 돈이 없고 봉사할 시간이 없더라도 괜찮습니다. 좋은 말 하고 선하고 아름다운 행동을 널리 퍼뜨리는 것 역시 좋은 말 보시입니다. 만일 말을 잘 못한다 해도 걱정할 것 없습니다. 다른 사람이 금전으로 보시하고 좋은 말 하고 좋은 일을 한다면, 당신은 좋은 마음을 간직해서 마음에 환희심이 생긴다면 그 공덕도 마찬가지입니다.

법보시는 무엇일까요? 도리를 이해하지 못하는 누군가에게 불법과 도리를 보시해 주어 그에게 지식을 주고 기술을 가르치는 것입니다. 이러면 타인의 생활을 개선할 수 있을 뿐만 아니라 타인의 지혜를 개발하여 더 많은 사람을 이롭게 할 수 있습니다. 그러나 재보시는 누구나 받아들일 수 있지만, 불법과 도리를 전해 주겠다는 발심은 누구나 다 원하는 것은 아닙니다.

무외보시는 타인이 두렵거나 근심하지 않게 하는 것입니다. 놀림당하는 누군가를 대신해 당신이 먼저 나서서 "걱정 마, 내가 있잖아. 내가 도와줄게!"라고 말하며 그가 더 이상 두려움을 느끼지 않게 해

준다면 그것이 무외보시입니다.

이쯤에서 제가 여러분께 하나만 묻겠습니다. 보시는 타인에게 베푸는 걸까요, 아니면 자신에게 베푸는 걸까요?

보시는 타인에게 주는 것처럼 보이지만, 실제로 진정한 수익자는 자신입니다. 이는 마치 밭에 씨를 뿌리는 것과 같으니, 장차 수확은 당연히 자신의 몫입니다. 또 불교 경전 안에서는 보시에 대해 니구타尼拘陀 나무 씨앗을 한 알 심었더니, 자라서 수만 개의 열매를 맺었다고 비유하고 있습니다. 그러므로 보시는 "하나를 심으면 열을 얻고, 열을 심으면 백을 얻는다"는 이로움이 있습니다.

보시는 또한 깊은 우물에서 물을 퍼내는 것과 같습니다. 우리가 바가지로 사람들에게 물을 떠주고 사람들이 많이 마실수록 우물 속의 물은 더욱 끊임없이 솟아납니다. 이것이 바로 "아끼지 않는다"라는 것이며, 미련이 없어야 얻을 수 있습니다. 보시에서는 마음속의 인색함과 탐욕을 미련 없이 버리고 널리 선하고 좋은 인연을 맺을 수 있어야 자연스럽게 무한한 법희와 자재를 얻을 수 있습니다.

인생에서 그저 황금덩이만 보지 마십시오. 타인과 인연 맺는 따스한 감동의 보시가 황금덩이보다 더욱 귀중합니다. 보시는 금전을 위주로만 하지 않습니다. 좋은 말로 타인을 칭찬하고, 마음에 자비심을 가지며, 인연 따라 타인의 말에 고개도 한번 끄덕이고, 타인의 이름도 한번 불러주고, 작은 일도 거들어주는 것 모두 보시입니다. 당신이 타인에게 환희심 보시를 할 수 있다면 그것이 곧 인연을 맺는 것입니다. 이와 같은 인간 세상의 따스함과 아름다움이 금전적 보시보다 더욱 의미가 있습니다.

지계 持戒

사회의 저명인사들은 불교의 계율을 듣기만 해도 마음에 꺼려함이 있습니다. 항상 '지계'라는 것에 대해, 이것도 하면 안 되고 저것도 하면 안 되고, 어떤 행동을 해도 갖가지 계율의 제약에 부딪히게 되니 너무 자유롭지 않다고 생각합니다. 그래서 불도를 익히고자 마음 먹었던 일부 인사들은 지계라는 말을 듣자마자 주춤하며 '불도를 익힌 후에 생활 속에서 더 많은 제약을 받고 더 불편해지느니, 차라리 불교를 믿지 않는 게 좋겠다'라고 생각합니다.

사실 지계(持戒: 계를 지님)는 우리를 구속하는 것이 아닙니다. 오히려 지계 덕분에 우리의 몸과 마음은 궁극적인 자유를 얻게 됩니다. 당신이 수계를 하지 않더라도 살인·도둑질·거짓말·음란·독극물 등을 하면 불교의 근본 오계를 위반하는 것이자, 국가의 형법에도 저촉되고 사회의 인륜 도덕적 규범에도 어긋납니다. 그럼 반드시 국가 법률의 제재를 받고 인신의 자유마저 잃어버릴 것입니다. 일시적인 요행을 입어 법률은 비껴갔을지라도 인과는 벗어날 수 없습니다. 악한 인연을 지었다면 반드시 악한 과보를 불러오게 됩니다. 인과응보야말로 인간 세상의 가장 공평한 중재자입니다.

그러므로 지계를 하지 않음은 국가의 법률을 지키지 않는 것과 같아서 감옥에 갇히고 자유를 잃어야 합니다. 반대로 만일 모두가 계를 지니고 법을 지키면 감옥에 갇힐 걱정도 없을 뿐만 아니라, "평소 마음에 찔리는 일을 하지 않으면 한밤에 문 두드리는 소리에 놀랄 일도 없다"할 것입니다. 생활 속에서 나쁜 일 하지 않으면 신심이 두려울 게 없고, 생활은 진정한 자유와 안락을 누릴 수 있습니다.

수계 후 계율을 범하게 될 것을 근심하는 사람도 있지만, 사실 당신이 수계하지 않는다고 계율을 범하는 문제에서 자유로워질 수 있을까요? 생각해 보십시오. 수계를 안 했다고 살인해도 됩니까? 수계를 안 했다고 물건을 훔쳐도 되고, 음란해도 되고, 제멋대로 행동하며 자신의 심신을 방임해도 됩니까? 당연히 안 됩니다. 따라서 우리는 잘못을 저지르고 세간의 법률로 제재를 받을 때가 되어서야 계율을 범했다는 것을 알아채서는 안 됩니다. 이때는 후회해도 늦습니다. 차라리 먼저 오계를 받아 지니고 방비지악防非止惡의 관념을 스스로 지닌다면 쉽게 잘못을 저지르지 않을 것입니다. 계율을 범했을지라도 부끄러워하고 참회할 줄 아는 당신이 수계하지 않은 사람보다 더 향상하고 새 출발할 수 있는 인연을 갖고 있습니다.

그런데 수계하고 난 뒤에는 사실 계율을 범하려고 해도 쉽지 않습니다. 계율에도 경중輕重의 구분이 있기 때문입니다. 하나는 '바라이波羅夷'라 부르는 지극히 중한 계로 '구제받을 수 없다'라는 뜻입니다. 살인이야말로 바라이 죄를 범하는 것이며, 참회로도 통하지 않습니다. 보통사람은 쉽게 범할 수가 없습니다.

또 하나는 가벼운 계인 '돌길라突吉羅'입니다. 일상생활 중 조심하지 못하고 모기·벌레·쥐 등을 죽이면 돌길라를 범하는 '악작惡作'에 해당되지만, 비록 같은 죄를 지어도 부끄러워하는 마음으로 참회하고 잘못을 인정하면 구제를 받고 죄가 가벼워질 수 있습니다.

지계는 일체 선법을 수행하는 기초이자 일체 수행의 근본입니다. 계율은 '암송'하는 것이 아닙니다. 직접 실천 '봉행'해야 합니다. 예를 들어 일상생활에서 항상 좋은 일 하고, 좋은 말 하고, 좋은 마음 가지면 삼업을 청정하게 정화하는 것이자, "모든 악 짓지 말고, 모든 선 봉행하며, 스스로 그 뜻을 맑게 하라(諸惡莫作, 衆善奉行, 自淨其意)"는 '칠불통계七佛通戒'를 실천하는 것입니다. 특히 타인에게 친절하게 대하고, 항상 타인을 배려하며, 매사에 인과응보의 진리를 명심하고 있다면 이것이 곧 지계입니다.

계율은 타인을 침해하지 않는 데 그 의미가 있습니다. 그러므로 오계 중에 불살생은 타인의 생명을 침해하지 않음이고, 불투도는 타인의 재산을 침해하지 않음이며, 불사음은 타인의 신체와 정절을 침해하지 않음이며, 불망어는 타인의 명예와 신용을 침범하지 않음이고, 불음주는 나와 타인의 지혜와 안전을 침해하지 않는 것입니다.

계율은 해도 되는 것과 하면 안 되는 것을 가르쳐 주는 우리의 스승이라 말할 수 있습니다. 계율은 우리의 안전을 보호해 주는 담장입니다. 계율은 우리가 도덕적 수양을 더욱 많이 쌓아 기쁜 마음으로 사람들과 가까워질 수 있게 해주는 훌륭한 책입니다. 계율은 궁전을 짓는 기초공사와 같습니다. 사람이 계법의 보호를 못 받으면 인생의 비바람과 강진을 막아내기 어렵습니다. 그러므로 여러분께서는 수계를 두려워하지 말고 계법을 수호하여야 합니다. 눈 속의 눈동자를 보호하듯이 타인을 침범하지 않는 것부터 실천하여 일체의 중생을 사랑하고 보호하는 것으로 확대해 나가야 합니다. 이것이 적극적으로 지계하는 것입니다.

인욕 忍辱

우리 일생의 일 가운데서 '인내(忍)'는 한 사람에게 매우 중요합니다. 부부 사이에 참을 수 없어 이혼하려 하고, 친구 사이에 참을 수 없어 왕래를 끊으려 하고, 직장에서 참을 수 없어 사표를 내고 싶다면 결국 실업자가 되는 수밖에 없습니다. 불경에서는 "타인이 자신을 참을 수 없을 만큼 헐뜯고, 비방하고, 욕하더라도 감로수를 마시듯 달갑게 받아들이지 못하는 사람은 힘이 있는 큰사람(有力大人)이라 할 수 없다"라고 합니다. 보통 사람에게 '인내'란 때려도 반격하지 않고 욕해도 대꾸하지 않는 나약하고 무능하다는 표현이라 생각합니다. 하지만 사실 '인내'는 역량이자 지혜이며, 인내에는 인식하고, 감내하고, 책임지고, 해소한다는 의미가 있습니다.

남이 나에게 비난하는 말 한마디를 했지만, 내가 참고 누를 힘이 없으면 그와 다투게 됩니다. 남이 내게서 자신의 잇속만을 챙기려 하면 나는 달갑지 않아 되찾아오려 합니다. 모든 사람, 모든 일, 모든 재물에 대해 우리가 조금의 역량도 없고, 받아들이고 짊어지지도 못하고 참을 수 없다면 이런 우리의 인생이 과연 행복하겠습니까? 인내는 때론 자신을 위하는 것뿐만 아니라 더 나아가 남을 위해 하는 것입니다. 남에게 이로움을 주면 설령 자신이 억울한 느낌이 들더라도 참아야 하고, 남에게 이익이 없는 것은 자신의 이익을 희생하더라도 연연해하지 말아야 합니다.

또 다른 이야기 하나가 있습니다. 신도들이 사찰을 찾아 부처님께 예불하고, 향을 피우고, 꽃도 올립니다. 하루는 구리로 주조한 대경 (大磬: 경쇠)이 매우 불쾌해하며 구리로 주조한 부처님에게 볼멘소리를 했습니다.

"부처님! 부처님과 저는 똑같이 구리로 만들었는데, 왜 신도들은 부처님께만 절하고 꽃과 향을 올리며 등을 공양합니까? 저에게는 같은 대우를 안 해줄뿐더러, 저를 치면서 '대경을 치지 않고 예불하면 부처님께서 믿지 않으신다'는 소리를 합니다. 이건 저로선 너무 불공평합니다."

그 말을 듣고 부처님께서 말씀하셨습니다.

"대경아, 불평하지도 속상해하지도 마라. 처음 장인이 나를 만들 때 머리는 평평하지 않아 수차례 망치로 두드리고 치고를 반복했고, 귀는 너무 길다느니 짧다느니 하며 끊임없이 파내고 깎아냈느니라. 나는 수없이 두들겨 맞는 무수한 단련을 거쳤기에 사람들의 예배를 받는 부처가 되었느니라. 이러한 영광은 모두 인내에서 온 공덕이니라. 인내하고 복을 닦은 복보의 인연 덕분에 대중이 기꺼이 내게 예배하러 오는 것이다. 그러나 대경아, 너는 다른 이가 한 대 치면 조금도 참지 못하고 바로 '웅웅……' 하고 소리를 지르고 마니, 우리의 대우가 다른 것은 당연하지 않겠느냐?"

왕양명王陽明 선생이 하루는 학생을 여럿 데리고 참학參學을 나섰다가 거리에서 두 부인이 다투는 것을 보았습니다. 한쪽에서 "당신 참 양심도 없네"라고 욕하자, 다른 한쪽에서는 "당신이야말로 도리를 모르는 사람이야"라고 소리쳤습니다. 그 말을 듣고 왕양명 선생은 학생들에게 "자 이리 모여 봐라. 여기에 배움과 도리를 설명하고 있으니 들어봐"라고 말했습니다. 학생들이 "스승님. 무슨 도를 얘기하고 있습니까? 서로 욕하는 것뿐이지 않습니까?" 했더니, 왕양명 선생은 "남에게 양심도 없느냐고 하면 곧 욕이 되겠지만, 자기에게 양심이 없느냐고 하면 스스로 반성하는 것이니 곧 도가 된다"라고 말했습니다.

"한순간만 참으면 몰아치던 비바람도 멎고 파도도 잔잔해지며, 한 걸음 물러나 생각하면 세상이 넓어 보인다"라고 했습니다. 인내라는 법문을 수학하면서, 욕을 듣게 되어도 내가 되받아치지 않으면 분을 참을 수 없을 때가 있습니다. 그때는 어찌해야 하겠습니까? 처음에는 아마 얼굴에 분노를 드러낼 수 있습니다. 그러나 적어도 입으로 참는 법을 배워 악의적인 말이나 비난하는 말을 쏟아내지 않아야 합니다. 그 후에 한 단계 더 나아가 인내의 공부가 더 강해지면 누가 나를 업신여기고, 나를 비난하고, 나를 나쁘다고 말할지라도, 마음으로는 기분 나빠도 얼굴에는 여전히 미소를 띠고 있을 수 있습니다. 최후에는 누가 나를 괴롭히고 때리고 해도 입으로, 얼굴로, 마음으로 태연히 비교하지도 따지지도 않으며 마주 보고 대화할 수 있다면 이미 인내의 최고 경지에 도달한 것입니다.

"얼굴에 성냄이 없음이 공양이요, 입으로 성내지 않음이 아름다운 향이라" 했습니다. 미소를 잃지 않음이 공양이고, 입으로는 좋은 말 많이 하고 나쁜 말을 담지 않아야 남이 당신을 존중합니다.

또 하나만 묻지요. 인욕은 이로움을 얻는 걸까요, 손해를 보는 걸까요? 당연히 이로움을 얻는 것이지, 손해를 보는 게 아닙니다. 인욕을 하면 자신이 손해를 입게 된다고 생각할 수 있지만, 꼭 그렇지는 않습니다. 참고 양보하는 가운데 인연·지혜·자비·역량이 늘어나니, 인욕으로 얻는 이익은 그 무엇에도 비할 수 없습니다.

　인내는 넓은 마음으로 품는 자비이지, 소극적인 양보도 아니고 손해나 모욕을 당하는 것도 아닙니다. 인내를 품고 자비를 행하는 사람은 진정으로 인아人我가 조금도 차별 없이 평등하다는 것을 깨닫고, "만일 다툼으로써 다툼을 그치게 하면 필경 그칠 수가 없도다. 오로지 참는 것만이 다툼을 멈추게 하나니, 이 법이 참으로 존귀하도다(若以諍止諍, 畢竟不得止, 唯忍能止諍, 是法眞尊上)"라는 말을 이해하게 됩니다. 그러므로 모든 것을 당연한 도리로 보아 인아와 시비에 대해 비교하거나 따지지 않고 너그러운 마음으로 받아들이면, 이치에 맞든 이치에 맞지 않든 세간의 일체는 우리의 복덕을 증가시켜 주는 증상연(增上緣: 다른 법을 일으키는 데 강력한 힘이 되는 연)이 될 것이니, 이것이 곧 인욕을 수행하는 가장 커다란 이익과 공덕입니다.

정진 精進

세상에 어느 성공한 사람도 괴로움을 힘겹게 이겨내고 성공을 이루지 않은 자는 없습니다. 노동을 싫어하고 편안함만 추구한다면, 황금이 물길을 따라 흘러와도 다른 사람이 다 집어가고 당신 몫은 남아 있지 않을 것입니다. "수확이 있길 바라면 먼저 씨를 뿌려야 한다"라고 했습니다. 이것은 불변하는 인과의 도리입니다.

옛말에 "근면하면 이로움이 있지만, 노는 데는 공功이 없다"라고 했습니다. 부지런함과 정진은 게으름과 나태함을 고치기 위한 것입니다. 게으름은 모든 수행의 걸림돌이자 인생의 병이기도 합니다. "집에서의 나태함은 속세의 이익을 잃어버리지만, 출가하여 나태하면 법보를 잃게 된다"라고 했습니다. 그러므로 정진하고 근면한 인생이야말로 성과가 있을 수 있습니다.

물론 정진은 반드시 정당하고 나와 타인에게 이로운 행동이어야 진정한 정진입니다. 불교 경전에는 네 가지의 바른 정진이 있습니다. "아직 생겨나지 않은 악은 짓지 말고, 이미 지은 악은 끊어 없애라. 아직 생겨나지 않은 선은 서둘러 짓고, 이미 생겨난 선은 더욱 널리 행하라"는 게 그것입니다. 아직 범하지 않은 악한 일·악한 생각은 지혜로 바로 잡고 생겨나지 못하게 해야 합니다. 이미 저지른 악행은 용감하게 참회하고 끊어버려야 합니다. 좋은 생각과 아직 행하지 않은 좋은 일은 용기 있고 힘차게 싹을 틔워야 합니다. 이미 행한 좋은 일·좋은 생각은 보호하여 성장시키고 튼튼하게 해야 합니다. 결론은 악을 끊고 선을 닦는 일은 반드시 정진하고 근면하게 해 나가야지, 게으르고 나태한 마음은 조금이라도 가져서도 안 됩니다.

사찰에서 출가 승려들이 아침저녁 예불에서 목어를 치는 이유는 무엇일까요? 밤이든 낮이든 물고기는 물속에서 두 눈을 절대 감지 않습니다. 이것은 불교에서 도를 행하는 출가자의 용맹정진을 상징합니다. 목어를 치거나 목어를 볼 때마다 물고기의 정진하는 힘을 깊이 관찰하고, 그러한 물고기의 정신을 본받아야 합니다. 불교 경전에서도 "오늘이 이미 지나가면 목숨 또한 따라서 줄어든다. 마치 줄어드는 물속의 물고기와 같으니 어찌 기쁘겠는가? 그대들은 힘써 정진하기를 마치 머리에 붙은 불을 끄듯이 해야 한다. 항상 무상을 생각하며 나태해지지 않게 삼가야 한다"라는 얘기를 합니다. 우리에게 항상 경계하고 근면하여야 하며, 살면서 헛되이 시간을 흘려버리지 말고 항상 정진하기를 강조합니다.

불교에는 불휴식보살不休息菩薩·상정진보살常精進菩薩 같은 여러 보살의 명호가 있으며, 이는 수도자들이 지나치게 나태하고 게으르지 말고 정진하여 도를 닦으라는 격려의 의미입니다. 여러 국토를 다니시는 관세음보살, 지옥의 중생을 제도하시는 지장보살, 그리고 중생을 위해 기꺼이 소와 말이 되길 원하셨던 역대 조사님들, 눈과 뇌수까지도 기꺼이 보시하셨던 모든 보살과 대덕처럼 그들 역시 자신의 원력을 완성하기 위해 쉼 없이 정진하셨습니다.

과거 옹정황제(雍正皇帝: 중국 청나라 제5대 황제)는 아버지인 강희황제 재위 시 옥림국사玉琳國師를 우러러 존경하였지만, 안타깝게도 국사는 이미 원적했기에 그 뒤 전국을 수소문해 국사의 제자 한 사람을 찾아냈습니다. 그러나 보잘것없는 생김새와 아직 깊은 깨달음을 얻지 못한 듯 말이 통하지 않는 그를 본 옹정황제는 스승의 이름에 먹칠을 한다며 마음에 들어 하지 않았습니다. 조용한 방을 내어주고 입구에 보검을 달아놓은 뒤 그에게 칠일 안에 깨달음을 얻지 못하면 참형에 처하겠다고 명령했습니다. 날카로운 검 아래에서 이 스님은 자신을 잃어버릴 정도로 정진하여 결국에는 깨달음을 얻었습니다.

그러므로 정진은 일체의 선행을 독려할 수 있고 일체의 공덕에 대응될 수 있으니, 육바라밀 중 '정진'이 없다면 남은 다섯 가지만 가지고는 바라밀을 원만하게 완성할 수 없습니다. 『대지도론大智度論』에서 말하길, 정진법精進法은 모든 선법의 근본이니, 모든 도법道法과 아뇩다라삼먁삼보리심까지 생겨나게 할 수 있다고 합니다.

그러면 정진은 괴로운 것일까요, 즐거운 것일까요? 힘들고 괴로워 보이지만, 정진은 사실 즐거운 것입니다. 『권발보리심문勸發菩提心文』에서는 "수행은 잠시 부지런히 닦아 영겁 동안 안락을 누리지만, 게으름은 일시적 안일함을 꾀하다가 많은 생 동안 괴로움을 받는다"라고 하였습니다.

선정 禪定

불교는 항상 대중에게 육근六根을 모두 모아야 하고, 마음을 모아 생각을 지켜야 한다고 가르칩니다. 마음을 한곳에 모으는 것이 곧 선정입니다.

선정을 말하자면, 선禪은 활발하게 움직이는 걸까요, 아니면 넋 놓고 가만히 있는 걸까요? 가만히 있는 것이 아니라 활발하게 움직이는 것입니다. 보통 사람들은 좌선은 눈으로 코를 바라보고 코는 마음을 바라보며 노승이 선정에 들어간 듯 흔들림이 없어야 하며, 그렇지 않으면 선정에 들기 쉽지 않다고 생각합니다. 실제 참선은 이렇게 하여 우리의 마음에 정혜定慧가 생겨나도록 돕는 과정과 방법일 뿐입니다. 그러니 선의 참뜻은 활발한 것입니다. 이른바 땔감 해오고 물 긷는 것도 선입니다. 차 마시고 밥 먹는 것도 선입니다. 걷고 머물고 앉고 눕는 것도 선입니다. 말하고 침묵하고 움직이고 고요하고, 눈썹을 꿈틀하고 눈동자를 굴리는 것 모두 선입니다.

선은 인간의 만사에 대응하는 구속받지 않는 자유로움이자, 역경을 시험하는 가운데 표출되는 유머 해학입니다. 어느 날 조주趙州 선사께서 제자인 문원文遠 선사와 도를 논하고 있었습니다. 마침 신도가 전병 한 개를 공양 올리자, 조주 선사께서 문원 선사에게 물었습니다.

"전병이 하나인데, 우리 중 누가 먹어야 하겠느냐?"

그러자 제자가 대답했습니다.

"당연히 스승님께서 드셔야지요."

"그건 불공평하지. 이렇게 하자꾸나. 우리 내기를 해서 지는 사람이 먹는 거로 하자."

"어떤 내기를 할까요?"

"누가 더 냄새나고 더러운 것에 자신을 비유하는지 내기하자."

"스승님께서 먼저 하십시오."

"나는 나귀이다."

문원 선사는 스승이 자신을 가축이자 나귀에 비유하자, 자신은 무엇에 비유할까 곰곰이 생각했습니다.

"저는 나귀의 엉덩이입니다."

"나는 엉덩이의 대변이다."

제자가 얼른 받아치며 말했습니다.

"저는 대변 속의 구더기입니다."

조주 선사는 더는 무엇에 비유해야 좋을지 몰라 제자에게 물었습니다.

"구더기인 너는 대변 속에서 뭘 하고 있느냐?"

"대변 속에서 더위를 피하고 있습니다."

저는 '대변 속에서 더위를 피한다'는 이 말이 곧 선이라 생각합니다. 현대인은 소파가 있고 에어컨 잘 나오는 고층빌딩 안에서 머물면서도 편안함을 느끼지 못합니다. 그러나 선사는 대변 속에서 바람을 쐬다니 얼마나 편하고 자유롭습니까?

누가 물었습니다.

"선사께서는 어떻게 수행하십니까?"

"나는 매일 밥 먹고 잠을 자지요."

"저도 매일 밥 먹고 잠자는데, 그럼 저도 수행하고 있는 것이겠네요?"

"당신이 밥 먹고 잠자는 것은 저와 다르지요. 저는 똑같은 음식을 먹어도 늘 맛있고, 자리에 눕기만 하면 곧 잠이 듭니다. 저는 맛있게 먹고 꿀잠을 자지만, 당신은 입에 맞지 않는다고 좋은 것만 골라 먹고, 잘 때는 이리저리 뒤척이며 제대로 잠을 이루지 못하는데 그게 수행이라 할 수 있습니까?"

선은 불교의 소유도, 어느 사람의 전유물도 아닙니다. 그럼 선은 누구의 것일까요? 바로 우리 한 사람 한 사람 마음속에 내재한 보물입니다. 참선 수행은 선심禪心을 잘 활용하는 것이 주목적입니다. 생활 속에서 선심을 잘 활용할 수 있다면 우리는 뛰어나고 지혜롭게 처세할 수 있습니다. 선의 신묘한 용도는 음식에 소금이 한 자밤 들어가 풍미를 더해 주는 것과 같고, 거실에 그림을 하나 걸으니 또 다른 분위기를 내는 것과 같으며, 곱게 핀 꽃 한 송이가 평범한 생활에 다채로움을 더해 주는 것과 같습니다. 자신의 선심을 찾을 수 있다면 당신의 생활과 행동과 말이 달라질 겁니다.

선은 깨닫는 것이지 배우는 것이 아닙니다. 지식을 통해 이해하는 것도 아니며, 반드시 생활 속에서 수행하고 체험해야 합니다. 선정의 수양과 역량을 가진 사람은 마음이 고요하며, 타인의 말 한마디·일 하나에 휘둘려 기복을 나타내고 동요하는 등의 영향을 받지 않을 것입니다. 그러니 선심이 있으면 세간에서 일어나는 인아의 시비와 권세·명예·지위에 연연하지 않습니다.

   일상생활에서 어떻게 참선 수행을 하고 깨우쳐야 할까요? 그저 항상 정신을 한곳에 모으고 의지를 집중시키고, 마음을 한곳에 전념하며, 책임지고 맡은 일을 완성하고, 일과 타인을 두루 사랑하면 언젠가는 깨달을 수 있을 것입니다. 그러므로 습선習禪하는 사람은 '선심'을 단련해 내야 하니, 이렇게 해서 선이 생기면 인간 세상에서 당신은 편안하고 자유로울 수 있으며 인연 따라 물 흐르듯 언행에 걸림이 없을 것입니다.

반야 般若

육바라밀은 반야를 눈으로 삼으니, 이른바 "다섯 가지 방편은 맹인과 같아, 반야가 이끌어간다"라는 말에서 반야의 중요성을 알 수 있습니다.

반야는 안으로 구하는 것일까요, 아니면 밖으로 구하는 걸까요? 당신이 외부에서 구하여 얻어지는 과학·철학 등의 지식은 늘 세지변총(世智辨聰: 세간에서 자기가 배운 바를 최고로 여기고 타인의 의견을 받아들이지 않음)이니, 내면에서 깨달아 얻은 반야에 미치지 못합니다. 반야는 마음속에서 스스로 깨달은 능력이자, '연기법을 바로 알고 이해하여 제법이 공한 성격임을 깨달아' 얻은 '내외가 원만히 성취된' 지혜입니다. 반야가 있는 인생은 인아人我라는 상대적 개념을 없애고 무명의 번뇌를 벗어버릴 수 있습니다.

깊고도 오묘한 반야는 모든 부처님이 깨달아 증득하신 경계입니다. 대중이 이해하기 쉽게 하고자 저는 네 단계로 나누어 보았습니다. 중생이 이해한 반야는 '정견正見'이고, 성문·연각인 이승인二乘人의 반야는 '연기緣起'이며, 보살의 반야는 '공空'이고, 진정한 반야는 오직 삼세의 제불께서만 알고 있고, 성불한 뒤에야 진정으로 알 수 있는 '반야'입니다.

『반야심경般若心經』에서는 "관자재보살이 깊은 반야바라밀다를 행할 적에, 오온五蘊이 모두 공한 것을 비추어 보시고……"라고 했으니, 이것이 깨달음이고 반야입니다. 반야는 지혜와 다르고 지식과는 더욱 다릅니다. 왜냐하면 지혜와 지식은 선과 악이 있고, 올바름과 삿됨(正邪)이 있으며, 이익과 폐단이 있기 때문입니다. 그러나 반야가 있는 인생은 모든 정견을 갖추고 있어 쉽게 외경의 번뇌에 휘둘려 미혹되거나, 업을 짓거나, 괴로움을 받지 않습니다. 그러므로 우리가 세간에 대한 정확한 시각을 갖추고 있다면 이는 범부의 반야 지혜를 갖춘 것입니다.

성문·연각의 성자는 세간의 일체를 연기로 인해 생겨난 것이라 봅니다. 연기는 세간의 모든 사물과 현상·법칙은 근거 없이 생겨난 것이 아니며, 홀로 존재할 수 없고 반드시 각종 인연 조건이 모여야만 일어나고 존재함을 설명합니다.

그러므로 인생이 즐거워지고 싶다면 좋은 인연을 심고 가꿔야 합니다. 인간관계가 화목하길 바란다면 널리 선연을 맺고, 선한 인연으로 바꿔나가야 합니다. 과보에 얽매여 연연하고 하늘과 타인을 원망하며 자신을 무명과 번뇌의 소용돌이에 위험하게 두어서는 안 됩니다.

이어서 보살이 체득한 반야가 '공空'입니다. 공은 우리의 본래 모습입니다. 이른바 '진공생묘유(眞空生妙有: 아무것도 없는 공에서 만유가 생겨난다)'라고 하듯, 비우기에 채울 수 있는 것입니다. 우주 세간은 허공이 있기에 만유를 담을 수 있습니다. 주머니가 비었으니 돈을 넣을 수 있고, 코가 비었으니 숨을 쉴 수 있으며, 위장이 비었으니 건강하게 살 수 있습니다.

정견·연기·공을 이해하는 것도 쉬운 일이 아닌데, '반야'를 알아야 한다니 더욱 힘듭니다. 그렇다면 반야는 대체 무엇일까요?

반야는 제불께서 제법의 실상을 직접 증득하신 일종의 '원명본각지圓明本覺智'이고, 일체의 미혹된 망상을 여의는 '청정무분별지淸淨無分別智'이며, 일체의 법은 자성이 본래 공하고 본래 얻는 바가 없음을 통달하는 '진실무상지眞實無相智'입니다.

반야는 제법의 실상을 오롯이 깨달아 일체의 허망을 여의고 해탈을 얻는 것은 물론이고, 보살은 육바라밀을 행할 적에 반야를 눈으로 삼아, 보시하되 보시한다는 생각 없이 기쁘게 내어주고, 지계하되 계상戒相에 집착하지 않고, 인욕하되 아집을 여의고, 정진하되 교만이 생기지 않게 하고, 참선하되 선정의 경지에 연연하지 말아야 함이 더 중요합니다. "반야를 스승으로 삼고, 오바라밀을 동반자로 삼는다. 만일 반야가 없다면 오바라밀은 장님과 같다"라는 말이 있습니다. 오바라밀은 세간법이고, 반야가 있어야 출세간법이 될 수 있다는 뜻입니다.

예를 들어 보시에도 반야가 있으면 삼륜체공三輪體空을 할 수 있습니다. 지계에도 반야가 있으면 중생을 두루 이롭게 할 수 있습니다. 인욕에도 반야가 있어야 무생법인無生法忍을 할 수 있습니다. 정진에도 반야가 있어야 나태하지 않고 고군분투할 수 있습니다. 선정에도 반야가 있어야 깨달음을 증득할 수 있습니다. 그러므로 오바라밀은 '바라밀다'를 성취해야 하며, 반드시 '무소득無所得'의 반야를 방편으로 삼아 수행해야 합니다.

결론적으로 육바라밀 수행에서 보시 수행은 자신의 탐욕과 인색함을 제도할 뿐만 아니라 타인에게 은혜와 이익을 베풉니다. 지계

수행은 자신을 침해하거나 훼손하지 않을 뿐만 아니라 타인도 범하거나 훼손하지 않습니다. 인욕 수행은 스스로 성내지 않을 뿐만 아니라 타인에게도 성내거나 상해를 입히지 않습니다. 정진 수행은 자신도 나태하지 않을 뿐만 아니라, 타인에게도 나태하지 않게 합니다. 선정 수행은 자신도 흐트러지지 않을 뿐만 아니라, 타인에게도 흐트러지지 않게 이끕니다. 지혜 수행은 스스로 어리석지 않고 삿된 견해를 가지지 않을 뿐만 아니라, 타인에게도 어리석음이나 삿된 견해를 가지지 않게 이끕니다. 그래서 보살의 육바라밀 정신은 적극적이면서도 의미가 매우 깊습니다. 그것도 우리가 훌륭한 인생을 세워 나갈 수 있도록 도와주는 선법善法이고, 끊임없이 배우고자 하는 생명의 열정을 유지해 주며, 결국에는 원만한 궁극의 지점으로 나아가게 합니다.

자비 慈悲

자비는 일체의 중생이 모두 가진 재산입니다. 인간 세상에 자비의 광명이 있기에 세상에는 따스한 희망이 가득 차 있습니다. 자비에서 '자慈'는 타인에게 즐거움을 주고, '비悲'는 타인을 대신해 고통과 괴로움을 뽑아내 줌을 의미합니다. 그대의 아픔과 괴로움을 내가 기꺼이 뽑아내 주고, 그대에게 즐거움을 주겠다는 것이 바로 자비입니다.

'불교는 자비로운 마음을 가진다'고 했고, 이른바 '무연대자無緣大慈, 동체대비同體大悲'는 누구나 다 아는 너무나 익숙한 말입니다. 그러나 자비는 결코 불교도만의 전유물이 아니며, 자비를 베풀라고 타인에게 요구하는 것이 아니라, 우리가 그들에게 자비를 주어야 합니다.

무연대자는 자비를 베푸는 데 있어 반드시 서로 인연이 있어야 하는 것은 아니며, 당신이 나의 가족·친구이기 때문에 내가 그대를 사랑하고, 내가 그대에게 자비로워야 하는 것은 아닙니다. 진정한 자비는 내가 그대를 알든 모르든 당신에게 고난이 닥치면 당신을 도와야 하며, 반드시 혈연관계여야 하는 것은 아닙니다.

동체대비는 상대를 나와 같은 사람이라고 보는 것입니다. 사실 자비를 봉행하기는 어렵지 않지만, 처지를 바꿔보는 학습을 해야 하는 것이 중요합니다. 당신이 고난을 받으면 내가 당신을 도와주고, 만일 내게 고난이 생겼으면 나 역시 누군가의 도움이 필요합니다. 그러므로 처지를 바꿔본 후에는 자비심이 자연히 생겨납니다.

저는 항상 제자들에게 "사람이 가진 게 전혀 없어도 자비가 없어서는 안 된다"라고 말합니다. 자비는 불법의 근본이자, 사람이라면 근본적으로 반드시 갖춰야 하는 조건입니다. 그러나 자비를 부당하게 사용한다면 죄악에 빠질 수 있습니다. 부모가 자녀를 방임하면 사회문제를 일으키게 됩니다. 악행을 내버려두면 무질서를 초래하게 됩니다. 지나치게 돈을 낭비하면 탐욕스러운 마음을 조장하게 됩니다. 방생을 지나치게 남용하면 오히려 생명을 해치게 됩니다. 이것들은 바르고 명확한 지식과 견해가 뒷받침되지 않고 도덕적 용기가 빠진 데서 기인합니다. 그래서 진정한 자비는 반드시 지혜와 정견을 앞장세워야 하며, 그렇지 않으면 당신의 넘치는 자비는 원래의 마음과 아름다운 뜻을 잃어버리게 됩니다.

또한 진정한 자비는 환한 얼굴로 칭찬과 격려를 하는 것이 전부가 아닙니다. 때로는 금강지력金剛之力으로 마귀를 항복시키는 것이 어렵더라도 밀고 나가는 대자대비입니다. 우리가 불공을 드리러 사찰에 가면 산문 앞에서 어서 오라고 만면에 미소를 머금고 계신 미륵불을 먼저 만날 수 있습니다. 이것이 자비의 섭수攝受입니다. 그러나 산문을 들어서면 갑옷을 입고 한 손에 금강저를 쥔 용맹하고 위풍당당한 위타韋陀 호법천장護法天將을 만나게 되는데, 바로 위력의 자비로 우리의 번뇌를 무릎 꿇립니다.

사랑의 자비와 격려 가운데 발전하는 사람이 있지만, 매섭게 굴복시키는 가운데 경각심이 생기는 사람도 있습니다. 봄날의 따스한 바람과 여름의 빗물이 만물을 성장시킬 수 있지만, 가을의 서리와 겨울의 눈 역시 만물을 성숙하게 합니다.

　그러나 일반인이 하는 자비는 대부분 '일시적인 자비'·'떠들썩한 자비'이지, '고요한 자비'·'영원한 자비'를 실천하는 경우는 드뭅니다. 어떤 것이 일시적인 자비일까요? 빈곤을 구제하는 빈민구호 활동과 같은 이런 종류의 자비는 발등에 떨어진 불만을 꺼줄 뿐입니다. 떠들썩한 자비란 무엇일까요? 재계법회齋戒法會에 참가하여 장엄하고 숙연한 분위기로 타인을 섭수하는 것 역시 오래 갈 수 없습니다. 그러면 무엇이 고요한 자비일까요? 문화사업에 종사하는 일부 인사들은 묵묵히 노력하고, 조용히 적막한 괴로움을 받아들이고 있습니다. 많은 사람의 관심을 받지는 못하더라도 그 영향력만큼은 아무리 먼 곳이라도 닿지 않는 곳이 없습니다. 영원한 자비는 무엇일까요? 배움을 일으키고 도를 운용하며, 근본에서부터 중생의 혜명慧命을 계발하고, 책을 써서 선하고 아름다운 사상을 전파합니다. 이것이 바로 영원한 자비입니다.

　종합하면, 우리가 자비심으로 타인에게 더 다정히 관심을 가지고, 자비로운 눈빛으로 만물을 대하고, 자비로운 말로 기쁘게 칭찬하고, 자비로운 두 손으로 항상 불사佛事하여 자신의 마음과 자비를 합치시킨다면 자신의 자비의 힘이 증장할 뿐만 아니라, 더 나아가 온 우주에 자비가 충만하게 됩니다. 자비는 가격을 매길 수 없는 '통행증'입니다. 우리가 어디를 가더라도, 심지어 수중에 돈 한 푼 없더라도 언제 어디서나 환희가 가득 차고 심신이 편안할 수 있습니다.

고 苦

어려서 출가한 저는 '인생 자체가 괴로움이다', '인생은 고해이다', '인생은 고난의 연속이다'라는 말을 자주 들었습니다. 불교에서 말하는 '고'에는 이고二苦·삼고三苦·사고四苦·팔고八苦·무한고無限苦가 있으며, 설령 인생은 즐거운 것이라 해도 즐거운 느낌도 결국은 그 대상이 무너지고 파괴되기에 괴롭다고 했습니다. 당시 저는 그 말에 동의할 수 없었습니다. 그러면 사람들은 고생하기 위해서 불도를 배우러 오는 겁니까? 무슨 이유로 고생을 하러 오는 걸까요? 인생의 의미는 괴로움이고, 불도를 익히려면 고통을 맛보고 업장을 소멸해야 한다며, 전통불교에서는 지나치게 '고된 수련' 사상을 중시함으로 인해 불도를 배우는 사람으로 하여금 심신을 모두 괴롭게 하고, 하루하루 생활을 절망스럽게 만들었습니다.

저는 괴로움을 완전히 소극적인 면에서 해석할 게 아니라, 인생에 있어 괴로움 역시 적극적인 의미도 있다고 생각합니다. 사람은 괴로움을 받아들일 줄 알아야 성장도 합니다. 극한의 괴로움을 맛보려 하지 않고 어찌 최고의 자리에 오를 수 있겠습니까? 고생하지 않고 힘들이지 않고서 어찌 성과가 있기를 바랍니까?

괴로움은 사실 즐거움입니다. 그러나 괴로움이 어떻게 즐거움으로 바뀔까요? 괴로움은 우리에게 어떻게 괴로움을 지나가게 하고, 괴로움을 항복시키고, 괴로움을 타개하며, 더 나아가 안락을 얻게 하는지 가르쳐 줍니다. 왜냐하면 괴로움이 지난 후가 아니면 즐거움을 얻을 수 없기 때문입니다. 비옥한 밭에 곡식이 가득 자랐는데, 당신이 고생스럽게 수확하지 않으면 필요한 식량을 공급받기 어렵습니다. 황금이 물에 둥둥 떠내려 와도 서둘러 건져내지 않으면 당신 차지는 되지 않습니다. 장사하여 이윤을 얻었다고 해도 그 역시 고생하며 모은 것이며, 공장 노동자가 월급을 받는 것 역시 근면하게 노력해야 얻을 수 있습니다. 그러므로 고생 없이는 소득이 없고 부유해질 수 없습니다. 세상의 일은 괴로움을 거치지 않고 얻을 수 있는 것이란 없습니다.

그러므로 괴로움은 일종의 교육입니다. 어릴 때는 공부가 힘들다고 느끼지만, 이러한 단련을 받았기에 지식이라는 양분을 섭취할 수 있습니다. 어릴 때는 일하면서 고생스럽다고 느낄 수 있지만, 당신이 게으르지 않고 괴로움에 맞서 힘겨움을 이기며 단련한다면 생명의 양분을 얻을 수 있습니다.

괴로움은 일종의 역량입니다. 당신이 얼마만큼의 고생을 감내할 수 있느냐에 따라 장래에 그만큼의 즐거움을 얻게 됩니다. 짐을 짊어지는 것에 비유하자면, 10킬로그램까지는 짊어져도 20kg을 짊어지고는 움직이지도 못하고 괴로움을 견디지 못하는 사람이 있지만, 30·60kg을 짊어지고도 가볍다고 느끼는 사람도 있습니다. 고생을 두려워하지 않고 이겨낼 수 있다면 앞으로의 인생이 달라집니다.

괴로움은 일종의 영양입니다. 사람이 생활하면서 천재지변의 고난이 없다면 대자연의 변화에 어떻게 적응해 나가야 할지 모를 겁니다. 인재로 인한 고난을 겪어보지 않으면 고난을 방비해야 할 필요성을 모를 겁니다. 그래서 인간은 괴로움을 알아야 합니다.

괴로움은 일종의 연마입니다. 불교에서는 특별한 곳을 찾아 고행을 수련하고 고행으로 자신을 단련하려는 수많은 수행자가 있습니다. 운동선수는 올림픽에 참가하여 금메달을 획득하고 싶겠지만, 고된 훈련을 거치지 않고 메달을 획득할 수 있을까요?

기아도 괴롭고, 매서운 추위도 괴롭습니다. 업신여기고, 욕먹고, 억울하고, 원통함을 당해도 모두 괴롭습니다. 당신이 이 많은 괴로움을 감당할 역량이 있다면 괴로움을 항복시킬 수 있고, 더는 괴로움으로 인해 괴롭지 않을 것입니다. 바꿔 말해 우리가 괴로움을 이해하고 이 괴로움을 멈추고자 한다면 괴로움을 항복시킬 역량과 괴로움을 멀리할 방법을 찾아야 합니다. 인생은 괴로움 자체라는 우리의 관념도 바꿔야 한다고 생각합니다. 이 관념은 우리 인생의 성취와도 관계가 있으며 매우 중요합니다.

항상 울고 있는 한 노파를 보고 스님이 물었습니다.

"노보살님, 왜 늘 울고 계십니까?"

"스님께서는 모르시겠지만, 제게는 딸이 둘 있습니다. 큰딸은 우산 장수에게 시집갔는데 햇빛이 쨍쨍한 날이면 우산이 안 팔릴 테니 큰딸이 어찌 지내나 걱정되어 웁니다. 제 작은딸은 쌀가루 장수에게 시집갔는데 비가 오면 쌀가루를 말리지 못하니 어떻게 팔까 걱정되어 또 울고 있습니다."

"노보살님, 그러지 마시고 생각을 달리 해보십시오."

"어떻게요?"

"앞으로 비가 오면 작은딸 말고 큰딸을 생각하세요. 아, 비가 오는

군. 우리 큰딸 우산이 잘 팔리겠구나. 해가 뜨면 작은딸을 생각하세
요. 오늘 볕이 좋으니 쌀가루가 잘 말라 돈을 많이 벌겠구나, 라고
요. 이렇게 생각을 바꾸면 괴로움과 즐거움은 전과 달라집니다."

"그렇게 바꾸면 되겠네요."

노파는 이렇게 해서 더는 울지 않고 날마다 웃었답니다. 비 오는
날은 큰딸을 위해 웃고 해가 뜨는 날은 작은딸을 위해 웃었으며, 그
뒤로 다들 울보 할머니가 아니라 웃음 할머니라 불렀습니다.

그러므로 저는 여러분이 매일 "번뇌야, 번뇌! 괴롭구나, 괴로워!"
라고 외치지 않게 불교의 설법을 바꾸고자 합니다. 사람은 세상에
나와 겨우 몇십 년을 살다 갑니다. 여러분은 무엇 때문에 왔습니까?
여러분은 괴로움을 위해서 왔습니까? 우리는 기쁨을 위해 인간 세
상에 온 것이고, 즐거움을 위해 인간 세상에 온 것입니다.

기쁨과 즐거움을 위한 괴로움은 잠깐의 과정일 뿐이니, 이 과정을
우리 인생의 전부라 여겨서는 안 됩니다. 그러므로 괴로움은 인생에
적극적인 작용을 하는 것이니, 우리는 괴로움을 크게 두려워할 필요
는 없습니다. 괴로움을 두려워하지 않고 어려움을 두려워하지 않는
사람이 성과를 낼 수 있으며, 그렇지 않고 고난 앞에서 우물쭈물 나
아가지 못하면 어떤 일도 이루지 못합니다.

공 空

세간의 사람들은 모두 '공空' 안에서 생활하고 있습니다. 그러나 보통 사람은 이 '공'에 대해 대부분 이해를 못하고 세간의 일체가 모두 공이니 어디에 무슨 희망이 있고, 어디에 무슨 미래가 있겠는가, 하고 생각합니다. 그래서 모두 '공'을 좋아하지 않고, 심지어 '공'을 두려워하기까지 합니다.

사실 불법을 이해하는 사람이라면 '비움'이 있어야만 '채움'을 할 수 있음을 압니다. 비우지 않으면 어떤 것도 얻을 수가 없습니다. 주머니를 비우지 않으면 어떻게 돈을 넣겠습니까? 그릇이나 찻잔을 비우지 않는데 어떻게 밥과 찻물을 담을 수 있을까요? 비어 있는 땅이 없는데 어떻게 집을 지을 수 있을까요? 사람의 위장·오장육부에 공간이 없다면 어떻게 살아갈 수 있을까요? 비어 있기 때문에 세상에는 미래가 있고, 생활에는 희망이 있으며, 인체가 정상적으로 활동할 수 있는 것입니다.

다만 사람은 일상생활 속에서 종종 공간을 차지하기 위해 소송도 불사해가며 조그만 땅과 담장 하나 쟁취하려 애쓰지만, 마음은 반대로 비우는 것을 두려워합니다. 사실 없다고 해서 '공'이라 부르는 것은 아닙니다. 오히려 비었기에 우리가 소유할 수 있습니다. 그러므로 '공'은 결코 '없음'이 아니며, 비움은 '무無'입니다. 무는 곧 무량무변無量無邊·무궁무진無窮無盡의 의미이니, '공'의 '용량'은 무한합니다.

불교는 예로부터 이 도리를 공이라 번역함으로써 많은 사람이 불교에 대해 오해하게 했고, 많은 사람이 하늘도 비었고, 땅도 비었고, 사람도 비었고, 나도 비었다며 이 공을 듣고는 아무것도 없다고 여기며 감히 불도를 배우지 못하게 만들었습니다. 사실 비어야 채울 수 있으며 비우지 않고서는 아무것도 없습니다.

'공'은 인생에 매우 중요한 진리입니다. 그럼 대체 이 '공'은 무엇일까요? 어떻게 하면 '공'을 알 수 있을까요?

제가 탁자를 가리키며 묻습니다.

"이게 무엇입니까?"

누군가는 대답할 것입니다.

"탁자입니다."

"틀렸습니다."

그 사람은 분명 탁자인데 어째서 틀렸다고 하느냐며 승복하지 못합니다. 사실 그가 말하는 탁자는 허상입니다. 제가 탁자의 진상을 알려드리겠습니다. 탁자의 진상은 목재입니다. 여러분이 목재에 못을 박아 탁자를 만들면 탁자라 부르고, 의자로 만들면 의자라 부릅니다. 그러므로 탁자는 그저 허상일 뿐 조금 더 규명해 나가면 그것은 사실 하나의 목재입니다.

그럼 제가 다시 탁자를 가리키며 묻습니다.

"이것은 무엇입니까?"

"목재잖습니까?"

"또 틀렸습니다. 이 목재 또한 허상입니다. 그것의 실상은 무엇일까요? 한 그루의 나무입니다."

제가 다시 탁자를 가리키며 묻습니다.

"그럼 이것은 무엇입니까?"

"커다란 나무이지요."

"이번에도 틀렸습니다. 이것은 나무가 아니지요. 이것은 한 알의 씨앗으로 토양 속에서 햇빛·공기·수분·비료라는 자양분을 받고 우주 만유의 역량과 결합하여 성장합니다. 그러고 나서 커다란 나무가 되고, 목재가 되고, 탁자가 됩니다."

이 탁자는 연기緣起로 인하여 생겨났지만, 사실 이것의 실상은 '공'입니다.

제가 가끔 '공'이라는 글자를 일필자로 쓸 때가 있습니다. 그러면 옆에 있는 제자는 이럽니다.

"스승님, 사람들이 싫어하니 '공'이란 글자 너무 자주 쓰지 마십시오."

그러면 저는 이렇게 말합니다.

"공이 재산인데 왜 싫어합니까? 공지空地 한 평에 수백만 원을 웃도는데 말이죠. 비움은 매우 가치 있고 귀중한 것입니다."

그 밖에 저는 "사대가 모두 공함은 채움을 드러내는 것이고, 오온의 화합 역시 진실은 아니다(四大皆空示現有, 五蘊和合亦非眞)"라는 대련 한 구를 썼습니다. 땅(地)·물(水)·불(火)·바람(風)이 곧 사대四大입니다. 땅은 우리를 두루 품어 만물을 성장시키고 우리가 필요로 하는 것을 공급해 줍니다. 그러므로 우리는 환경을 보호하고 지구를 사랑해야 합니다. 물이 없다면 세간의 만물은 살아갈 수 없습니다.

물이 있는 곳에 식물이 있고 생물이 기대어 생존해 나갑니다. 햇빛이 있고 불이 있어야 만물이 성숙할 수 있고 인간 세상에서 생존할 수 있습니다. 바람은 바로 공기인데, 한숨도 불어오지 않으면 끝장납니다. 땅·물·불·바람의 사대가 조화로워야 우리가 건강하고, 우리가 완전하고, 우리가 살아가는 데 의미가 있습니다. 그러므로 사대개공四大皆空은 사대개유四大皆有라고도 말할 수 있습니다.

"오온의 화합 역시 진실이 아니다"에서 오온은 색色·수受·상想·행行·식識을 가리킵니다. 이것은 우리 인간의 몸과 마음을 구성하는 다섯 가지 요소입니다. 이로 볼 때 사람 또한 홀로 존재하는 것이 아니라, 인연이 화합하여야 생존할 수 있음을 알 수 있습니다. 인연이 화합하여 생겼더라도 그 본성은 자연히 또한 '공'입니다.

그러므로 '사대개공'을 '사대개유'라고 바꿔도 부처님의 뜻에 전혀 어긋나지 않으니, 꼭 안 된다고는 말할 수 없습니다. 사대가 화합한 것이 바로 '유' 아닙니까? 당신은 '유'를 말하면 될 것을, 채움이 곧 비움이고 비움이 곧 채움인데, 반드시 그것을 비움이라 말해서 비움에 대한 편견과 오해를 갖게 해야만 합니까? '유'에서부터 천천히 '공'의 뜻을 알게 하는 것이 나을 것입니다.

불법에서는 먼저 '유'를 말한 뒤에 '공'을 말하기도 하고, '공'을 먼저 말하고 '유'를 나중에 말하기도 합니다. 공과 유는 둘이 아니라고 말하기도 하고, 공과 유는 한 몸이라고 말하는 때도 있습니다. '사대개공'은 사실 '사대개유'이기도 합니다. 공과 유는 밤과 낮이 교체하는 것과 같으며, 동전의 앞뒤 모습처럼 두 가지가 같은 몸이지 양쪽으로 나눠진 것이 아닙니다.

무상 無常

여러분 모두 무상을 두려워하고, 세간의 일체는 모두 무상하며 실제 존재하지 않는다고 여깁니다. 예를 들어 금전이 생겼어도 무상할 것이고 감정이 생겼어도 무상할 겁니다. 세간의 그 무엇도 변하지 않는 것이 없으며 우리가 영원히 소유할 수 있는 것은 없습니다. 그래서 무상이란 말이 나오면 종종 소극적이고 비관적이고, 의미가 없다는 것으로 여기곤 합니다. 사실 이렇게 해석하지 말고, 또 다른 측면에서 보면 무상은 적극적이고 분발하는 사상을 내포하고 있습니다.

석기시대의 인간은 지혜가 깨이지 않아서 인류는 날것 그대로를 먹고 살았습니다. 무상하지 않고 변하지도 않는다면 현대 인류는 아직 야만적인 시대로 남아 있을 것입니다. 과거 봉건시대에는 왕권 전제주의 아래 일반 백성은 말할 자유가 없었습니다. 무상하지 않고 영구불변하다면 오늘날 민주정치의 사회가 있을 수 있겠습니까?

지진 태풍 등의 천재지변은 집을 허물어뜨리고 많은 사상자를 내는 등 심각한 피해를 줍니다. 세간이 무상하므로 무상에서 우리는 다시 건설하고 집을 재건합니다. 재건을 통해 수많은 빌딩과 학교 등은 오래된 예전의 설비보다 더 좋고 더 새로우며, 더욱 완비되고 더 선진화되었습니다.

무상하다고 낙담하지만, 인류는 무상 속에서도 다시 한번 일어서는 용기를 배웁니다. 그래서 살아있어야 희망이 있고, 생존이 곧 역량입니다. 만일 세간의 일체가 영원토록 변하지 않는다면 세계는 분명 쥐 죽은 듯 고요할 것입니다. 오직 일체의 법은 인연이 화합하여 일어나고 인연이 모이면 생겨나며, 인연이 흩어지면 소멸하기 때문에 끊임없이 더 새로워지고 쉼 없이 이어지니, 다치고 부서지는 가운데서도 한 줄기 삶의 희망이 보이는 것입니다.

무상은 생멸生滅을 계속 이어나가게 합니다. 꽃이 피고 지고, 해가 뜨고 지고, 달이 차고 이지러지고, 사계절의 변화, 낮과 밤의 자전 등은 모두가 무상이 세간에 주는 서로 다른 아름다운 모습입니다. 무상하기에 대자연은 더욱 다채로움을 보이고, 인간 세상 역시 고군분투하려는 역량이 충만합니다. 그래서 우리의 인생에 더 높은 시야를 갖게 하고, 우리의 사업에 더욱 커다란 발전 공간을 주는 무상을 우리는 무서워하지 말고 감사해야 합니다.

그래서 부정적으로 생각하면 무상은 좋은 것임에도 불구하고 나쁘게 변할 수 있습니다. 그러나 무상은 또한 좋게 변하도록 우리를 도와줄 수 있습니다. 예를 들어 나는 비록 가난하지만 힘써 노력하고 더 널리 선연을 맺기만 하면 점차 부귀해질 수 있습니다. 나는 비록 아둔하지만 열심히 공부하면 차츰 총명해질 수 있습니다. 무상이 없다면 그토록 가난하고 아둔해도 바꿀 수 없고, 그 틀에 갇혀 평생 가난하게 살아야 할 팔자가 됩니다.

인생은 정해진 틀이 없기에 우리가 자신의 행위를 바르고 또 훌륭하게 개선하고 발전하려고 노력하기만 하면 자신의 앞날과 운명을 자연히 바꿀 수 있습니다. 그러므로 무상은 우리가 가진 것을 소중히 여기게 하고, 인연을 소중히 여기게 하며, 관계를 소중히 여기게 하므로 마땅히 '무상'에게 감사해야 합니다.

좀 더 덧붙이자면, 당신이 원하는 생활의 모습이 있다면 그에 상응하는 밑천을 기꺼이 투자한다면 변화시킬 수 있고, 자신이 자신의 주인이 될 수 있습니다. 무상은 불변의 진리입니다. 우리는 무상 속에서 긍정적인 사고를 배우고, 현 상황을 용감하게 변화시키는 것을 배워 자아를 끊임없이 향상하고 끊임없이 발전시켜야 합니다. 우리는 무상을 두려워할 필요는 없습니다. 무상과 인생의 상관관계를 이해하지 못한 자신을 두려워해야 합니다. 그러므로 불법의 무상관無常觀은 우리에게 기대하는 즐거움을 가져다주고, 우리에게 무궁한 희망을 가져다줍니다.

무아 無我

불교에서는 '무아'를 강조하지만, 일반 사람이 들으면 '나'라는 존재가 없어진다는 것이 '무아'라 생각하고 두려움을 느낍니다. 인간의 가장 큰 관심이 바로 나 자신이기 때문입니다. 그러나 우리가 관심을 두는 이 '나'라는 것은 진짜인가요? 불경에서는 이렇게 비유하고 있습니다.

한 부자가 네 명의 부인을 두었는데, 그중 가장 젊고 아름다운 네 번째 부인을 가장 사랑했답니다. 백년이 지나 임종이 다가오자, 저승길이 외로울까 걱정하던 그는 평소 가장 사랑했던 네 번째 부인에게 죽어 함께 가자고 부탁했습니다.

네 번째 부인은 듣자마자 아연실색하며 거절했습니다.

"나는 아직 젊고 예쁜데 어떻게 당신과 함께 가겠어요?"

그는 어쩔 수 없이 평소 자기가 좋아해 주고, 또 자신과 함께 있는 것을 좋아했던 세 번째 부인에게 자기 뜻을 얘기했습니다. 그런데 그녀의 대답은 뜻밖이었습니다.

"당신과 함께 죽으라고요? 절대 못 해요."

"왜 못 한다는 거요?"

"난 당신의 사랑과 관심을 받긴 했지만, 당신이 죽은 뒤에라도 아직 젊은 나는 개가改嫁할 수도 있어요. 그러니 당신을 따라 죽을 순 없어요."

그는 또 실망하고 두 번째 부인을 찾아갔습니다.

"평소 자주 찾지는 않았지만 그래도 내 아내인데, 내가 곧 죽겠으니 나와 함께 갑시다."

잠시 생각하던 두 번째 부인이 말했습니다.

"안 되겠네요. 평소 내가 집안을 돌봐 왔으니 당신이 죽으면 장례 준비도 해야 합니다. 그렇지만 걱정하지 마십시오. 그래도 부부의 정이 있는데, 내가 무덤까지는 배웅해 주겠어요."

그는 할 수 없이 첫 번째 부인을 찾아갔습니다.

"부인, 나와 함께 가주겠소?"

첫 번째 부인은 흔쾌히 대답했습니다.

"여자가 시집을 가면 남편을 따르는 것은 당연지사인데, 당신이 죽는다면 물론 함께 가야지요."

그제야 그는 자신을 가장 사랑한 사람이 첫 번째 부인임을 알게 되었습니다. 어려움이 닥치면 진심을 알 수 있다고 했습니다. 길이 멀어야 말의 힘을 알 수 있고, 사람의 진심은 시간이 지나야 알 수 있다고 했습니다.

이 첫 번째 부인은 누구일까요? 바로 우리의 마음입니다. "어떤 것도 가져가지 못하며, 오직 업장만이 따라간다"고 했습니다. 우리 한 생애의 생명이 끝날 때, 오로지 이 마음만이 자신의 것이고 자신을 따라갈 수 있습니다. 네 번째 부인이 대표하는 건 무엇일까요? 우리의 신체입니다. 매일 화장하고 영양제를 먹으며 온갖 사랑을 주었어도, 죽을 때는 신체 역시 우리의 것이 아닙니다. 젊기에 다른 사람에게 개가할 수도 있다며 자신만의 귀착점과 미래를 요구하던 세 번째 부인은 금전과 보물을 상징합니다. 평소에는 많을수록 좋지만, 당신이 죽으면서까지 가져가지는 못합니다. 두 번째 부인은 무엇일까요? 우리의 친척·친구이며, 우리의 가족입니다. 그들 역시 나와 함께 죽지 못하며, 죽을 때에는 찾아와 장례를 도와주고 문상하고는 결국 무덤까지만 배웅합니다. 첫 번째 부인은 우리의 마음이니, 일단 무상이 도래하면 평소 지은 선업과 악업, 좋은 것과 나쁜 것만이 이때 우리를 따라 함께 윤회합니다.

사실 불교에서 말하는 '무아'는 지금의 '나'라는 것이 없고, 존재하지 않는다는 것이 아닙니다. 불교에서 말하는 '무아'의 '아'는 변화합니다. 육척장신의 인간도 일생이라는 세월 속에서 시시각각 변화하고 있습니다.

한 여인은 영아에서 어린아이로, 여학생으로, 아가씨로, 그리고 어머니로, 할머니로 성장하며 세월이 흐르면서 끊임없이 변화합니다. 대체 어느 것이 '나'일까요? 이러할진대 진실하고 변하지 않는 것이 무엇이 있을까요? 개인의 건강·질병·기쁨·번뇌 모두 '나'의 변화입니다. 그러므로 '나'는 변하지 않으면서 실체적으로 존재하는 것이 아닙니다. 수많은 인연이 모이고 인연이 생겨났다 사라지는 그 사이에 어제의 나, 오늘의 나, 내일의 나가 있는데 어떻게 고정불변하겠습니까?

무아는 아무것도 없는 것이 아니라, 괴로울 수도 즐거울 수도 있고, 많을 수도 적을 수도 있고, 클 수도 작을 수도 있고, 이를 수도 늦을 수도 있습니다. 능통하지 않은 것이 없고 옳지 않은 것이 없는 '나'가 바로 무아입니다.

사실 '나'는 열반의 세계에도 있습니다. 바로 상常·락樂·아我·정淨의 참 나(眞我)입니다. 열반의 세상에서 생명은 영원히 죽지 않고 안락하며 고요합니다. 사실을 말하자면 인간의 생명은 죽지 않습니다. 당신이 죽으려고 해도 죽을 수 없습니다. 죽는 것은 형체일 뿐입니다. 생명은 흐르고 흘러 어디까지 흘러가더라도 결국에는 다시 돌아오는 강물과 같습니다. 이것을 윤회라 합니다.

봄·여름·가을·겨울의 계절이 돌고 도는 것과 같으니, 겨울이 와도 걱정할 필요가 없습니다. 봄이 곧 찾아올 테니까 말이죠. 물질 또한 성成·주住·괴壞·공空의 순환을 합니다. 이쪽 건물을 허물어버려도 괜찮습니다. 무너지면 그 자리에 공간이 생기고 공터가 생기니 다시 높은 빌딩을 지을 수 있습니다. 시계가 일·이·삼·사·오·육·칠·팔·구·십·십일·십이까지 다 돌면 다시 '일'부터 순환할 것입니다.

나라는 것이 없는 까닭에 '나'는 신령의 제어를 받지도 않고 옥황상제(하느님)에 의해 창조되지도 않습니다. 나는 나 스스로 변화할 수 있고, 스스로 고칠 수 있으며, 나는 나 자신의 의사가 될 수도 있고, 자신의 조각가가 될 수도 있습니다. 모습을 바꾸고 싶은 대로 주도해 나갈 수 있는 사람은 자기 자신입니다. 인생이 한 가지로 형성되어 변하지 않는 '나'가 아니라, 현재의 '나'를 통해서 미래의 '나'를 바꿀 수 있으므로 '무아'의 참뜻은 무한한 가치를 내포하고 있습니다. '무아'를 이해해야 사사로운 이기심을 버릴 수 있고, '무아'의 의미를 알아야 우리가 인생에서 갖가지 어려움을 마주했을 때 넘어서려는 마음을 일으킬 수 있습니다.

중도 中道

세간법은 선악善惡, 시비是非, 호괴好壞, 사리事理, 나아가 맞고 틀림, 어렵고 쉬움, 높고 낮음, 크고 작음, 남자와 여자 등 모두 상대적입니다. 불법은 다릅니다. 불법에서는 대립이 아닌 중도를 중요시합니다. 중도는 유무有無, 증감增減, 선악, 애증 등 양극단에 치우치지 않고 넘어섭니다. '중도'는 절충의 도道 또는 중용의 도가 아니라, 반야지혜로 사리를 조율하고, 유무를 융화하여 해탈의 길로 나아가게 합니다.

부처님 당시 인도에는 수행 면에서 극단적 향락주의인 아지타 케사캄바리(Ajita Keshakambala)와 극단적 고행주의인 니간타 나타풋타(Nirgrantha Jnātiputra)가 있었고, 우주 인생 문제에 대한 견해 면에서 막칼리 고살라(Maskarin Goshālin)의 숙명론과 푸라나 캇사파(Pūrana Kāshyapa)의 무인론 등 육사외도六師外道가 있었습니다. 한쪽만을 고집하는 그들의 설법을 부처님께서는 취할 수 없다고 생각하셨고, 편견에 빠지지 않기 위해 부처님은 양극단을 멀리하고 중도를 말씀하셨습니다.

부처님의 제자 가운데 십이억이十二億耳는 과거에 악사였습니다. 부처님을 따라 출가한 뒤 조급하게 증과證果를 얻으려고 밤낮없이 정진 수행하였지만 오래도록 깨닫지 못했습니다. 오히려 심신이 견디지 못할 정도로 피로해져 퇴보하는 마음이 생겨났습니다. 부처님께서 이를 아시고 그가 수행하는 곳에 오시어 가르침을 주셨습니다.

"네가 음악으로 나의 선화宣化를 돕고 너와 모두의 심신을 키우는 것은 훌륭하다. 그런데 네가 악기를 연주할 때, 악기의 줄이 너무 팽팽하면 어떻게 되겠는가?"

"줄이 너무 팽팽하면 끊어집니다."

"그럼 너무 느슨하면 어떻게 되느냐?"

"소리가 안 납니다."

"너무 팽팽해도, 또 너무 느슨해도 연주를 할 수 없다. 팽팽하고 느슨함의 중간에 있어야 아름다운 소리가 연주를 통해 나오느니라. 수행도 마찬가지이다. 지나치게 조급해하거나 나태한 것 모두 정상적인 길은 아니다."

십이억이는 부처님의 가르침을 듣고 자신의 수행방식을 고쳤으며, 얼마 지나지 않아 아라한과를 증득하였습니다.

중도의 사상은 공유空有가 융합된 지혜이므로 직접 세간의 실상에 계입契入할 수 있습니다. 중도의 반야 지혜가 있으면 현재 생활 속에서 행복하고 즐거울 수 있습니다. 그러므로 중도에 맞게 수행해야 할 뿐만 아니라, 어떤 일을 하든 넘쳐도 좋지 않고 모자라도 좋지 않습니다. 예를 들어 생활 속에서 누군가는 지나치게 물욕을 좇고, 누군가는 심할 정도로 검소하며, 누군가는 금전 사용을 지나치게 낭비하고, 누군가는 돈 한 푼 안 쓰려는 것은 모두 정상적인 방법은 아닙니다. 시종일관 주먹을 움켜쥐고만 있는 것도 기형이며, 손가락이 오므려지지 않고 펼치고만 있는 것도 기형입니다. 자유자재로 손을 쥐었다 폈다 할 수 있어야 정상입니다.

중도는 중관中觀의 반야 지혜입니다. 지혜가 있으면 어떤 일을 마주해도 어떻게 풀어나갈지 알고, 그 안의 원칙을 명확히 알게 됩니다. 결과를 보고 그 결과가 어떤 원인에서 생겨났는지를 알며, 심는 대로 거두는 법이니 하늘과 타인을 원망하지도 않습니다. 부처님께서 말씀하신 '연기성공緣起性空'은 '유有'는 '공空'으로 인해 세워졌음을 우리에게 이해시키고자 하신 것입니다. 그래서 연기를 진정 이해한 사람이라면 모든 현상이 실제 존재한다는 데에 집착하지 않고, 또 전혀 존재하는 것이 없다는 데에 집착하지도 않습니다. 이른바 "색이 곧 공이요, 공이 곧 색이라" 하였듯, 이처럼 공도 아니고 유도 아니라는 것을 깨닫는 것이 바로 '중도'입니다.

　인간불교는 소유하는 생활이기도 하고 비우는 생활이기도 합니다. 집단을 이루는 생활을 하기도 하고 홀로 거처하는 생활이기도 합니다. 만일 세간의 일체를 잘 조화롭게 만들어 중도의 생활을 하고, 사상은 편견이 없고 극단적이지 않으며, 이분법으로 나누지 않고 하나로 융합할 수 있어야 중도라 할 수 있습니다. 이렇게 중도가 있어야 세간이 태평해지고, 중도가 있어야 세간에 분쟁이 없으며, 중도가 있어야 인생에 즐거움이 있으며, 중도가 있어야 행복한 생활을 할 수 있습니다.

사대불공 四大不空

어려서 저는 사회 인사들이 "화상은 재색주기財色酒氣의 사대가 모두 없다"라고 출가자를 두고 비아냥거리는 말을 자주 들었습니다. 사실 사회에서는 '사대개공四大皆空'을 오해하고 있습니다. 사대는 재색주기와 관계되는 것이 아니라 '지수화풍地水火風'을 가리킵니다. 『반야심경』에서 말하는 "색즉시공色卽是空, 공즉시색空卽是色"을 보면, 사대개공은 사실상 '사대개유四大皆有'라고 볼 수도 있습니다.

'공'과 '유'는 체體와 상相의 관계입니다. 공은 체이고 유는 상입니다. 두 가지는 상즉(相卽: 하나로 융합되어 구별할 수 없음의 상태)하며 둘이 아닙니다. 예를 들어 우리가 손을 오므리면 주먹이 되고 펼치면 손바닥이 보이는 것과 같습니다. 그러나 잠깐 오므렸다 잠깐 펼치면 이건 무엇입니까? 손바닥이자 주먹입니다. 그것은 또한 손바닥도 아니고 주먹도 아닙니다. 주먹과 손바닥이 보기에는 달라 보이지만, 사실 그들은 손이라는 하나의 본질에서 온 것입니다.

'공'은 우리의 손에 비유할 수 있고, '무'와 '유'는 주먹과 손바닥에 비유할 수 있습니다. 본래는 '무'였던 것이 인연이 모여 '유'가 됩니다. 본래는 '유'였던 것이 인연이 흩어져 '무'가 됩니다. '공'의 본질은 '유'와 '무'의 모습을 통합한 것이고, '공'은 '유'와 같지도 다르지도 않으니, 손과 손바닥이 같지도 않고 다르지 않은 이치와 같습니다.

그래서 '비움'이 있어야 '채움'을 할 수 있습니다. 찻잔이 비어 있어야 차를 담을 수 있고, 방이 깨끗이 비어 있어야 사람이 살 수 있는 것과 같습니다. 신체의 기관인 코가 통하지 않고 혈관이 막히는 등은 바로 체내의 공간에 이상 상황이 발생한 겁니다. 나아가 인아人我의 교류와 국가의 발전에서 만일 민중의 마음에 '공'이 없고 선입견과 원망만 가득하여 서로를 포용할 수 없다면 경제성장은 침체되고, 사회의 건설은 위축되며, 개인의 생명과 재산 역시 위험에 빠지게 됩니다.

그러므로 '공'은 인생의 각종 현상(有)과 관계가 매우 깊습니다. "허공이 만상을 품으니 이는 나의 집이다.(空容萬象是吾家)"라고 하듯이, 불교에서 '공'과 '유'를 말하는 것은 원래 세상 사람들에게 '유'를 정확히 인식하여 '유'에 대한 집착을 버리고, 만상의 본래 모습을 품은 '공'으로 다시 돌아가라는 것입니다. 그러나 일반 사람은 '공'의 뜻을 이해하지 못하면서 다가가려 시도도 안 해보고 불교는 소극적인 가르침이라고 나쁘게 말합니다. 또 불교를 믿으면 하늘도 비고 땅도 비고 사람도 비고 사물도 비고, 텅 비어 아무것도 없다고 여깁니다. 정말 이러한 세계라면 무섭지 않겠습니까?

이 점을 참작해 저는 '사대개공'을 '사대개유'라 해석하였고, 대련을 하나 썼습니다.

"사대가 모두 공함은 채움을 드러내는 것이고, 오온의 화합 역시 진실은 아니다(四大皆空示現有, 五蘊和合亦非眞)."

'사대가 모두 공함은 채움을 드러내는 것이다'라는 구절은 지수화풍의 사대가 없으면 세간의 사물은 이루어질 수 없음을 설명합니다.

모든 사물 안에는 지수화풍의 사대가 함유되어 있고, 단일한 요소마다 또 사대 원소가 포함되어 겹겹이 한없이 서로를 흡수하고 포용합니다.

예를 들어 단단한 뼈는 지대地大이고, 부드러운 성질의 혈액은 수대水大이며, 따스한 성질의 체온은 화대火大이고, 유동적인 호흡은 풍대風大인데, 사대가 합하여 사람의 신체가 됩니다. 만일 사대가 조화롭지 않다면, 또 지수화풍 중 하나가 없어진다면 질병이 생길 수 있습니다. 심지어 지나치게 저체온이거나 호흡이 없다면 인간은 생존할 수 없습니다. 그러므로 사대가 임시로 합(假合)해져 만들어진 인체의 본래 성질은 '공'입니다.

또 한 예로 꽃 한 송이가 피어나기 위해서는 지대인 토양, 수대인 수분, 화대인 햇빛, 풍대인 순환하는 공기가 필요합니다. 사대가 없다면 꽃은 성장할 수 없습니다. 그러므로 인연이 모여야 생존할 수 있고, 인연이 흩어지면 존재할 수 없습니다. 인연이 모이고 흩어지며 무상하다는 것은 무슨 의미입니까? 바로 '공'입니다. '공'은 없어진 이후를 '공'이라 하는 것이 아니며, '유'가 있을 때가 바로 '공'입니다. '공'해야 '유'할 수 있고, '공'하지 않으면 '유'할 수 없습니다.

'오온의 화합 역시 진실은 아니다'에서 오온은 '나'의 대명사입니다. 나라는 사람의 생명은 색·수·상·행·식의 다섯 원소가 모여 이루어졌습니다. 비록 오온이 합하여진 신심身心이 시시각각 변화하고 있지만, 결코 실존하는 것은 아닙니다. 그러나 끊임없이 변화하는 겉모습에서 순환하는 생명과 본질적인 불성은 영원토록 변하지 않습니다. 불교는 생명의 본질을 표현할 말이 없어 만유를 건설할 수 있다는 데서 따와 억지로 '공'이라 부르는 겁니다.

그래서 '공'을 알지 못하는 사람은 사람이 죽은 후 아무것도 없다고 생각합니다. 하지만 '공'을 진정으로 이해한 자는 생사가 절대 두렵지 않습니다. '공' 안에서는 죽으면 다시 태어나고 태어나면 다시 죽습니다. 죽으면 끝이라고 생각하지 마십시오. 죽으면 윤회하여 다시 환생할 수 있습니다. 생명의 본질은 허공과 같아서, 시간으로는 삼계를 포괄하고 공간으로는 시방에 두루 미치기에 생명은 죽지 않습니다.

중생에게 쉼 없이 윤회하는 생명현상(有)에서 본래 구족되어 있는 진여자성(空)을 탐구하라는 것이 부처님께서 시교리희(示敎利喜: 설법의 네 가지. 법을 보여주고, 가르치고, 중생을 이롭게 하고, 기쁘게 해줌)하신 목적입니다. 안타깝게도 후대의 불제자는 부처님의 뜻을 곡해하거나 원리를 이해하지 못하고, 활력이 넘치고 묘유妙有가 생겨나게 하는 '진공眞空'을 활기가 전혀 없고 아무것도 없다는 뜻의 '완공頑空'이라고 설명하고 맙니다. 그래서 위의 경우는 불문에 들자마자 서둘러 세속을 피해버리고, 아래의 경우는 공리空理를 이해하지 못하고 불교를 비방하게 됩니다.

그러므로 제가 '사대불공四大不空'을 얘기한 까닭은 부처님께서 품으셨던 본래의 뜻으로 돌아가기 위함이니, 세상 사람들이 공유空有가 둘이 아니라는 부처님의 지혜를 배우고, 우주만'유'의 진리를 깊이 관찰하여 부처님의 자비희사와 육도만행을 봉행하고, 자리이타自利利他의 실천 속에서 '공'의 무한한 건설성·포용성·불변성·평등성까지 느낄 수 있기를 바라서입니다.

사성제 四聖諦

부처님께서는 '연기법'을 깨달으셨기에 불도를 이루셨습니다. 그러나 연기법은 심오하고 이해하기 어렵습니다. 부처님께서는 다만 갑작스럽게 설명하면 믿음이 일어나지 않을 중생들이 두려움을 느낄까 걱정하여 녹야원에서 초전법륜을 펼칠 때 고苦·집集·멸滅·도道 사성제를 먼저 다섯 비구에게 설하시었습니다. 이는 불법의 요점이라 할 수 있으며, 인생이 어떻게 하면 '고공무상苦空無常'한 차안此岸에서 '상락아정常樂我淨'의 피안彼岸으로 건너가는지의 수도 단계를 설명합니다.

고제苦諦와 집제集諦는 미혹된 현실세계인 세간의 인과이자 유전문流轉門이니, 집제는 고제의 원인이고, 고제는 집제의 결과입니다. 멸제滅諦와 도제道諦는 깨달은 세계인 출세간의 인과이자 환멸문還滅門이니, 도제는 멸제의 원인이고, 멸제는 도제의 결과입니다. 인과의 순서대로라면 사성제는 마땅히 집·고·도·멸이어야 합니다. 그러나 중생의 본성은 결과는 쉽게 이해되지만 원인은 이해하기 어려우므로, 쉽게 가르치기 위해 부처님께서는 부득이 먼저 괴로움의 모습을 밝히시어 중생이 싫어하여 멀리하는 마음을 일으키게 하시고, 다시 그 괴로움의 원인을 펼쳐 보이시어 집제를 끊게 하시었습니다. 계속해서 열반의 즐거운 모습을 보이시어 흠모하게끔 한 다음, 다시 수도하는 방법을 말하며 꾸준히 실천하게 하였습니다. 그렇게 한 목적은 중생에게 고제를 알고, 집제를 끊고, 멸제를 동경하고, 도제를 닦게 하려 함이었습니다.

사성제는 병을 치료하는 과정과 같습니다. 사람이 병이 나면 아프고 괴로움이 말할 수 없습니다. 이는 고제입니다. 병의 원인을 아는 것은 집제입니다. 병에 맞게 약을 처방하고 각종 치료방법을 펼치는 것은 도제입니다. 약을 써 병을 없애고 건강을 회복하는 것은 멸제입니다. 우리 신체의 질병은 의사의 치료를 받아야 하고, 우리 마음의 병은 불법이라는 약 처방에 의지해 치료해야 합니다. 그 약 처방이 바로 정견正見·정사유正思惟·정어正語·정업正業·정명正命·정정진正精進·정념正念·정정正定의 '팔정도'입니다. 이 팔정도를 따르면 우리의 번뇌를 영원히 끊어내고, 생사윤회의 괴로움에서 해탈할 수 있습니다.

정견은 바른 견해이자 바른 믿음을 가리키며, 시비와 선악, 참과 거짓을 정확하게 판단하고 정확하게 행동하는 것입니다. 이것은 또한 팔정도의 주체입니다. 정사유는 바른 사상입니다. 탐욕도 성냄도 어리석음도 없고 삿되고 망령되이 행동하지 말며, 지혜로 생각하고 헤아려 분별합니다. 타인과 대화하면서 자애로운 얼굴과 말로 믿음과 환희를 일으키는 것이 정어입니다. 평소 행동은 오계를 범하지 않고 도덕과 예법에 맞으며, 사리사욕을 위해 타인을 침범하고 해치지 않는 것이 정업과 정명입니다. 더 나아가 적극적으로 즐겁게 선을 베풀고 악을 멈추며 약자를 돕는 것이 정정진과 정념입니다. 어려움과 좌절이 닥치면 냉정하고 침착할 수 있고, 지혜롭게 판단하여 해결해 나가는 것이 정정입니다.

불교의 네 분 보살들은 사성제 가운데 고제와 집제의 해결자인 동시에, 멸제와 도제의 완성자입니다.

관세음보살은 자비로 시방세계를 두루 다니시며 중생이 삼독三毒과 칠난七難의 괴로움을 받는 걸 보시고 구해 달라는 소리를 찾아 '가없는 중생을 건지오리다'의 서원을 실천하십니다.

지장보살은 커다란 원력을 세우고 지옥의 중생을 제도하겠다고 발심하였습니다. 욕심·노여움·어리석음·자만심 등이 모여 지옥의 고통을 만들어내니, 지장보살께서는 구해 주고자 발원하여 지옥에도 부처님의 해가 밝게 비추게 하였으니, '번뇌는 끝이 없으나 기어이 모든 번뇌를 끊겠습니다'입니다.

문수보살은 커다란 지혜가 있어 불가사의한 갖가지 공덕을 구족하시어, 어리석음에서 깨달음을 얻게 하시고 괴로움에서 즐거움을 얻게 갖가지 방법과 배움을 주시니, '법문이 끝이 없으나 기어이 모든 법문을 다 배우겠습니다'입니다.

보현보살은 대행력大行力이 있어 인격 존중을 장려하시고, 타인의 미덕을 찬미하게 하며, 중생에게 환희와 겸손과 부끄러움을 보시하는 힘이 있기에, 온갖 행위를 인도해 정토로 돌아가 고난에 찬 모든 중생을 다 구할 수 있습니다. 이것이 '불도가 끝이 없으나 기어이 모든 불도를 이루겠습니다'입니다.

결론적으로 불법은 고집멸도만으로 우주 인생의 현상을 해석하는 데 그치지 않고, 우주 인생의 문제를 해결하는 것을 더 중요하게 생각하기에 반드시 원력·수행·실천을 구비해야 합니다. 그러므로 사성제에서 더 나아가 사홍서원, 육바라밀 수행은 바로 인생에서 해탈하도록 제공해 주는 방편입니다. 우리는 사성제의 진리를 통달하고 이해한 후에는 보살께서 하나의 법도 버리지 않는 자세를 배우고, 사성제로 불법의 기초를 삼고, 사섭육도(四攝六度: 사섭법과 육바라밀) 의 수행문을 실천하여 보살도를 완성해야 합니다.

사무량심 四無量心

『화엄경華嚴經』에서는 "항상 부드럽고 인욕하는 법을 닦아, 마음을 자비와 희사에 안주한다(常行柔和忍辱法, 安住慈悲喜捨中)"라고 합니다. 자자慈·비비悲·희희喜·사사捨는 사무량심四無量心이자, 우리가 의지하여 안주할 곳이기도 합니다. 사무량심을 실천하면 우리 마음속의 탐貪·진瞋·치痴·만慢 등의 번뇌를 항복시킬 수 있습니다.

사무량심은 제가 불광산을 위해 제정한 '불광인 업무신조' 이념과 꼭 들어맞습니다. 자무량심慈無量心은 '타인에게 신심을 준다(給人信心)'이고, 비무량심悲無量心은 '타인에게 희망을 준다(給人希望)'이며, 희무량심喜無量心은 '타인에게 기쁨을 준다(給人歡喜)'이고, 사무량심捨無量心은 '타인에게 방편을 준다(給人方便)'라고 할 수 있습니다. 사무량심을 닦으면 우리의 인간관계를 개선할 수 있고, 사무량심을 닦으면 복덕과 지혜를 기를 수 있고, 무량중생을 안락하고 이롭게 할 수 있습니다.

일상생활에서 우리는 사무량심을 어떻게 입신과 처세의 근본으로 삼아야 할까요?

1. 자무량심慈無量心

세간의 생활에는 대인관계와 처세에 있어 인자한 마음(慈心)은 반드시 갖춰야 할 덕목의 하나입니다. 인자한 마음이란 타인에게 편안함을 주는 마음이며, 타인을 이해해 주고, 타인에게 기꺼이 도움을 주는 마음입니다.

한 기사(棋士. 바둑이나 장기를 두는 사람)가 자신의 대문 앞에 "천하에 대적할 사람이 없다(天下無敵手)"라는 팻말을 걸어놓았습니다. 그때 병사를 이끌고 출전을 하던 좌종당(左宗棠: 중국 청나라 말기 정치가이자 군인)이 우연히 이 팻말을 보고 그에게 대결을 신청했습니다. 세 번을 겨뤄 세 판 모두 승리한 좌종당이 으스대며 말했습니다.

"세 판을 모두 졌으니, 간판은 내리는 게 좋겠소."

몇 개월 후 승전하여 돌아오는 좌종당이 다시 그 앞을 지나다가 여전히 걸려 있는 팻말을 보게 되었습니다. 팻말을 내리지 않고 있는 이유를 묻자, 그는 오히려 다시 한번 겨뤄보시지 않겠냐고 제안했습니다. 그러나 결과는 좌종당의 참패로 끝났습니다. 그제야 기사가 말했습니다.

"지난번에는 장군께서 출전을 앞두고 있어 사기를 꺾고 싶지 않아 져드린 것입니다. 이제 장군께서 승리하고 돌아오셔서 상황이 달라졌으니 제가 더 봐드릴 필요가 없지 않겠습니까?"

이 기사는 이기고 지는 때를 아는 사람입니다. 때로는 지는 게 곧 이기는 것이고, 이기는 게 지는 것이기도 합니다. 그야말로 진정한 고수이자, 타인에게 믿음을 주는 행동을 직접 실천하였습니다.

2. 비무량심悲無量心

비심悲心은 타인이 괴로움을 여의고 즐거움을 얻도록 돕는 마음인데, 고난에서 구하여 주시는 관세음보살님의 마음과 같습니다. 세간의 일체 고통에 대하여 당신이 긍휼히 여기는 마음을 가질 때 귀하거나 천하거나, 나와 가깝거나 멀거나 분별없이 평등심으로 구제를 해줄 수 있습니다. 태양이 보답이나 이익을 바라지 않고 세간을 두루 비추는 것과 같습니다.

일찍이 제가 의란宜蘭에서 홍법을 시작할 때부터 저를 따르는 일부 젊은이들이 있었습니다. 지금은 천여 명이나 되는 제자들과 백만 불광인이 저와 함께 인간불교를 위해 노력하길 원하고 있습니다. 저는 특이한 재능이나 특별한 교화능력은 없다고 생각하며, 다만 그들에게 내일은 희망이 있다고 느끼게 할 뿐입니다. 다른 사람에게 희망을 주는 가운데 자신의 미래에도 희망이 충만해집니다. 비록 반드시 실현되지는 않더라도 희망을 품으면 인생은 부유해지고, 미래에는 목표가 생깁니다. 부처님의 제자인 사리불과 부루나 존자처럼 어려움을 두려워 않고, 중생에게 희망을 가득 품고 자비심으로 몸을 바쳐 미혹된 길에서 깨우치고, 외도를 굴복시키고, 정법을 넓게 펼치게 이끌어야 합니다.

타인을 도울 때는 우리 모두 비심을 품고 사람들에게 희망을 줄 수 있어야 개인의 이해득실에 얽매이지 않을 수 있으며, 마음을 다해 중생의 어려움과 괴로움을 멀리하여 즐거움을 얻게 해줄 수 있다고 생각합니다.

3. 희무량심喜無量心

희심喜心을 가진 사람은 노력하여 성공한 사람을 보면 미워하건 사랑하건, 친하건 소원하건, 인연이 있건 없건 상대의 성공에 기뻐하는 마음을 냅니다. 우리가 기쁜 마음으로 타인을 대하고 일을 처리할 때, 상대는 친근하고도 편안하게 느낄 겁니다.

세간에 환희보다 더 귀한 것은 없습니다. 돈이 많다고 올바르게 쓰지 않으면 화를 부를 수 있고, 물건을 너무 많이 쌓아 두면 공간이 없어 번뇌를 부르게 됩니다. 세간의 재물이 지나치게 많으면 결국 번뇌가 무성해집니다. 오직 타인에게 환희를 줄 뿐이니, 당신이 더 많이 주어도 양쪽 모두에게 기쁨만 가득합니다.

4. 사무량심捨無量心

사捨는 자신의 분별심과 집착을 버리고, 자신의 탐애貪愛와 속박도 버리는 겁니다. 그리고 사는 타인에게 환희를 주고, 희망을 주며, 심지어 자신이 가장 좋아하는 물건까지도 타인에게 기꺼이 내주는 것입니다. 이러면 탐욕을 억제하고 자재와 해탈을 얻을 수 있습니다. "베풀어야 얻는 바가 있다"라는 말이 있습니다. 여러분이 먼저 타인에게 미소를 보이고, 먼저 나서서 타인을 도와준다면 말입니다. 예를 들어 어두운 곳에서 등 하나 밝혀주거나, 길가에서 차를 나눠주는 등과 같이 타인에게 편리함을 주는 선한 행동은 반드시 상응하는 선의의 보답을 얻을 것입니다.

"아직 불도를 이루지 못했다면, 먼저 타인과 연을 맺으라"고 하였습니다. 세간에서 반드시 두루 선연을 맺는 생활을 해야 합니다. 불도를 배우는 사람이 '자비희사'의 사무량심을 봉행할 수 있다면 복과 지혜가 자라나고 번뇌를 끊어버릴 뿐만 아니라, 인생의 길에서 성공하는 금낭 속 네 가지 비방秘方을 지니게 됩니다.

사섭법 四攝法

불교에는 중생을 제도하는 방법이 많습니다. 그 가운데 '사섭법'은 보시布施, 애어愛語, 이행利行, 동사同事 등 네 가지 방법으로 중생을 섭수攝受합니다.

『화엄경』에서는 "능히 사섭법을 성취하면 중생에게 한량없는 이익을 주리라"라고 했습니다. 사섭법문은 보살이 중생을 제도할 때의 권교방편이며, 중생의 근기와 선호하는 바가 서로 다른 것을 살피어 미혹에서 벗어나 깨달음을 이루도록 해줍니다. 예를 들어 내가 당신에게 보시하여 호감이 생기게 하고, 당신을 칭찬하며 기쁘게 나와 어울리게 하고, 갖가지 도움을 주어 편의를 봐주며, 상대의 처지에서 헤아리는 마음을 갖고 어울리며 당신의 신임을 얻습니다. 이렇게 상대를 제도하여 불문으로 이끄는 것이 이른바 "먼저 욕망으로 엮고, 나중에 부처님의 지혜를 얻게 한다(先以欲鉤牽, 后令入佛智)"라는 의미입니다.

보시는 두루 선연을 맺는 것입니다. 불문에서는 항상 보시하는 사람에게 공덕이 무량하다며 찬미합니다. 이 '무량無量'의 뜻은 발심의 크기에 있는 것이지, 숫자의 많고 적음에 있지 않습니다. 당신의 마음 그릇이 얼마나 큰가에 따라 맺는 인연이 얼마나 넓은지 결정됩니다. 『금강경』에서는 "보살은 상相에 머물지 않고 보시해야 한다. 그러면 그 복덕은 가히 헤아릴 수 없다"라고 말합니다. 보시할 때 보시하는 나·보시하는 물건·보시 받는 사람까지 집착하지 않아야 하고, 심지어 보답을 바라는 생각도 마음에 담지 않아야 합니다. 이러한 '삼륜체공三輪體空'의 보시야말로 참으로 맑고 깨끗한 보시입니다.

애어는 곧 언어의 미묘함입니다. 어떤 사람은 늘 가시 담긴 말을 뱉거나, 진심이 담기지 않고 진실이 빠진 말을 하여 타인에게 감동을 주지 못합니다. 애어는 아첨하고, 비유 맞추고, 위선 떨고, 허튼 소리만 늘어놓는 것이 아닙니다. 칭찬 한마디라도 봄바람에 젖어 들 듯 격에 맞아야 합니다. 법을 설하거나 가르침을 주는 말 역시 상대가 감당할 수 있고 들은 뒤에는 풀리지 않는 의혹이 마음에 한 점도 남아 있지 않아야 하며, 기쁘게 봉행할 수 있어야 합니다. 선애仙崖 선사께서는 "밤바람이 차니 옷을 더 껴입거라"라는 말로 밤마실 다니는 사미를 감동하게 해 더는 노는 것을 탐하지 않고 도를 이루는 데 매진하게 하였습니다. 양관良寬 선사는 "나이가 드니, 신발 끈도 못 매겠구나"라는 말로 방탕했던 조카를 개과천선시켰습니다. 그러므로 말은 상대가 당신의 진심과 선의를 느끼도록 해야만 그에게 받아들여질 수 있습니다.

이행은 증상하도록 돕는 것입니다. 중국에는 "취하고 싶은 바가 있으면 먼저 그것을 베풀어라"라는 속담이 있습니다. 타인의 마음이 당신에게 향하게 하려면 먼저 그에게 마음을 쓰고, 그가 성장하고 발전하도록 돕고, 도움 주는 인연을 베풀어야 합니다. 그가 끊임없이 증상增上을 하고 모든 일을 성취하도록 돕는 것입니다. 심지어 몸으로 좋은 일 하고, 입으로 좋은 말 하며, 마음에는 좋은 생각을 간직하는 것 역시 이행의 표현입니다. 예를 들어 업무에 서툰 사람이 있다면 잘 알려주고, 어려움에 부닥친 사람이 있다면 도움을 주는 등 진심으로 타인을 돕고 진실하고 기쁜 마음으로 타인에게 이익이 되는 행동을 하기만 하면 좋은 인연을 성취할 수 있습니다.

동사는 곧 함께 일을 해나가는 것입니다. 사회에서 같은 당, 같은 파, 같은 길을 가는 사람은 이념적으로 상호 간에 부합되는 점이 반드시 있습니다. 우리가 타인을 섭수하여 친구나 간부가 되고자 하면 반드시 일부 사상과 가치관에서 우리와 서로 가까운 사람을 섭수해야 하고, 상대가 받아들일 수 있는 상태에서 그와 왕래하고 함께 일을 해야 합니다. 예를 들자면 상대가 늙은 농부일 때는 농부에게 익숙한 사물을 가지고 그와 교류하고, 상대가 아이일 때는 어린아이가 이해할 수 있고 흥미로워할 일을 가지고 얘기해야 합니다. 상대가 무엇이 필요한지, 무엇을 좋아하는지 등 우리는 그가 필요한 것에 맞춰 처지를 바꿔서 생각해야 합니다.

사람과 사람 사이는 연분에 의지하고, 같은 뜻을 지녀야 함께 일하고 어울릴 수 있습니다. 우리는 어울림과 처세에 있어 상대에게 감동을 주어 우리에 대한 환희심을 일으키게 해야 합니다. 타인에게 이로움을 주고 표현할 기회를 줄 수 있을 때 그는 기꺼이 당신을 위해 쓰이고자 합니다. 친구든 동료든, 심지어 가족·부부·형제자매든 상대가 나와 완전히 같기를 요구하지 마십시오. 자비와 방편으로 타인을 섭수하는 사섭법은 인간관계를 증진하는 묘법이자, 우리가 사람으로서 입신 처세하는 데 반드시 따라야 하는 규칙입니다.

사의지 四依止

제가 쓴 「우리는 어디에 머무는가?」라는 글에서 부처님께서는 우리에게 색色·성聲·향香·미味·촉觸·법法 등 육진六塵 안에 머물러서는 안 되고, 재욕·색욕·식욕·명예욕·수면욕 등 오욕五慾 가운데 머물러서도 안 된다고 말씀하셨다고 언급한 적이 있습니다. 오욕육진은 우리의 심성을 가려 자재도, 해탈도 할 수 없게 하고 번뇌만 늘어나게 할 뿐이기 때문입니다.

그러면 우리는 어디에 머물러야 할까요? 물론 불법은 우리 신앙이니, 우리는 신앙 안에 머물러야 하고 불법 안에 머물러야 합니다. 그러나 광대하고도 무변한 불법이 많이 있지만, 당신이 '사의지四依止'에 안주할 수 있다면 아마 기본을 갖춘 불교 신도가 될 수 있을 것입니다. '사의지'는 다음과 같습니다.

첫째, 법에 의지하되 사람에 의지하지 말라(依法不依人)

현재는 부처님께 의지하지 않고 신에 의지하는 사람이 있고, 부처님께 의지하지 않고 스님에게 의지하는 사람이 있으며, 불법에 의지하지 않고 괴상한 설說에 의지하는 사람도 있습니다. 특히 불교에는 사람에 의지해 입도하는 사람이 너무 많습니다. 불제자가 대덕을 존경하는 것은 물론 중요합니다. 최초에 사람에 의지해 법을 배우는 이 과정을 부정할 수는 없습니다. 그러나 결국 법에 의지하되 사람에 의지하지 말라는 진리로 귀결되고, 거기에는 부처님도 예외가 아닙니다. 그러므로 우리는 '법에 의지하되 사람에 의지하지 말라'는 그 의의가 가장 정확하므로, 법에 의지하고 사람에 의지하지 말아야 함을 중시해야 합니다.

둘째, 지혜에 의지하되 식에 의지하지 말라(依智不依識)

'식識'에는 안眼·이耳·비鼻·설舌·신身·의意 '육식六識'에다 말나식末那識·아뢰야식阿賴耶識을 더해 팔식이 있으며, 혹은 더 많이 세분된 유식학 설법이 있습니다.

'식'은 비록 생명의 근본이지만 생활 속의 '식'은 의식을 분별하고, 그 안에는 수많은 차이와 무질서가 있습니다. 색채가 지나치게 다채로운 그림에서 더는 무엇이 주제인지 알 수 없고, 짙고 요염하게 화장한 여인에게서 섬세한 성격을 구별해 낼 수 없는 것과 같습니다. '지智'는 반야입니다. 대원경지大圓鏡智라는 말이 있듯, 당신이 어떤 모습이건 당신에게 본래 모습을 그대로 돌려줍니다. 그래서 우리는 지혜에 의지하되 식에 의지하지 말라고 제창합니다.

셋째, 뜻에 의지하되 말에 의지하지 말라(依義不依語)

전 세계의 언어는 전부 합쳐도 백이 넘지를 않습니다. 과연 어느 언어가 불법佛法인 걸까요? 사실 언어는 하나의 부호일 뿐입니다. 영어에 의지한다느니, 불어에 의지한다느니, 또는 일본어에 의지한다느니, 중국어에 의지한다느니 말할 가치가 없습니다. 가장 중요한 것은 어느 언어든지 불법의 의리를 옮기는 데 사용하는 것이며, 우리는 결국 뜻에 의지하되 말에 의지하지 말아야 하고, 그 안의 도리와 의의에 의지해야 합니다.

예를 들자면 인과·인연·불성·삼법인·사성제 등은 어느 언어로 명백히 논술하더라도 그것은 모두 부처님이 직접 말씀하셨고, 의미도 모두 같습니다. 남전불교이건 북전불교이건, 원시불교이건 현대불교이건 진리와 진의眞義는 바꿀 수 없습니다. 달을 가리키는 손가락처럼 언어는 도구일 뿐입니다. 당신이 달을 보고 나면 손가락은 잊어버려야 하듯, 말에 의지하지 말고 뜻에 의지해야 합니다.

네 번째, 요의경에 의지하되 불요의경에 의지하지 말라(依了義不依不了義)

불법은 부처님 당시에도 중생을 이끄는 방편문이었고, 방편도 중요하다는 것을 우리는 인정합니다. 그러나 초등학교와 중학교 수준 정도의 이러한 방편은 오직 이처럼 간단한 도리를 사용해 타인을 끌어들이고 그에게 이로움을 주고 환희를 주는 정도밖에 안 됩니다. 바꿔 말하면, 불법에는 요의와 불요의가 있습니다. 불요의는 방편도이고, 요의야말로 궁극적인 해탈도입니다. '반야는 해탈도요, 보리심도 해탈도이다'라고 했습니다. 이 수많은 불법 수행의 궁극적인 목표는 번뇌에서 해탈하고 괴로움을 여의며 즐거움을 얻게 하는 것입니다. 만 가지의 방편은 결국, 인생은 즐거워야 하고, 해탈을 이루어야 하고, 초월해야 하며, 모든 중생이 모두 득도하여 우리 부처님 여래와 마찬가지로 정신과 마음을 허공까지 넓힐 수 있어야 합니다. 그래야 비로소 진정한 부처님의 마음이자 부처님의 뜻입니다.

그래서 법에 의지하되 사람에 의지하지 말고, 지혜에 의지하되 식에 의지하지 말며, 뜻에 의지하되 말에 의지하지 말고, 요의경에 의지하되 불요의경에 의지하지 말라는 사의지를 불교 신도라면 마땅히 불도를 배우는 준칙이자, 신앙의 규범으로 삼아야 한다고 생각합니다.

사법계 四法界

우주 인생, 일체 만유의 사리事理·정신·물질 등에 대해 불교는 통칭해 '법계'라 합니다. 이러한 삼라만상은 각각 명칭이 있고 각기 서로 다른 기능과 경계가 있습니다. 예를 들어 불교는 육근六根·육진六塵·육식六識을 십팔계十八界라 부릅니다.『화엄경』안에는 세간 만법의 경계에 대해 사법계로 그 의의를 개괄적으로 설명합니다.

첫째, 사법계事法界

우주의 태양·달·음양陰陽·산수山水는 서로 다른 경계를 가지고 있습니다. 산은 산이요 물은 물이요, 당신은 당신이요 또 나는 나입니다. 세상만사는 낱낱의 차별과 특색을 가지고 있습니다. 예를 들어 우리 인간의 눈은 귀가 아니고, 귀는 코가 아닙니다. 장 씨는 이 씨가 아니고, 이 씨는 왕 씨가 아닙니다. 세상 만물의 이와 같은 천차만별의 현상이 곧 사법계입니다.

둘째, 이법계理法界

우주 만물이 모습은 각기 다르지만, 사상과 진리에 있어 진여본체는 하나일 뿐이고, 우주법계에는 오직 일심一心만이 있습니다. 이것은 우리가 함께 존중해야 하는 일종의 미덕입니다. 사람에게는 사람의 도리가 있고, 하늘에게는 하늘의 도리가 있으며, 인정에는 인정의 도리가 있고, 일에는 일의 도리가 있으며, 물건에는 물건의 도리가 있듯 각자의 성질과 차별적 현상이 있습니다. 그래서 일체 제법은 많은 인연이 모인 것이고 만물은 한 몸이라지만, 그래도 서로 경계가 나뉘어 있습니다. 일체의 도리는 각자의 규범과 원칙으로 이루어져 있으며 이 세간에서의 근본적인 에너지와 원동력이 바로 우리의 진여·불성이며, 우리는 그것을 이법계라 부릅니다.

셋째, 이사무애법계理事無碍法界

본체(理)와 현상(事) 두 가지는 서로 걸림돌이 아닙니다. 현상을 가지고 본체를 드러내야 하고, 본체를 가지고 현상을 밝혀야 합니다. 본체와 현상은 한데 어우러지며 서로 연관되어 있습니다. 탁자 하나 만드는 데 원리 법칙이 없다면 탁자라는 형태가 없을 것입니다. 집을 지으려고 해도 건설할 설계도가 없다면 완공하기 어려울 것입니다. 그래서 본체 가운데 현상이 있고, 현상 가운데 본체가 있어야 합니다. 현상은 본체를 의지해 이루어지고, 본체는 현상으로 말미암아 나타납니다. 이것을 '이사무애법계'라 부릅니다.

넷째, 사사무애법계事事無礙法界

세간의 일체 만법과 만사 만물은 비록 각기 다른 모습을 가지고 있지만, 실제로는 서로 하나이며 모순도 없고 상충하지도 않습니다. 그러므로 우리는 이거니 저거니, 동쪽이니 서쪽이니 함부로 분별하지 말아야 하니, 일체 제법은 모두 만유가 원융합니다. 과거 중국의 유교에서는 '천지인天地人'을 합쳐서 하나로 이야기했습니다. 불교는 한 단계 더 나아가 '법계연기法界緣起'를 주장했습니다. 하나와 많음은 서로 일체가 되고, 크고 작음은 서로 융합하며 서로 연결되어 있으니, 이것이 바로 사사무애법계입니다.

일체의 만유는 오직 마음으로부터 변하여 만들어진 것이라(法界唯心). 화엄에서는 '사법계'를 사용해 우주 만유의 일체에 대해 정확한 인식을 제공하여 우리가 함부로 세간 만법에서 집착과 편견, 대립과 충돌을 일으키는 데 이르지 않게 하며, 일체의 현상계와 해탈계를 연기를 통해 바라보고, 평등하게 바라보고, 융합하여 봅니다. 이것이 바로 화엄 '사법계'가 우리에게 주는 기본적 깨달음입니다.

사홍서원 四弘誓願

경전의 기록에 의하면 과거 모든 부처님이 불도를 성취할 수 있었던 원인은 모두가 발원하였기 때문이라 합니다. 아미타불께서는 48가지 대원大願을 세워 서방극락정토를 성취하셨고, 석가모니불께서는 500가지 대원을 세워 불도를 성취하셨습니다. 약사여래께서는 중생의 아픔과 괴로움을 소멸하기 위해 12가지 대원을 세워 동방정유리세계를 성취하셨습니다. 관세음보살은 12대원을 세우시어 기도하는 곳마다 나투시며, 문수보살은 12대원을 세워 지혜로 세간에 은혜를 베푸십니다. 보현보살은 10가지 대원을 세워 화엄의 원해願海에 들기를 기원하였으며, 나아가 지장보살은 "지옥이 비기 전에는 성불하지 않겠으며, 중생이 모두 깨우치고 나서야 비로소 보리를 증득하겠노라"는 커다란 원을 세우셨습니다.

위에서 언급한 제불보살의 서원을 정리하면 사실 '사홍서원'을 벗어나지 않습니다. 보현보살의 십대행원 가운데 여섯째 설법하여 주시기를 청하고, 아홉째 항상 중생의 뜻을 따른다는 것은 '가없는 중생을 건지오리다'입니다. 넷째 업장을 참회하는 행원은 바로 '번뇌는 끝이 없으나 기어이 모든 번뇌를 끊겠습니다'입니다. 다섯째 남이 짓는 공덕을 기뻐하고, 여덟째 항상 부처님을 따라 배운다는 행원은 '법문이 끝이 없으나 기어이 모든 법문을 다 배우겠습니다'입니다. 첫째 모든 부처님께 예배하고 공경하며, 둘째 여래를 찬탄하고, 셋째 널리 공양을 베풀며, 일곱째 부처님께서 이 세상에 머물기를 청하고, 열째 공덕을 널리 회향하는 행원은 바로 '불도가 끝이 없으나 기어이 모든 불도를 이루겠습니다'입니다.

사홍서원은 모든 보살의 공통된 서원이라 말할 수 있습니다. 그래서 『권발보리심문』에서는 "진리에 들어가는 중요한 문은 발심이 으뜸이고, 수행에 있어 시급한 일은 원을 세움이 먼저이다. 원이 세워지면 중생을 제도할 수 있고, 발심하면 불도를 이룰 수 있다"라고 한 것입니다.

'사홍서원'의 참뜻은 다음과 같습니다.

1. 가없는 중생을 건지오리다(衆生無邊誓願度)

중생 제도는 구호에만 그쳐서는 안 되고, 반드시 일상생활에서 힘써 실천해야 합니다. 예를 들어 시간을 아껴 쓰고 낭비하지 않는 것이 바로 중생 제도이고, 금전을 아끼고 사치와 낭비를 하지 않으며, 더 나아가 근검절약하는 것이 바로 중생 제도이며, 대자연의 생태계를 보호하고 파괴하지도 오염시키지 않는 것이 바로 중생 보호입니다. 마치 과거 어느 수행자는 예불하지 않고는 한 걸음도 함부로 움직이지 않았으며, 경전을 읽지 않고는 아무렇게나 초에 불을 붙이지 않았던 것처럼 말입니다. 생태계를 보호하고 자원을 아끼는 것은 '중생무변서원도衆生無邊誓願度'의 기초라 말할 수 있습니다.

2. 번뇌가 끝이 없으나 기어이 모든 번뇌를 끊겠습니다(煩惱無盡誓願斷)

경전에서는 번뇌를 '화염·독화살·호랑이와 늑대·위험한 구덩이' 등에 비유하고 있습니다. 번뇌는 우리가 평안하지 못하게 괴롭히고, 특히 우리의 진여자성을 가로막고 있으며, 탐진치 등 삼독은 우리의 심신에 침범하여 우리의 지혜를 가리고 우리가 정도를 걷지 못하게 합니다. 그러므로 끊임없는 반성·참회를 통해서만이 우리의 번뇌를 씻어내고, 우리의 정신을 정화할 수 있으며, 해탈과 자재를 이룰 수 있습니다.

3. 법문이 끝이 없으나 기어이 모든 법문을 다 배우겠습니다(法門無量誓願學)

재산이 넘칠 만큼 많아도 죽을 때 하나도 가져가지 못한다는 말이 있습니다. 일반 재가자는 생활해 나가기 위해 각종 지식과 기술을 갖춰야 합니다. 그러나 수행자는 중생을 제도하겠다고 발심하였으므로 각종 지식과 기술을 갖추는 것 외에 또한 불법이 있어야 합니다. 그래서 무량한 법문을 모두 배워야 합니다. 진정으로 불도를 배우고자 하는 사람은 "태산은 한 줌의 흙도 사양하지 않고, 바다는 조그만 물줄기라도 가리지 않는다"라는 말처럼 해야만 더 높고 더 크게 성취할 수 있습니다.

4. 불도가 끝이 없으나 기어이 모든 불도를 이루겠습니다(佛道無上誓願成)

성불은 "백겁 동안 상호相好를 닦고, 삼아승지 동안 복혜福慧를 닦는다"라는 등 천신만고의 수행을 통해서만이 성취할 수 있습니다. 말로도 쉽지 않지만, 어려워도 해내겠다는 마음으로 발심하고 서원하여 용감하게 앞을 향해 나아가고, 또한 일체의 중생을 다 제도하여 함께 불도를 이루겠다고 발원한다면 진정한 '불도무상서원성佛道無上誓願成'라 하겠습니다.

사람들은 대부분 아침저녁 예불 때 부처님 앞에서만 사홍서원을 독송하지, 평소에는 말할 엄두를 내지 않습니다. 보살의 위대한 행동인 사홍서원을 범부인 우리가 힘써 실천한다고 되겠는가, 라고 생각합니다. 그러나 육조 혜능 대사는 "불법은 세간에 있으니, 세간을 떠나서는 깨달을 수 없다"라는 말로 우리를 격려하셨습니다. 진리를 깨우쳐 불도를 이루려면 반드시 사홍서원에 의지해서 불도를 향해 나아가는 역량으로 삼아야 합니다. 제가 제창하는 인간불교 역시 불교 신자 모두 부처님께 빌기보다는 부처님을 따라 실천하고, 구불求佛·신불信佛·배불拜佛에서 더 나아가 행불行佛하기를 희망합니다.

앞으로 불제자는 우리 생명에 대한 사홍서원의 가치를 새롭게 조명하여야 하며, 불보살 앞에서 합창하는 것은 물론이고, 평소에도 당당하게 얘기하여야 하며, 생활 속에서 실천하고 뿌리 내리도록 해야 할 것입니다.

삼세인과 三世因果

사람들은 "콩 심은 데 콩 나고, 팥 심은 데 팥 난다"라는 말을 자주 합니다. 또 "선한 일 하면 복을 받고, 악한 일 하면 벌을 받는다"라고도 합니다. 그런데 반대로 온갖 못된 짓을 일삼는 사람이 일생을 부유하게 살고, 선량한 사람은 가난하기 그지없는 이유는 뭘까요? 이 세상에 인과응보가 있기는 한 걸까요? 정말 지은 대로 받게 될까요? 선을 행한 사람은 반드시 복을 받고, 악한 짓 한 사람은 꼭 벌을 받게 될까요?

인과응보에 대해 알고자 한다면, 먼저 "전생의 인연을 알고자 한다면 현생에 받는 것을 보고, 미래의 과보를 알고자 하면 현생에 짓는 것을 보라"라는 말을 이해해야 합니다. 한 사람의 현생의 부귀와 복과 재앙은 모두 자신이 전생에 지어놓은 결과입니다. 현생에서 짓는 선악의 행위가 또 미래의 운명이 좋을지 나쁠지를 결정합니다.

어떤 사람이 과거에 은행에 저축을 많이 했는데, 지금은 나쁜 짓을 하고 법을 어겼다고 해서 이전에 은행에 저축해 둔 걸 찾아 쓰지 못하게 할 수 있습니까? 어떤 사람이 과거에 빚을 어마어마하게 졌는데, 지금은 도덕적이고 교양 있는 사람이 되었다고 해서 빚을 갚지 않아도 됩니까? '신통제일'이라는 목건련 존자조차도 숙업宿業을 이기지 못하고 이교도들이 휘두른 몽둥이에 맞아 죽었습니다. 성도한 뒤에 부처님께서도 전생의 업보를 갚기 위해 6년간 고행하고, 탁발 가서는 빈손으로 돌아오고, 90일 동안 보리죽만 먹는 등의 재난을 겪으셨습니다.

『삼세인과경三世因果經』에도 "먹고 입는 것이 있음은 전생에 차와 밥을 가난한 이에게 보시한 인연이요, 먹고 입는 것이 없음은 전생에 동전 한 푼 보시하지 않은 인연이다. 얼굴이 아름다움은 전생에 부처님 전에 꽃을 공양한 인연이요, 총명하고 지혜로움은 전생에 경전을 읽고 염불을 한 인연이다"라고 했습니다. 따라서 업보는 모두 운명으로 정해진 것도 아니고, 타인에 의해 조종되는 것도 아니라 할 수 있습니다. 자신이 지은 것은 자신이 그대로 받으니, 요행처럼 비껴가지도 않고, 헷갈리지도 않습니다. 인과 앞에 사람은 누구나 평등합니다. 인과는 인간 세상에서 가장 공평한 중재자입니다.

그러므로 인과는 한때만을 보거나 한 가지 일만 봐서는 안 됩니다. 인과는 삼세가 서로 영향을 미칩니다. 과거는 현재에 영향을 주고, 현재는 미래를 결정하며, 미래는 또 미래를 이끕니다. 과거는 이미 지나갔고, 미래는 아직 이르지 않았으며, 다만 현재가 가장 진실합니다. 현재는 또 마음에 달려 있으니, 생각하면 삼세가 나의 이 생각 속에 있다고 말할 수 있습니다. 한 생각 사이의 선악이 삼세의 인과를 이끌고, 우리의 운명에까지도 영향을 미칩니다. 그래서 인과와 운명을 바꾸고 싶다면 지금 이 순간이야말로 가장 좋은 순간입니다.

하나의 부끄러운 생각, 하나의 착한 생각, 하나의 아름다운 생각, 하나의 자비로운 생각, 하나의 감사한 생각, 하나의 반성하는 생각. 한 생각의 차이로 울보 노파가 미소 노파로 변하고, 한 생각의 차이로 지옥이 천국으로 변합니다. 한 생각의 차이로 즉시 성불할 수 있고, 한 생각의 차이로 하늘에 올랐다가 지옥으로 떨어지기도 합니다. 지금의 한 생각이 우리의 행동에 크고 깊은 영향을 줍니다. 좋고 선하고 아름다운 생각으로 우리의 삼세를 정화하고, 우리의 인과를 장엄하게 하여 인생의 무한한 가능성을 열어 나가야 합니다.

인과를 믿는 사람은 우리의 생활 속에서 인과를 받아쓸 수 있습니다. 인과를 명확하게 이해하는 사람은 과거든 현재든, 또 미래든 세상을 다니면서 반드시 두려움 없이 당당하고 적극적이고 낙관적이며, 인과를 두려워하지 않고 맑은 생각을 가지고서 인과를 창조해 나갈 줄 압니다. 그러므로 사람은 아무것도 믿지 않아도 되지만, 인과만은 믿지 않으면 안 됩니다.

십이인연 十二因緣

사람에겐 과거·현재·미래의 삼세三世가 있습니다. 이 삼세의 생명이 윤회하는 과정을 불교에서는 '십이인연', 즉 무명無明·행行·식識·명색名色·육입六入·촉觸·수受·애愛·취取·유有· 생生·노사老死가 계속 순환한다고 설명합니다. 바꿔 말하면, 사람의 삼세 생명이 끊임없이 생사 윤회하는 것은 '십이인연'이 서로 계속해서 순환하는 결과입니다.

'무명無明'은 우주 인생의 진리인 '연기성공(緣起性空: 연기의 성품이 공함)'을 이해하지 못하는 겁니다. 이치를 이해하지 못하기에 본래 구족하고 있는 불성이 번뇌라는 어둠에 덮여 있으니, '무명'이라 합니다.

중생 생명이 윤회하는 근원은 최초의 한 생각 '무명'이기 때문에 신·구·의로 갖가지 '행行'위를 짓고, 그 결과 업'식識'이 생깁니다. 업식이 사람으로 태어나면서 '명색名色'이 생겨나고, 어머니의 뱃속에서 축적된 '명(정신작용)'과 '색(육체)'이 결합하여 '안의이비설신의' 등 육근이 자라는데 이것을 '육입六入'이라 부릅니다.

일단 육입이 형성되고 모친의 뱃속에 있다가 달이 차 출생한 뒤에는 육근(육입)을 통해 외경과 접'촉觸'하며, 세간의 갖가지 괴로움과 즐거운 느낌을 받고('수受'), '애愛'착의 욕망이 생겨나고, 나아가 '취取'하고자 하는 행동을 하게 됩니다. 예를 들어 내가 좋아하는 것은 가지고 싶고, 내가 싫어하는 것은 배척합니다. 그리하여 또 많은 업을 짓게 되어 미래의 원인이 됩니다. 업의 원인이 생기니 또 과보를 불러오게 될 것이고, 다시 한번 다음 생이 있게('유有') 되어 생명의 '생로병사生老病死'를 겪게 됩니다. 생명은 이렇게 생사가 반복되어 끊임없이 윤회합니다.

보통 사람들은 늘 태어남(生)은 어디에서 오느냐고 묻습니다. 무명에서 오는 것입니다. 죽음(死)은 어디로 가는 것이냐고 묻습니다. 업을 따라가는 것입니다. 과거·현재·미래가 사실은 하나의 고리 형태의 관계입니다. 십이인연은 줄곧 끊임없이 반복하며 순환합니다. 번뇌는 업을 짓고, 그 업으로 인해 괴로움의 과보를 만들어내고 한 바퀴 돌고 나면 다시 처음부터 반복되기 때문입니다. 과거의 업이 현재에 영향을 미치고, 현재의 업은 과거가 될 수도 있으며, 미래의 업 역시 현재가 될 수도 있습니다. 과거·현재·미래 이 세 가지는 서로 인과의 관계입니다.

『삼세인과경』에서는 "전생의 원인을 알고 싶다면 현생에 받는 것을 보고, 후대의 과보를 알고 싶으면 현생에 짓는 것을 보라" 했습니다. 우리 현생에서 받는 대우는 모두 과거에 우리가 지은 인연에서 온 것이고, 장차 어떠한 결과가 올지를 알고 싶다면 우리가 현재 무엇을 어떻게 짓는지를 봐야 합니다. 이른바 과거·현재·미래라는 것이 반드시 다음 생을 기다려야만 하는 것은 아닙니다. 우리는 매일 과거·현재·미래 속에서 살고 있으며, 매일 인연 과보의 순환 안에서 생활합니다. 원인 속에 결과가 있고, 결과 속에 원인이 있습니다.

이 '삼세인과'는 생명이 태어남은 어디에서 오고 죽음은 또 어디로 가는지에 대해 신에게 빌며 점괘를 볼 필요가 없음을, 지금 당장 알아야 한다는 것을 설명하기에 충분합니다. 자신이 무슨 업을 짓고, 무슨 일을 하든지 간에 결국에는 그 결과가 자신에게 되돌아온다는 것을 우리는 알아야만 합니다.

우리가 지금 퍼뜨리는 선과 악의 씨앗이 곧 우리 미래의 과보가 된다는 것을, 현재 인생의 좋은 기회를 통해 알 수 있습니다. 그래서 진정으로 불법을 배우려는 사람이라면 일체를 자신에게서 원인을 찾을 줄 알아야 앞날의 미래를 손에 틀어쥘 수 있고, 자기 생명의 창조자가 될 수 있습니다.

열반 涅槃

일반인은 '열반'이란 얘기를 하면 종종 사망이 곧 열반이라 하고, 심지어 자살하거나 총살당한 사람까지도 '열반'이라 부릅니다. 불교 인사들조차도 대덕이나 장로가 세상을 떠나신 것을 두고 열반으로 형용하는 경우가 자주 있으나, 사실은 '열반'의 참뜻을 곡해한 것입니다. 죽은 뒤를 열반이라 부르는 것이 아니라, 살아서 깨달음을 얻는 것을 열반했다고 부릅니다. 열반은 태어나지도 멸하지도 않는 하나의 경계입니다. 이른바 "무명 하나를 버리면 지혜 하나를 얻고, 무명 열을 버리면 지혜 열을 얻는다"라고 했습니다.

석가모니 부처님께서 보리수 아래에서 금강좌를 하고 앉아 우주 인생의 진리를 깨달으시고 정등정각을 성취하신 것이 바로 열반입니다. 석가모니불은 인아 관계의 대립을 없애고, 시공간의 장애를 초월하여 영원토록 다함이 없는 생명의 경계를 깨달으셨습니다. 그러나 육신은 아직 남아 있는 상태라 '유여의열반有餘依涅槃'이라 부릅니다. 부처님이 80세 때 사라수(沙羅樹, sal tree) 아래에서 적멸의 경지에 증입證入한 것이 '무여의열반無餘依涅槃'입니다. 이외에도 오십 년 동안 각지를 다니며 법을 설하시고 많은 중생을 마주하시며 집착하지도 물들지도 않는 '무주처열반無住處涅槃' 생활을 하셨습니다. 이처럼 머물되 머물지 않고 자유롭게 나투시는 생활이야말로 진정한 '대열반大涅槃'입니다.

열반은 있었던 생명의 끝마침이 아니라 새로운 생명의 시작입니다. 열반은 불생불멸의 경계이며, 원만하고 영원한 생명이며, 시간과 공간을 초월하며, 생사에서 윤회하지 않습니다. 그래서 불교의 '삼법인三法印' 가운데 마지막 법인이 바로 '열반적정涅槃寂靜'입니다. 한 사람이 '열반'의 경계를 깨달았다는 것은 이미 해탈하여 자재를 얻었음을 의미합니다.

생각해 보십시오. 사람이 세상에 살면서 왜 자재롭지 못할까요? 타인의 말 한마디, 눈길 한 번이 맘에 들지 않으면 자재롭지 못합니다. 음식은 좋아하는 것만 골라 먹고, 잠잘 때 엎치락뒤치락하는 것 모두가 마음의 탐진치와 갖가지 번뇌 망상이 우리를 자재롭지 못하게 하기 때문입니다. 만일 세간의 실상을 깨닫고 자신의 주인이 된다면 어디서나 자재롭고 막힘이 없을 것입니다.

물론 열반 경계에도 얕고 깊음이 있습니다. 불교에서 이승의 아라한이 깨닫는 증과證果는 겨우 '유여열반'까지 도달할 뿐입니다. 반드시 대승보살로서 백천만겁의 시간 동안 수행해야 '무여열반'에 도달할 수 있습니다. 유여열반은 정신과 심리에 의지하고 깨달음과 지혜에 의지하는 것처럼 아직 세간에 의지해야 함을 나타냅니다. '무여열반'에 도달한다면 지혜로 허공을 환히 비추고 의지하는 바가 없으면서도 환한 빛이 두루 비추는 평등세계입니다. 그것은 진실하게 상주하고, 즐거우며, 참된 내가 있고, 진실로 청정한 세계이자, 생사가 없는 법신의 참모습이며, 가장 궁극적이고 원만한 경계입니다.

사실 불교에는 같은 뜻을 가졌으면서도 서로 다른 이름을 가진 단어가 많습니다. 그것은 하나의 불법 의리를 해석하고 깨우친 법계실상을 묘사하기 위해 확대되어 나온 서로 다른 명칭입니다. 예를 들어 여래·적멸·진여·자성·법신·실상·본체 등은 사실 열반·반야와 같은 의미입니다. 이것은 모두 불교의 대덕들께서 인생의 원만한 경계를 해석하기 위해, 열반·실상·법신·이체理體를 가지고 최고의 경계가 무엇인지, 최고의 열반이 무엇인지 설명하기 위해서입니다. 그러나 불법을 배우는 일부 초학자는 단숨에 불법의 넓은 바다에 들어가기가 쉽지 않습니다. 수많은 이름을 듣고 나면 의혹과 잘못된 해석만이 생겨납니다.

따라서 열반은 죽는다는 의미가 아니고, 열반은 원만하게 성취한 경계이며, 깨달아 법신을 얻고 동요나 시비, 좋고 나쁨, 대립이 없으며, 한 올의 먼지도 물들지 않는 적멸의 경계에 들어가는 것이라 할 수 있습니다. 마치 부처님의 빛이 대천세계를 두루 비추고 법계를 가슴에 품는 것과 같다는 것을 이해해야 합니다. 그러므로 열반은 생명의 가장 궁극적이고 가장 원만한 경계입니다.

해탈도 解脫道

일반 출가자에게 왜 출가했는지를 물으면 "요생탈사(了生脫死: 원만히 깨우쳐 생사를 초월함)하려고요"라고 대답합니다. 만일 당신이 정말 수행을 쌓아 요생탈사할 수 있다면, 요생탈사 후에 어디에 머무는지 아십니까? 요생탈사 후의 생활은 어떠한 모습인가요?

마찬가지로 일반인에게 왜 불도를 배우는지 물으면 해탈을 구하고자 한다고들 대답합니다. 왜 해탈을 구하고자 합니까? 누가 당신을 속박했나요? 만일 감옥에 구금되었다가 지금 당신을 석방한다면 "난 이제 감옥을 벗어났다"라고 말할 수 있습니다. 만일 강도에게 잡혔다가 당신을 구출해 냈으면 "난 이제 위험에서 벗어났다"라고 말할 수 있습니다. 또는 끼니를 이을 수 없을 정도로 가난한 당신에게 제가 경제적 원조를 해주었다면 "나는 가난에서 벗어났다"라고 말할 수 있습니다. 또 다른 경우 정치적으로 박해받는 당신에게 제가 올바른 말로 더는 정치적 압력을 받지 않게 해줬다면 당신은 그제야 "나는 이제 거기서 벗어났다"라고 말할 것입니다.

그러나 세상 사람은 감옥에 구금된 것도 아니고 강도에 인질로 잡힌 것도 아닙니다. 끼니 걱정할 정도로 가난하지도 않으며 정치적 압박을 받지도 않습니다. 그러면 왜 모든 사람이 속박 받는 것처럼 생각하고 해탈을 얻길 희망할까요? 지금 세상의 대중들이 불도를 배우고 싶고 해탈을 얻길 바란다면 저도 한번 묻고 싶습니다. "누가 그대들을 속박했나요?"

당신을 속박한다고 왕 씨나 장 씨를 지목할 것입니까? 아니면 제 3의 누군가가 당신을 묶어두고 가둬두기라도 합니까? 누가 당신을 속박하는지 지목할 수도 없으면서 당신은 무슨 해탈을 원하는 겁니까?

사실 진지하게 말하지만, 당신을 속박하는 사람은 결코 없으며, 내가 나 스스로를 속박하는 것이라 말할 수 있습니다. 자신을 속박한다는 것은 무슨 뜻일까요? 명리에 얽매인다는 명가리쇄名枷利鎖를 예로 들어보겠습니다. 명예와 이익은 족쇄를 찬 것처럼 우리를 속박하며, 또한 탐욕·성냄·시기·원망도 그렇습니다. 이것은 대들보에 매달린 것이나 다름없고, 다른 사람이 구출해 줘야 속박에서 벗어나 해탈을 얻을 수 있는 것과 같습니다. 그러나 지금 당신을 대들보에 매단 사람도 없고, 족쇄를 채워 놓은 사람도 없는데, 해탈을 원한다면 아마도 정신적으로나 사상적으로, 또 심적으로 보이지 않는 무언가가 당신을 속박하고 있는 것입니다.

예컨대 부귀영화나 불평 부당이나 또는 억울함, 아니면 자신의 두려움과 시기 등 마음속 갖가지 무명번뇌가 자신을 속박하는 것입니다. 그렇다고 타인에게 도움을 요청해도 그 역시 당신 마음속의 해탈을 도와줄 수는 없습니다. 그럼 어떻게 벗어나야 할까요? 결국 자신에게 기대야 합니다.

스스로 탐욕을 기쁜 보시로 바꿀 수만 있다면 탐욕에서 해탈하는 거 아니겠습니까? 화나고 원망스러울 때 평정심을 찾고 화를 누그러뜨릴 수 있다거나 성냄도 원망도 일으키지 않는다면 그 자리에서 해탈한 거 아닙니까? 당신이 이때 마음속의 무명과 원망을, 스스로 불법 지혜를 써서 마음의 이와 같은 먼지를 털어낼 수 있으니 해탈한 것 아니겠습니까?

다른 사람이 당신의 해탈을 도와주길 바라지만, 다른 사람이 어떻게 해야 당신을 도와줄 수 있을까요? 유형적이라면 당신을 도와줄 수 있겠지만, 마음속 탐욕과 성냄의 번뇌와 같은 무형적인 속박은 타인이 어떻게 당신을 해탈시켜 줄 수 있겠습니까? 더구나 해탈한 뒤에 당신은 어디에 머물고자 합니까? 사찰 안에 머물면 해탈할 수 있습니까? 가정으로 돌아가면 해탈할 수 있습니까? 사회기관에서 업무상 접대하면서 해탈할 수 있습니까?

당신이 해탈할 수 있다는데, 무명을 없애고 증오를 없애고 불만을 없애고 성냄을 없애는 건 왜 해내지 못합니까? 당신이 어디에 있든 내려놓을 수 있다면, 그 순간 모두 해탈한 것 아니겠습니까? 당신은 어느 장소에 가야 해탈을 할 수 있습니까? 당신은 어느 시간이 돼야 해탈할 수 있습니까? 누구를 찾아가면 당신의 해탈을 도와주겠습니까? 그건 모두 불가능합니다.

사람이 해탈을 얻고자 하면 오직 스스로 꿰뚫어보고, 열린 생각으로, 연연하지 않고, 비교하지 않고, 인아의 시비에서 뒹굴지 않고, 탐진치 안에 머물지 않고, 무명번뇌 안에서 몰려다니지 않으면 이 넓은 세상에서 당신이 어디에 있든 해탈할 수 있는데 굳이 타인에게 도움을 청할 필요가 있을까요? 해탈할 장소를 다시 물색할 필요가 있을까요? 해탈은 타인에게 있는 것이 아니라 자신에게 있습니다. 해탈은 다른 곳이 아니라 지금 바로 이 자리에 있습니다.

보리심 菩提心

불교의 교화에서는 신도들에게 거듭 발심하라 독려합니다. 자비심을 일으키고, 인내심을 일으키고, 무아심無我心을 일으키는 등은, 한마디로 하면 신도들이 보리심을 내라는 것입니다.

불교는 마음을 전답에 비유합니다. 당신이 수확하고자 하면 반드시 우선 개간을 해야 이 밭에서 오곡의 싹이 자랄 수 있습니다. 혹은 산비탈이라도 당신이 가서 개간하고, 수분과 토양을 잘 다독여 과일나무를 심은 후에야 당신은 과일을 얻게 됩니다. 심지어 하천 부지라도 당신이 개발해야만 그 땅을 사용할 수 있습니다.

마찬가지로 만일 당신이 당신의 마음이라는 밭을 개발하지 않는다면 공덕이 자랄 수 없고, 자비가 자랄 수 없고, 당신의 재산이 자랄 수 없습니다. 우리 마음속 밭에 있는 무한한 보물은 개발을 거치지 않고는 꺼낼 수 없기 때문에 불교에서는 발심하라, 마음속의 밭을 개간하라, 마음을 가꾸라고 권하는 겁니다.

지금 여러분 자신의 마음밭에 무엇을 가졌는지 한번 들여다보십시오. 잡초가 무성한 황무지는 아닙니까? 잡동사니를 가득 쌓아놓은 지저분하기 이를 데 없는 상태는 아닙니까? 당신이 도착한 곳이 발 디딜 곳조차 없을 정도로 더럽고 지저분하다면, 뿌리내리기란 절대 쉽지 않습니다. 우리 마음밭에 시기심·증오·투쟁·탐욕 등이 자리하고 있는 것과 같이, 우리의 마음에 더럽고 지저분한 수많은 잡동사니가 있는데, 아름다운 공덕이 어떻게 자랄 수 있습니까?

그래서 불교에서는 부처님 따라 수행하기를 불자에게 거듭 당부합니다. 이른바 "수행하려면 마음을 닦아야 한다"라고 하듯이, 우리는 자신의 옳지 않은 행위와 나쁜 생각을 먼저 바르게 닦아야 합니다. 집에 물이 새면 수리를 해야 하고, 옷이 뜯어지고 구멍이 나면 수선해야 합니다. 당신 마음의 이기심을 닦아서 사심이 없는 마음으로 길러내야 합니다. 당신 마음에 가득 찬 시기심을 닦아서 타인을 존중하고 포용하도록 길러야 합니다. 당신 마음에 가득 들어찬 증오를 닦아서 자비와 평등을 길러야 합니다. 당신 마음밭에 차 있는 탐욕을 닦아서 기쁘게 보시하도록 해야 합니다. 당신은 어둠으로 가득 찬 무명의 마음을 대낮처럼 환한 세상으로 길러내야 당신의 인생에 광명이 충만할 것입니다.

부처님의 이와 같은 수많은 가르침은 모두 우리의 신심을 바로잡는 방법을 알려주고 있습니다. 우리가 기꺼이 믿고 사용한다면 자신이 성장하지 못할까, 발전하지 못할까, 사업을 일으키지 못할까 걱정할 이유가 없습니다.

물론 발심에도 등급이 있습니다. 누군가는 부모에게 효도하겠다고 발심하고, 누군가는 지역사회를 돕겠다고 발심하고, 누군가는 국가에 헌신하겠다고 발심하고, 누군가는 대중을 널리 이롭게 하겠다고 발심합니다. 사실 보리심을 낸다는 것이 무엇일까요? 보리심을 낸다는 것의 정의는 '상구하화(上求下化: 상구보리 하화중생)'입니다.

위로는 불도를 구하고, 아래로는 중생을 제도해야 합니다. 만일 우리가 보리심이 있다면 위로 불법을 배우고 닦아야 비바람과 서리,

힘듦과 괴로움도 두려워 않고 용감하게 진리를 추구하고 진리를 닦을 수 있습니다.

일반 후학자들에게 우리가 자비·반야·지혜를 보시한다면, 저들은 훌륭한 환경 속에서 도덕적이고 품격 있는 인생으로 성장하게 될 겁니다. 이것이 바로 우리 불제자가 마땅히 내야 하는 보리심입니다.

그러나 보리심을 낸다는 것에 관해 누군가는 "이슬 같은 도심道心을 내긴 쉽지만, 보리심을 내기는 어렵다"라고 합니다. 사실 보리심은 용감하다는 의미입니다. 당신에게 도덕과 용기가 있다면, 의협심을 가지고 정의를 위해 용감하게 나서기만 하면, 세간의 공평과 정의를 유지하기 위해 용감하게 정의를 실현해 나가기만 하면 됩니다. 인간 세상의 수많은 분쟁·빈곤에 대해 당신이 그들의 문제를 해결하려는 마음을 내는 것이 세간에 대한 보리심을 내는 중요한 점입니다. 그래서 자고이래로 많은 사람이 보리심을 낼 수 있었기에 보살이 되고, 대덕이 되고, 고승이 되고, 자선가가 될 수 있었습니다.

사농공상이든 남녀노소든 관계없이, 우리 모든 사회 대중은 지금 자신에게 발심하겠는지 물어보셔도 좋습니다. 당신이 발심함으로써 자신에게도 효용이 있겠지만, 가정은 당신으로 인해 이로움을 받을 수 있고, 사회는 당신으로 인해 공헌을 받을 수 있으며, 국가 역시 당신으로 인해 도움을 얻을 수 있습니다. 당신이 발심하지 않고 그저 국가의 복리를 누리기만 하고, 사회가 당신에게 주는 베풂을 받기만 한다면 당신은 소비만 하는 사람이 될 것입니다.

발심하지 않았으니 당신의 마음밭에는 묘목이 자라지 않을 것입니다. 당신 마음에 개간을 거치지 않았으니 에너지와 보물을 개발할 수 없습니다. 그러면 당신은 서 말 막대기를 휘저어도 걸릴 것이 없는 가난뱅이가 될 것입니다. 반면에 당신이 발심하고, 특히 자신을 제도한 뒤 타인을 제도한다는 보리심을 일으킬 수 있다면 자신에게 이로울 뿐만 아니라 타인도 이롭게 할 수 있습니다. 그래서 이것이 보리심 내는 것을 불교에서 중시하는 이유이며, 오늘날 불도를 배우고 수행하는 우리가 마땅히 배워야 하는 첫 번째 업무(要務)입니다.

필경공 畢竟空

'공'은 불교의 가장 중요한 사상 가운데 하나입니다. '공'으로 우주 인생의 진리를 설명했지만, 불교에서 '공'을 중요시했기에 사람들이 쉽게 받아들이지 못하는 결과를 가져오게 되었습니다.

일반인은 공이란 텅텅 비어 아무것도 없고, 사대가 모두 텅 비었으며, 세간에는 아무것도 없어서 공이라 부른다고 생각합니다. 하늘도 비고, 땅도 비고, 사람도 비고, 재물도 비고, 금전과 애정 역시 비었다며 사람들이 '공' 때문에 불교에 다가설 엄두를 내지 못하게 했습니다.

사실 공은 일체 사물이 이루어지는 근거이며, 비었기에 채워질 수 있다는 '공'의 적극적인 의미를 불교는 세상 사람들에게 설명해 줘야 합니다.

예를 들어 공지空地가 없다면 어떻게 빌딩을 세울 수 있습니까? 빈방이 없다면 잠잘 곳이 어디 있겠습니까? 빈 땅이 없다면 또 양식과 과일나무를 어떻게 심을 수 있고 어떻게 생활해 나갈 수 있습니까?

심지어 허공이나 공기가 없다면 여러분은 생존해 나갈 수 있겠습니까? 만일 위장이 비어 있지 않고 콧구멍이 비어 있지 않으면 그래도 여러분은 살 수 있습니까? 공(비움)은 여러분을 생존하게 하고 존재하게 하며, 여러분이 소유할 수 있게 해줍니다. 허공이 그만큼 크기에 만물을 담을 수 있지 않습니까? 비지 않으면 만물이 어떻게 담깁니까?

또 거실에 공간이 없다면 소파를 어디에 놓겠습니까? 식당에 공간이 없으면 탁자를 어디에 놓겠습니까? 방이 없다면 당신은 밤에 길에서 노숙이라도 할 겁니까? 노숙하더라도 공간이 있어야 합니다.

그러므로 공은 우리 인생에 없어서는 안 됩니다. 차를 마시려고 해도 빈 잔이 있어야 하고, 밥을 먹으려고 해도 빈 그릇이 있어야 하며, 앉으려고 해도 빈자리가 반드시 있어야 합니다. 내 주머니가 비어 있어야 돈을 넣을 수 있고, 내게 공간이 있어야 책상을 놓고 일할 수 있습니다. 비지 않다면 막다른 길에 몰리게 될 테니, 우리에게 이 '공'이 얼마나 중요한지 알 수 있을 겁니다.

누군가는 약간의 빈 땅을 가지기 위해 소송도 불사하며 법원까지 가서 공간을 쟁취해 옵니다. 공간을 차지하고서는 또 비우는 것을 두려워하니 모순이 아니겠습니까? 그러므로 비우면 채워질 수 있고, 비우지 않으면 채울 수 없습니다. 이른바 "아무것도 없는 공에서 만유가 생긴다(眞空生妙有)"라고 하고, 『반야심경』에서도 "색이 곧 공이요, 공이 곧 색이다"라고 말합니다. '공'과 '유'는 둘이 아니니, 비워져야 채워질 수 있지만 채워졌어도 비게 된다는 의미입니다.

그래서 불교는 '필경공'을 말합니다. '필경'은 최종적이라는 의미입니다. 불교에서 공을 말하자면 내공內空, 외공外空, 내외공內外空, 공공空空, 대공大空, 제일의공第一義空, 유위공有爲空, 무위공無爲空, 필경공畢竟空 등 총 '십팔공十八空'이 있습니다.

이 의미는 바로 설령 당신이 내육근(내공), 외육경(외공)에 집착하지 않고, 심지어 육근과 육경 모두 집착하지 않더라도(내외공) 아직 궁극에는 미치지 못하며, 또한 당신이 '공'하다고 하는 관념(공공)까지도 공하며, '공'이라는 관념조차도 없고(대공), 일체 어느 것에도 집착함이 없으며(제일의공), 유위법은 인연이 합하여 만들어진 거짓이며 자성도 본래 없음(유위공)을 이해할 뿐만 아니라, 열반의 무위법까지도 집착하지 않을 수 있고(무위공), 제법은 필경에는 얻을 수 없다는 것을 깨닫고, 하나의 사물에도 집착하지 않아야 '필경공'이라 합니다.

그래서 이 '필경공'에 대한 이해가 있다면 자연히 시공을 초월하여 만물과 동화할 수 있고, 스스로 진리의 가장 높고 가장 궁극적인 경계를 체득할 수 있습니다. 그것은 가없이 크고 한없이 넓은 세계입니다. 마치 아미타불의 '무량광·무량수'처럼 시간상으로는 무한히 길고, 공간상으로는 가없이 넓습니다. 이것이야말로 '진공묘유'이니, 이게 무엇이 나쁘겠습니까?

번뇌가 곧 보리

불교에서는 "번뇌가 곧 보리요, 보리가 곧 번뇌다"라고 말합니다. 보리는 청정한 정각正覺인데, 왜 청정한 정각을 또 더러운 번뇌라 하는지 일반인은 이 말을 쉽게 이해할 수 없습니다. 번뇌는 망상·무명인데, 왜 또 망상·무병의 번뇌가 정각의 보리라 말하는 것일까요?

범부의 생각에 우주 세간의 만법, 삼라만상 중 어느 것 하나도 대대법(對待法: 서로 상대적인 법)이 아닌 것이 없습니다. 옳고 그름, 착하고 악함, 좋고 나쁨, 얻고 잃음, 더럽고 깨끗함 등 분명히 나누어져 있습니다. 그러나 이것은 세간법입니다. 진여의 자성 안에서는 자신의 생사를 자신이 알고 분별하지 않습니다. 불법에서 말하는 '불이不二'는 출세간법입니다. 그러므로 번뇌가 곧 보리이니, 진리 면에서 둘이 아닙니다.

예를 들어 파인애플과 감을 익기 전에 따서 먹으면 아주 십니다. 그러나 바람이 솔솔 불고, 태양이 내리쬐고 난 뒤에는 아주 달콤하게 변합니다. 이 당도는 신맛에서 온 것입니다. 그러므로 달고 시고는 두 가지가 아니라 같은 하나입니다.

바닷물과 파도를 예로 들어보겠습니다. 파도는 물에서 온 것이고, 물을 떠나면 파도도 없습니다. 파도는 번뇌와 같습니다. 세차게 출렁이는 파도 안에서 물의 본성은 원래 잔잔하다는 것을 알 수 있습니다. 이로써 번뇌 안에서도 청정한 자성보리가 있음을 알 수 있습니다.

황금을 예로 들면, 황금은 반지·귀걸이·팔찌 등을 만들 수 있습니다. 모양은 비록 제각각 차이가 있지만 황금의 본질은 변하지 않습니다. 우리가 본래 구족한 진여자성은 비록 오취육도五趣六途 안에서 윤회하지만, 그 청정한 진여·보리·자성은 영원히 바뀌지 않고 터럭만큼의 손실도 없을 것입니다.

출세간법으로 세간을 보면 진리(理)에서부터 깨달음을 해석합니다. 그러나 깨닫기 전에는 진리가 현상(事)을 떠나서는 안 됩니다. 진리를 이용해 현상을 해석하고, 현상을 가지고 진리를 밝혀야 진리와 현상이 원만하게 융합할 수 있고, 진정한 '불이'가 됩니다. 그래서 번뇌와 보리는 둘이 아닌 한 몸이라 할 수 있습니다. 진흙 속에서도 연꽃을 피울 수 있듯이 번뇌가 보리를 자라게 할 수 있습니다. 미혹됨이 곧 번뇌이고, 깨달음이 곧 보리입니다. 번뇌를 떠나는 것 외에는 보리를 구할 방법이 없습니다. 중생은 번뇌가 있기에 육도에서 윤회하고 있고, 사람들은 번뇌를 통해 연마하고 관조하면서 보리가 드러남을 볼 수 있습니다.

불경에서는 "망상이 일어남을 두려워 말고, 늦게 알아차림을 걱정할 뿐이다"라고 말합니다. 번뇌를 알아차릴 수 있다면 깨달음이 멀지 않았다는 것입니다. 불도를 배우는 사람은 번뇌를 두려워해서는 안 됩니다. 번뇌를 어떻게 보리로 바꾸느냐가 중요합니다. 울보 노파가 미소 노파가 된 이야기는 울고 웃는 것이 다만 하나의 생각 차이임을 가리킵니다. 마찬가지로 괴로움과 즐거움, 성현과 범부, 미혹됨과 깨달음, 부처와 마구니 역시 한 생각에 달려 있습니다. 일상생활에서 어떠한 곤란한 상황과 좌절이 닥치든 간에 생각을 전환할 줄 알기만 하면 상황을 바꿀 수 있습니다.

다시 본론으로 돌아와서, 불교는 범부에서 성현으로 전환하고, 미혹에서 깨달음으로 전환하는 것을 중시합니다. 그러나 불법에는 쇠사슬이 사람을 묶을 수 있듯이 금목걸이 역시 사람을 속박할 수 있다는 비유가 있습니다. 물론 번뇌 망상의 먹구름이 마음을 가릴 수도 있거니와, 보리 정견의 흰 구름 역시 집착이 되고 장애가 될 수도 있습니다. 그러므로 진정한 깨달음과 진정한 선禪의 경계에 들어가려면 쇠사슬의 번뇌도 버려야 하고, 금목걸이의 보리에도 역시 집착해서는 안 됩니다.

결론적으로 불도를 배우는 사람은 일체를 초월할 수 있어야 합니다. 이른바 두 관계가 붙지도 않고 떨어지지도 않으며(不卽不離), 텅 비지도 않고 꽉 차 있지도 않으며(不空不有), 공이 또한 유이기도 하니(亦空亦有), '연기성공'을 인식한다면 번뇌에서 깨달음의 희망을 볼 수 있습니다.

일즉시다 一卽是多

『화엄경』의 사법계 사상 가운데 '사사무애법계事事無碍法界'는 사리事理가 서로 걸림이 없고, 인아人我 역시 서로 걸림이 없으며, 일다一多 또한 걸림이 없을 뿐만 아니라, 화엄의 관점에서 보면 '한 개가 적은 것이 아니고, 1조兆가 많은 것이 아니다'라고 말할 수 있습니다. 하나는 하나일 뿐이라 생각하는 당신과, 하나는 많은 것이라는 내 생각이 다른 것은 아닙니다. 많은 것은 많은 것이라는 당신의 생각과, 많은 것이 하나라 생각하는 나도 틀린 것은 아닙니다. 하나가 곧 많음이요, 많음이 곧 하나이니 하나와 많음은 둘이 아닙니다.

지금 여기서 강의를 하면서 칠판에 분필로 글을 쓰면 분필 가루가 날립니다. 그 가루는 눈에 차지도 않을 정도로 지극히 미비합니다. 공기 중의 먼지는 어디에나 있습니다. 분필의 먼지 한 톨 또한 수많은 노동자들의 제작과 포장 등을 거친 뒤에 상점으로 보내져 판매된 후에야 분필 한 자루가 생겨나고, 먼지 한 톨이 생겨납니다. 이 한 알의 가루는 하나가 아니라 수많은 인연과 수많은 힘이 모여서 생겨난 것입니다.

또 제가 여기 있지만 저란 사람은 하나이고, 교실은 한 칸이고, 대학도 하나입니다. 심지어 타이완도 하나이고, 지구도 하나이고, 허공 역시 하나입니다. 제가 틀렸다고 말할 수 있습니까? 먼지 한 톨에서 하나의 허공에 이르기까지 크기로 말하면 먼지 하나가 클까요,

아니면 허공이 클까요? 일—이 많은 걸까요, 아니면 다多야말로 많은 걸까요?

그래서 먼지 한 톨에 삼천대천세계가 담겼으며, 일—이 곧 다多이며, 하나의 삼천대천세계 역시 하나이지만, 작지도 않고 적지도 않습니다. 그러므로 대승불법의 사상에서 우주 인생에 관한 시각은 일반인의 견해와 분별심과는 다릅니다.

당신이 '너는 좋은데 그는 나쁘다', '네 것은 큰 데 내 것은 작다', '너는 높은데 나는 낮다', '너는 가난한데 나는 부유하다'라는 갖가지 대립과 각종 분별을 품고 있기에 세상에는 시시비비가 생겨나고, 공포와 번뇌가 생겨납니다. 만일 세간의 '일—'과 '다多'를 통일시키고, '다多'와 '소少' 역시 통일하며, 너와 나, 옳고 그름을 한 몸이라 여기고, 내 가운데 네가 있고, 너 가운데 내가 있다고 하면 굳이 대립하고 원망할 필요가 없을 것입니다. 세상 사람은 다 인연이 있습니다. 인연이 있으면 만나게 되고, 인연이 없으면 헤어지며, 인연은 생겨났으면 사라지니, 옳고 그름, 좋고 나쁨을 따질 필요가 없습니다.

그래서 우리는 불도를 배우면서 늘 한 톨의 먼지 속에서 삼천대천세계를 보려 해야만 합니다. "부처님은 작은 쌀 한 톨도 수미산처럼 크게 보신다(佛視一粒米, 大如須彌山)"라고 하였습니다. 쌀 한 톨이 얼마나 크다고, 어떻게 수미산과 비교할 수 있겠습니까? 그러나 여러분, 또 다른 측면에서 생각해 보십시오. 이 쌀 한 톨은 어디에서 온 것일까요? 농부가 씨를 심고 상인이 판매하는 등 온갖 수고로움에서 해와 달, 춥고 따스한 기후, 비와 이슬, 혹은 인공 관개시설 등까지 천지의 역량들이 결합하였기에 한 톨의 쌀이 만들어졌습니다. 쌀 한 톨에 모여진 인연이 수미산을 뛰어넘지 못하겠습니까?

그러므로 작은 것이 큰 것이요, 하나가 곧 많은 것입니다. 이로써 알 수 있듯이 우리는 인간 세상에서 지나치게 분별심을 가지지 말아야 하고, 지나치게 타인과 대립하지 말아야 합니다. 당신이 자신과 다른 이도 포용하는 만큼 당신의 마음도 넓어지고, 당신의 시야가 얼마나 넓은가에 따라 당신의 성취도 자연히 그만큼 크게 될 겁니다.

우리가 문소文疏를 읽다 보면 "마음은 태허를 덮고, 도량은 항하사 세계를 감싼다(心包太虛, 量周沙界)"라고 하지 않습니까? 그러므로 우리는 마음을 활짝 열어야 하고, 허공보다 더 크게 가져야 합니다. 허공 법계가 모두 나의 마음 가운데 있고, 나의 마음은 허공 법계에 두루 퍼져 있으며, 일체가 모두 나의 포용 안에 있음이 바로 '도량은 항하사 세계를 감싼다'입니다.

그래서 인간불교의 수행에서는 심오하고 현묘한 도리를 논하는 것을 중시하지 않고, 사회에서 타인과 사귐에 있어 도량은 있는지, 당신의 흉금은 넓은지, 이 우주는 서로 인연으로 연결되어 존재하고, 당신과도 모두 관계되어 있음을 알고 있는가를 중시합니다. 만일 이 많은 것들이 당신과 관계가 있음을 안다면, 당신은 인연을 파괴하지 말고 나를 있게 해준 인연에 감사해야 합니다. 더 나아가 인연을 소중히 잘 간직하고, 새 인연을 창조해야 하며, 심지어 타인에게 인연을 주는 것이야말로 불도를 배우는 의의입니다.

동정일여 動靜一如

누군가 제게 이렇게 물었습니다.

"불교에서는 늘 마음을 잘 다스리고 마음을 잘 지키며 마음을 한 곳으로 모아 여여하게 움직이지 않아야 한다고 강조하지만, 큰스님 께서는 항상 감동이야말로 가장 아름다운 세계라고 말씀하십니다. 이것은 서로 모순 아닌가요? 어떻게 움직이지 않으면서 또 감동해 야 한다는 건가요?"

사실 움직이지 않으면 움직이지 않는 대로의 감동이 있고, 움직이 면 움직이는 대로의 감동이 있으니, 서로 상충하지 않습니다. 『대승 기신론大乘起信論』에서 "한 마음이 두 문을 연다(一心開二門)"라고 말 하듯 우리의 '한 마음'은 만법을 머금을 수 있습니다. 반대로 우주 만유 역시 '한 마음'에서 나온 것입니다. 그래서 허실虛實·동정動靜 에 대해 억지로 분별하지 말아야 합니다. '허虛는 허의 훌륭한 점이 있고, 실實은 실대로의 재미가 있으니 그렇게 대립하지 말아야 합니 다. 동과 정 역시 둘이 아닙니다. 동이 정이고 정이 동이니, 동과 정 을 명확히 가르지 말아야 합니다. 동動은, 예를 들어 감동은 자비· 인애·도의·인내 등의 차별 현상에 대해 느끼는 바가 있어 일어나 는 것입니다. 몸을 던져 호랑이 먹이로 주고, 살을 베어 독수리 먹이 로 주는 동적인 형태의 자비행에 대해 감동이 일지 않습니까? 한번 정좌靜坐하면 며칠이라도 편안히 선열에 들고 마음을 고요히 머물게 하는 사람이 있다면, 감동이 일지 않으십니까? 육근을 활발하게 사용하여도 감동하고, 한가하여도 역시 감동하니 동정은 같습니다.

불교의 '지관법문止觀法門'은 선정에서 지혜가 생기는 것을 말합니다. 일반인은 잘못된 관념을 가지고 이 말을 해석합니다. 선정과 지혜를 나눠서 고요한 선정(靜定)이 있어야 지혜가 생긴다고 말하는 것은 이분법이니, 그렇게 말하면 안 됩니다. 사실은 선정 가운데 지혜가 있고, 지혜 가운데 선정이 있으니 선정과 지혜는 본래 둘이 아닙니다. 마치 누군가 수행의 최고 경계는 한결같이 움직이지 않고 줄곧 고요히 멈춘 것이라 말하는 것과 같습니다. 그러나 불법은 중생을 널리 제도해야 하고, 나가서 수행과 교화를 해야 합니다. 그러면 움직여야 할까요, 움직이지 말아야 할까요? 보리수 아래 금강좌에서 고요히 앉아 계시다 이치를 깨달으신 석가모니불께서는 이미 한결같이 흔들리지 않는 경계에 이르고 이미 생사에 머물지 않게 되셨지만, 그래도 중생을 제도하고자 하셨습니다. 이른바 자비는 열반에 머물지 않는다 하니, 이것이야말로 정靜 안에 동動이 있고, 동 안에 정이 있는 동정일여動靜一如가 아니겠습니까?

또 예를 들면 부처님은 49년간 설법하시고 3백 회 넘게 경전을 강의하셨지만, 자신은 한 글자도 얘기하지 않았다고 하셨습니다. 이것이 여여하게 흔들리지 않고 동정이 모두 같다는 것 아니겠습니까?

부처님과 중생의 경계는 높고 낮은 구별이 있습니다. 태풍 부는 날 당신은 파도가 일렁이는 걸 보지만, 부처님의 눈으로 보면 물은 줄곧 고요합니다. 그리고 평소 당신은 잔잔한 호수를 보지만, 물의 능력은 배를 뒤집을 수도 있고 물을 채울 수도 있고, 모든 생물을 윤택하고 만물을 성장하게 할 수도 있습니다. 이것이 바로 동과 정은 떨어지지 않고, 동과 정은 둘이 아니라는 오묘한 이치가 아니겠습니까?

『유마경·불이법문품』에는 전형적인 문답 한 단락이 있습니다. 서른두 분의 보살이 각자 불이법문에 대한 이해를 서술한 뒤에 문수보살께서 총정리를 하듯 말씀하셨습니다.

"일체법은 말이 없고, 설함도 없고, 보임도 없고, 식별하는 바도 없으며, 모든 문답을 여의는 것이 불이법문에 들어가는 것입니다."

그리고 유마힐 거사에게 무엇이 불이법문에 들어가는 것입니까? 하고 반문하니, 이때 유마힐 거사는 아무 말도 하지 않았습니다. 유마힐의 이 침묵은 천둥소리와 같습니다.

또한 영산회상에서 부처님이 꽃을 들어 보이시자, 그 의미를 이해한 가섭 존자만이 미소를 지었습니다. 그러자 부처님께서는 "나에게 정법안장正法眼藏·열반묘심涅槃妙心·실상무상實相無相·미묘법문微妙法門·불립문자不立文字·교외별전敎外別傳이 있으니, 마하가섭에게 부촉하노라"라고 말씀하셨습니다.

선 역시 이 천둥과 같은 침묵인 '염화미소'에서 탄생하였으니, 이것 역시 동이 정을 떠나지 않고, 정 가운데 무한한 운동에너지가 담겨 있는 것 아니겠습니까?

많은 사람이 선사께 불법이 무엇인지 물었습니다. 선사께서는 눈을 감으시고는 한마디도 하지 않았습니다. 그러자 "아, 알겠습니다"라고 했습니다. 눈썹을 추켜세우고 눈을 깜박이고 한마디 말도 안 하는 것은 정도 아니고 동도 아니며, 정이자 또한 동이니 어떻게 깨닫는지는 당신에게 달려 있습니다.

이처럼 많은 이야기를 들은 당신의 고요한 마음 호수 안에서 감동이 일지는 않으신가요?

문사수 聞思修

현대인은 빠른 것을 좋아합니다. 일 처리도 빨리빨리, 기차를 타도 빠른 걸로, 비행기를 타도 빨라야 하고, 컴퓨터와 핸드폰은 빠를수록 좋습니다. 빠르다는 것은 물론 중요합니다. 그러나 속도를 낸다고 빨리 도달하지 못하는 일도 많습니다. 학문을 예로 들면, 옛사람은 "10년간 칼 한 자루를 간다"라거나 "10년간 고생스럽게 공부한다"라며 장시간 한 가지 일에 매진함을 말했습니다. 심지어 경전에서도 부처님께서는 깨달으시고서도 그 자리에서 자신이 깨달은 도리를 숙고하고 정리하는 데 21일이 걸렸습니다. 이것은 배움은 반드시 깊이 숙고한 뒤에야 이룰 방법이 나오고, 속성으로 나가려 하다가는 아무 일도 이루지 못함을 설명합니다.

특히 사상의 배양은 서둘러서는 안 됩니다. 한 걸음씩 나아가며 기회와 인연을 천천히 성숙시켜야 합니다. 그래서 불교에서는 문聞·사思·수修에 의지해야만 삼마지에 들어갈 수 있고, 기꺼이 많이 듣고 그 영향을 받으며, 안으로 바른 사유하고 꾸준히 실천해야 지극한 성취를 이뤄낼 수 있다고 제의합니다. 사상이 지극한 경지에 다다라 증오證悟와 증도證道를 얻는 것을 삼마지三摩地라고 합니다.

캐낸 금덩이를 깎고 문지르는 단계에서 한 번 더 나아가야 다양한 액세서리로 만들 수 있고 세간을 장엄할 수 있습니다. 흙에 뿌린 씨앗은 싹을 틔우고 줄기가 자라야 꽃도 피우고 열매도 자라 대중을 이롭게 할 수 있습니다. '문聞'은 광물을 캐고 씨를 뿌리는 것과 같습니다. '사思'는 금을 제련하고 싹이 나오는 것과 같습니다. '수修'는 장엄한 금장식과 무성한 가지에 열린 과실과 같습니다. 문·사·수 세 가지는 상호 보완관계로, 하나라도 빠져서는 안 됩니다.

들는다는 것은 잘 듣고 자세히 듣는 것 외에, '한 손의 소리(只手 之聲)'와 '소리 없는 소리(無聲之聲)', 즉 시마지 모쿠라이(島地默雷, 1838~1911. 일본 정토진종 승려) 선사의 고사에서 나온 것처럼, 마음 속의 소리에도 귀 기울여 들어야만 진정으로 들을 줄 아는 사람입니다. 그밖에 광범위한 의미의 '문'은 또 독서를 포함합니다. 널리 많은 서적을 읽고 경서를 두루 익히는 것 외에도 더 중요한 것은 반드시 읽고 이치를 이해해야 하고, 읽고 인연을 깨우쳐야 하며, 읽고 마음을 이해해야 합니다. 독서를 생활화하여 서점에서 생활까지 확대해야 서생書生에 머물지 않게 됩니다.

들은 후에는 한발 더 나아가 깊은 사유가 필요합니다. 반복해서 익히고 마음에 녹아들게 해야 이익을 얻을 수 있습니다. 그렇지 않으면 널리 배우고 많이 알아도 바닷물이 한번 밀려들면 흔적 없이 사라지는 모래 위의 발자국처럼 아무것도 남지 않으니, 안타까운 일이 아닐 수 없습니다.

부처님께서는 설법하시면서 늘 제자들에게 당부하셨습니다.

"자세히 듣고 자세히 듣고, 깊이 생각하라(諦聽, 諦聽, 善思念之)."

자세히 들음(諦聽)은 1단계의 공부이고, 깊이 생각하라는 2단계입니다. 잘못 해석하지 않기 위해서는 무엇보다도 바르고 신중하며 깊이 있고 자세히 생각하는 자세가 있어야 정확히 이해하고, 정견을 얻을 수 있습니다.

　그러나 도를 알기는 어렵지 않지만, 도를 행하기는 어렵습니다. 지혜롭게 깨우치기는 어렵지 않지만, 진리를 깨닫는 수행 실천은 어렵습니다. 아무리 좋은 도리라도 직접 실천하고 겪음을 통해 얻지 않으면 이치를 깨우칠 수 없고 진정으로 누릴 수도 없습니다. 그래서 듣고 사유한 후에는 반드시 수행을 해야만 스스로 깨우칠 수 있고 중생을 이롭게 할 수 있습니다.

　예를 들어 자비를 들었으면 바로 자비를 써서 세상을 감화시켜 인생을 더욱 아름답게 만들어야 합니다. 선정을 배웠으면 바로 선정을 사용해 타인과 사물을 대하고 자신을 들여다보아야 합니다. 선인들께 물어 얻은 지혜는 부처님을 따라 실천하여 대중을 이롭게 하며, 학문의 쓰임을 발휘해야 합니다. 자비·인내·반야 모두 매우 중요하다 말할 수 있습니다.

　그래서 듣고 사유하여 깨달아 얻은 도리를 다시 실천하고, 인간 세상에 전달하여 세상 사람들이 당신이 문사를 통해 얻은 이익을 두루 받고, 당신을 따라 서서히 인생 우주가 내포한 의미를 깊이 느끼게 해야 합니다. 부처님은 49년 동안 설법하시고, 3백여 차례나 중생을 구제하셨습니다. 부처님께서 원만한 공덕을 이루신 것은 바로 문사수를 하여 삼마지에 들어갈 수 있었음을 보여주고 있습니다.

　문사수가 있다면 지혜에 대해 걱정할 게 없습니다. 법을 듣고, 법을 생각하고, 법을 실천할 수 있다면 법계가 곧 나의 마음에 있고, 중생 역시 내 마음에 있는데 또 무언가를 무엇 때문에 구하겠습니까?

전식성지 轉識成智

일반인은 자신을 가장 잘 아는 것이 '나'이고, 내가 자신의 '주인'이라 생각합니다. 그러나 이 '주인'은 자신의 희로애락을 제어하지도 못하고, 종일 번뇌가 끊이지 않으며, 주위환경에 따라 바뀌니 어찌할 수가 없습니다. 이런데 어떻게 자신을 가장 잘 아는 사람이라 장담할 수 있겠습니까? 사실 우리의 번뇌와 고통은 '나'에 대해 잘 모르는 데서 온 것입니다.

이 '나'는 한 마을에 비유할 수 있습니다. 마을 안에는 안眼·이耳·비鼻·설舌·신身이라는 촌민이 살고 있고, 마음은 촌장이자 우리의 제6식이기도 합니다. 마음이 좋으면 촌민도 따라서 좋지만, 마음이 나쁘면 촌민도 따라서 나쁘게 변합니다. 이외에 마음의 더 깊은 곳에는 '제7말나식'과 '제8아뢰야식'도 자리하고 있습니다. 그들은 평소엔 모습을 드러내 보이지는 않고, 우리 마음이 좋고 나쁨을 조종하지만, 너무 미세하여 사람들이 알아채기 쉽지 않습니다.

이 8가지 식은 한 마을에 함께 거주하지만 각기 맡은 바가 나누어져 있습니다. 안식·이식·비식, 설식·신식이 색경(모양)·성경(소리)·향경(냄새)·미경(맛)·촉경(감촉)을 좇아 여기저기 빌붙고 사귀느라 바쁩니다. 따지고 분별하는 걸 담당하는 제6의식은 전5식이 이롭고 좋은 것만 고르느라 잠시도 한가할 틈이 없습니다. 제7식은 제8식인 '나'에 전적으로 집착하고 또한 제6의식에 전달하여 '나'의 뜻에 의지하여 좋아하거나 혹은 싫어하게 만듭니다. 제8식이 맡은 바는 일체 선과 악의 종자를 받아들여 우리가 어디로 윤회할지를 결정합니다. 이 8가지 식이 합쳐져 '나'라 부르는 것이며, 이 8가지 식을 인식하면 '나'를 인식하는 것과 같습니다.

그러나 '식識'은 생사의 근본이지 궁극적인 것은 아닙니다. '지智'는 불성입니다. 만일 '지'로 전환된다면 이때의 지혜는 깨끗한 거울처럼 티 없이 맑고 밝게 빛나 자신을 자세히 볼 수 있습니다. 그래서 '식'을 지혜로 전환해야 '나'의 문제를 해결할 수 있습니다.

대다수 사람은 8식을 잘 인식해 더 훌륭한 자신의 미래를 창조해야 함을 모르고, 도리어 8식을 잘못 활용하여 업을 짓고 괴로움을 받고 있으니 얻는 것보다는 잃는 것이 더 큽니다. 만일 깊은 통찰과 이해가 있다면 언제 어디서나 '식'을 '지'로 변환할 수 있습니다.

그러면 8식을 어떻게 지혜로 변형시킬 수 있을까요? 사람을 볼 때 자비의 눈으로 중생을 바라볼 수 있다면 눈에서 광명을 발산하는 것입니다. 소리를 들을 때 자세히, 겸손하게, 열심히, 끝까지 들을 수 있다면 귀에서 광명을 발산하는 것입니다. 아름다운 환경을 만들어 코로 신선한 공기를 마심은 코에서 광명이 발산하는 것입니다. 말을 함에 있어 말로 기쁨을 선사하면 혀가 광명을 발산하는 것입니다. 몸으로 좋은 일 하고 타인을 도와주면 몸이 광명을 발산하는 것입니다. 마음에 선한 생각·선한 마음을 가지고 타인을 도와주면 마음이 광명을 발산하는 것입니다. 그래서 육식이 모두 빛을 발산하면 7식은 당연히 6식을 보강하고 8식 역시 그 영향을 받습니다. 8식의 '나'가 영향을 받으면 유전자는 바뀔 수 있습니다.

그밖에 미혹에 빠진 사람은 미혹을 깨우침으로 바꾸고, 소심한 사람은 소심을 대범으로 바꾸고, 삿된 견해를 가진 사람은 삿된 생각을 바르게 바꾸고, 슬픔에 빠진 사람은 괴로움을 즐거움으로 바꾸고, 마음 가득 삿된 생각을 품은 사람은 삿됨을 올바름으로 바꾸고, 망상에 빠진 사람은 망상을 진실로 바꾸는 등이 식을 바꾸어 지혜를 이루는 것입니다. 생각을 바꾸면 인생은 새 희망이 열리고, 마음을 고치면 눈앞에 끝없는 세상이 펼쳐집니다. 그러므로 전식성지轉識成智는 생각을 바꾸는 수행의 일종입니다. 생각을 전환할 수 있다는 것은 생명 안에 흐르는 물이 있는 것과 같이 생활 속의 인연 하나하나를 적절하게 이끌 수 있으며, 그러면 비로소 천천히 인아의 분별을 내려놓을 수 있고 반야 지혜로 인생을 초월할 수 있습니다.

수궁삼제, 횡편시방 竪窮三際, 橫遍十方

항상 누군가 제게 묻습니다.

"불광산은 어떻게 관리하십니까?"

그러면 저는 늘 이렇게 답합니다.

"불광산은 관여하지 않는 경영을 하고, 자신 스스로 관리합니다."

이것이 50년 동안 이어져 온 불광산 관리학입니다.

또 어떤 사람은 제게 이렇게 묻습니다.

"행정업무 처리를 빈틈없이 하려면 어떻게 해야 할까요? 어떻게 하면 모두가 기뻐할 행사를 개최할 수 있을까요?"

저는 그에게 이런 답을 줍니다.

"시간은 삼계를 포괄하고, 공간은 시방에 두루 미치지요."

이 말을 듣고 멍한 표정을 짓던 그는 이 두 마디가 우리가 하는 행정업무나 행사 개최와 무슨 관계가 있느냐고 묻습니다.

'시간은 삼계를 포괄하고, 공간은 시방에 두루 미친다'라는 말은 일반적으로 부처님 법신의 경계가 국한됨이 없이 시방세계에 두루 가득 차 있고, 시간적 제한이 없이 과거·현재·미래 삼계에 걸쳐 있음을 말합니다. 허공에 가득 차고, 법계에 두루 퍼져 있다는 말은 헤아릴 수 없이 크고 넓다는 의미입니다. 이 불법 진리는 위대하고 고귀하여 우리가 원만하고도 기쁘게 일을 성사하도록 도와줄 수 있습니다.

'시방에 두루 미친다'를 예로 들면, 오늘 회의가 있다고 합시다. 사람들에게 초대장도 보내고, 통보도 하고, 연락도 합니다. 당신이 시방에 두루 미치지 못하고 주위의 인사 관계를 꼼꼼하게 돌보지 못해, 모든 관계자에게 알리지 않고 단지 일부 인원에게만 얘기했다면, 연락을 받지 못한 상대는 자신을 경시하고 존중하지 않는다고 화를 낼 것입니다. 직장에서 점심시간이 되었는데, 당신은 옆에 있는 장 선생님과 왕 선생님 등 여러 사람에게 함께 식사하자며 관심을 가질 수 있습니다. 또는 내가 선생님이거나 학생이라면 나의 선생님은, 혹은 나의 학생은 아직 밥을 안 먹었을 거라며 그들에게 식사하자고 얘기할 수 있습니다. 상하가 교류하는 이 처세가 꼼꼼하고 빈틈없는 것 아니겠습니까? 상대는 기뻐할 테니, 이게 바로 시방에 두루 미치게 하는 것입니다.

시간은 삼계를 포괄한다는 말은, 윗사람에게는 보고하고 아랫사람에게는 통보하는 인아의 소통을 가리킵니다. 윗사람은 알고 난 뒤 우리를 지도해 주고, 아랫사람은 이해한 후 관련 자료를 준비하여 다 함께 공통된 인식을 세우고 합심한다면, 당신의 업무는 반드시 모두의 지지를 얻게 될 것입니다. 그래서 '시간은 삼계를 포괄하고, 공간은 시방에 두루 미친다'가 행정업무를 하는 사람에게 중요하지 않다고 말할 수 있습니까? '시간은 삼계를 포괄하고, 공간은 시방에 두루 미친다'와 같은 처세는 널리 선연을 맺고, 그 선연 하나하나를 관심 가지고 돌보면 많은 인연이 모이고, 결국 모든 일을 성사시킬 수 있습니다.

그러므로 우리는 사섭법·육도만행·사홍서원·사성제·십이인연

등 많은 불교의 법보를 모두 생활 속에서 활용할 수 있지만, 행정에서도 활용할 수 있다는 생각을 가져야 합니다. 불법은 '지행합일知行合一'을 중시하니, 말로 내뱉은 불법을 생활 속에 뿌리내리도록 해야 합니다.

이로 미루어 당신이 행정업무를 보든 기업가가 되어 대기업을 세우든, 혹은 작은 상점을 하나 열든, 심지어 작은 좌판을 벌이든 당신의 가족과 친구, 주위의 인연을 잊으면 안 됩니다. 한 사람 한 사람이 우리를 성사시켜 주는 연분이니, 다만 '시간은 삼계를 포괄하고, 공간은 시방에 두루 미친다'를 확실히 이해하기만 하면 사업을 이룩하지 못할까 걱정할 필요가 없습니다.

체상용體相用의 참뜻

"부처님은 법신法身·보신報身·응신應身의 삼신이 있는데 어떤 의미입니까?"

"불교는 항상 '체상용'이라 말하는데 이것은 또 무슨 의미입니까?"

이런 질문을 자주 받습니다.

불교에서는 '삼三'을 사용해 표시하는 명상名相이 무척 많습니다. 계정혜戒定慧 삼학三學에서 계戒는 체體이며 본질이고, 정定은 상相이며 체로 인하여 나타나는 모습이고, 혜慧는 용用이며 쓰이는 작용으로 서로 밀접한 관계가 있습니다. 또 경률론經律論 삼장三藏에서 경經은 체이고, 율律은 상이고, 논論은 용으로 세 가지 또한 의미가 서로 상통합니다.

현재 우리는 부처님의 삼신인 법신·보신·응신과 체상용을 합쳐서 하나로 하였습니다. 부처님의 법신은 허공에 두루 가득 차 있고 법계에 충만합니다. 이것이 바로 부처님의 진여이체眞如理體이자 체대體大입니다. 부처님의 보신은 모든 덕이 장엄하고 상호가 원만하여 사람들로부터 존경받음은 상대相大를 나타냅니다. 석가모니 부처님은 백억의 화신이니 아미타불·약사불은 물론이고 모든 보살·나한·성현에 이르기까지, 심지어 세간의 "곧고 푸르른 대나무도 반야 아닌 것이 없고, 하늘거리는 국화 모두 법신이네"라고 한 이것이

144

바로 용대用大가 아니겠습니까?

그래서 부처님의 법신·보신·응신이 곧 체대·상대·용대입니다. 삼신三身이 비록 차별이 있고 순서상 서로 다르지만 합하여 하나입니다. 부처님도 한 분, 신앙도 하나, 진리도 하나, 해탈도 하나입니다. 저는 체상용을 이렇게 해석해야 맞다고 봅니다.

이제까지는 부처님을 얘기했다면 이제 범부중생 얘기를 할 것입니다.『대승기신론』에 의하면 우리 마음의 본질·형상·작용은 광대하고도 무한하기에 체대·상대·용대라고 부릅니다. 마음의 '체대'는 허공만큼 크고 심지어 허공보다 더 클 수도 있습니다. 그래서 불경에서는 "마음은 태허를 덮고, 도량은 항하사 세계를 감싼다(心包太虛, 量周沙界)"라고 말합니다. 우주 허공을 담을 수 있는 마음 그릇을 가진 사람이라면 반드시 큰일을 해낼 것입니다.

저는 마음의 체대, 즉 본질은 곧 생명이라 생각합니다. 만물에 생명이 없다면 작용하지 못합니다. 본질이 되는 생명은 늘지도 줄지도 않고 영원히 존재하며, 절대적이고 무한하며 불변합니다. 마음의 상대, 즉 본질로 인하여 나타나는 모습이 곧 생사이고 생명의 단계적 전환이며, 생멸과 오고 감의 무상한 변화가 있고, 상대적이고 유한적이며 영원하지 않습니다. 그리고 마음의 '용대'는 바로 생활입니다. 우리가 세간에서 살면서 생명은 태어나면서 죽을 때까지 그 안에서의 의식주행·언행·심신의 활동 등 어느 하나 생명의 작용 아닌 것이 없습니다.

우리가 세간에 와서 '생활'하고 생명을 얻었지만, 생명에는 '생사'라는 무상한 변화가 있습니다. 그러나 우리는 살아있는 동안 열심히 생명의 본질을 발휘하고, 생명의 정신·의미·에너지를 기회와 인연을 따라 권교방편으로 응용하면 생명의 가치를 더욱 끌어올릴 수 있습니다.

생명 얘기가 나왔으니 말인데, 인간의 생명은 홀로 존재할 수 없고 반드시 수많은 인연에 의지해 이루어집니다. 그래서 우주 세간은 대아大我로서의 생명이자, 다 같은 한 생명체입니다. 예를 들어 우리는 태어난 후 부모의 보살핌도 있어야 하고, 스승의 지도가 있어야 하며, 사회 각계의 인사가 주는 인연도 있어야 살아 나갈 수 있습니다. 그들이 없다면 우리의 생명은 유지해 나갈 방법이 없습니다. 그러므로 생명은 서로 상호 관련된 것이고, 다른 사람이 우리에게 존재하도록 인연을 주었을 때, 우리 역시 그들에게 인연을 주어 그들의 생명 또한 살아갈 수 있게 해야 합니다.

생사에 대해 덧붙이면, 태어남이 있으면 분명 죽음도 있습니다. 이것은 세간의 가장 자연스러운 현상이자, 가장 평등하며 가장 공평한 일이기도 합니다. 사람이라면 제왕부터 필부에 이르기까지 가릴 것 없이 모두 생사를 벗어날 수 없습니다. 그러나 잘 태어나 못난 죽음을 맞이하거나, 흥밋거리도 없고 무료한 삶을 살다가 자살로 생을 마감하는 것 모두 지나치게 극단적입니다.

사실 생사는 잠을 자는 것과 같습니다. 잠들면 죽은 것 같고, 잠에서 깬 후는 다시 살아나는 것과 비슷합니다. 생사는 또한 해가 뜨고 지는 것과 같습니다. 새벽에 태양이 동쪽에서 떠올라 저녁이 되면 서쪽으로 졌다가, 다음날 새로이 떠오릅니다. 그래서 생사는 원형 圓形입니다. 태어났으면 죽게 되고 죽었으면 또다시 태어날 것이니,

생명은 죽지 않습니다. 이른바 "태어나도 아직 태어난 것이 아니고, 죽어도 아직 죽은 것이 아니다"라고 하듯 말입니다. 죽음을 불교에서는 '왕생'이라 부르는데, 왕생은 죽는 것이 아니라 살다가 다른 곳으로 가는 것입니다. 죽음은 사실 옷이 해지고 집이 허물어지면 새로 바꿔야 하는 것과 마찬가지이니, 기뻐할 만한 가치가 있는 일입니다.

마지막으로 얘기할 것은 '생활'입니다. 사람은 태어나면서부터 젖을 먹고, 걷고, 사랑받는 법을 배우기 시작합니다. 자라서는 공부하고 친구를 사귀는 걸 배웁니다. 어른이 되고서는 각종 기술을 배우기 시작합니다. 이 세간에서 생존하는 사람은 누구나 커다란 중압감을 받습니다. 특히 사람들과 함께 어울리고 서로 인연을 나누는 것이 매우 중요하므로, 우리는 타인이 나를 기꺼이 받아들이고 타인이 나를 인정해 주며 다른 사람이 나를 마음에 들게 하는 법을 배워야 합니다. 만일 나의 행동과 태도가 타인에게 받아들여지지 않는다면 아마 생존에 걸림돌이 생기게 될 것입니다.

그래서 생명·생사·생활은 모두 인간불교에서 관심을 가지고 중시하는 것들입니다. 저는 "인간불교는 생명·생사·생활을 포함하며, 생명은 인간불교의 체이고, 생사는 인간불교의 상이며, 생활은 인간불교의 용입니다. 더 나아가 인간 세상은 만유가 서로 긴밀하게 연결되어 있으니 바로 인간불교입니다"라고 말한 적이 있습니다. 이것이 '체상용'에 대한 인간불교의 견해입니다.

인간불교를 얘기하자면, 오늘날 전 세계에 부처님께서 설법하신 이른바 '팔만사천법문'이 있다고 해도 결국 하나로 귀결되며, 우리에게는 오직 한 분의 부처님만 계십니다. 그래서 인간불교는 부처님의 본래 가지셨던 뜻으로 회귀하여, 2,600년 이어져 온 불법을 모두함께 협력하고 한마음으로 뭉쳐 부처님의 품으로 돌아가 부처님을중심으로 불교의 찬란한 시기를 재창조하며, 전 세계 천백만 화신인제불들이 진리를 위해 함께 노력해 나갈 수 있기를 희망합니다. 이것이 '체상용'의 참뜻입니다.

평등 平等

손중산(孫中山, 손문) 선생은 혁명을 제창하면서 세계를 향해 "평등으로 나의 민족을 대하겠다"라고 선언했습니다. 그러나 세간에서 정말 평등을 실현할 수 있을까요? 우리는 항상 "법 앞에 인간은 평등하다"라고 말합니다. 그러나 돈이 없으면 소송을 할 수 있습니까? 세도와 권위 앞에 정당한 도리가 있는 소시민이 평등을 쟁취할 수 있겠습니까? 세간에 얼마나 많은 사람이 거짓 평등이라는 구호 아래 희생당했고, 인간의 수많은 불행을 만들어냈는지 모릅니다. 어떻게 해야 진정으로 평등할 수 있을까요?

불교의 『법화경』에는 이런 이야기가 있습니다. 상불경常不輕 보살은 만나는 사람마다 "그대들은 장차 위대한 성현이 되고 성불해야 하니, 나는 그대들을 감히 경시하지 못합니다"라고 했다고 합니다. 또한 생태환경을 중시한 섬자睒子 보살은 "나는 대지가 밟혀 아플까 염려하여 한 걸음도 함부로 밟지 못하고, 깊이 잠든 대지를 깨울까 염려하여 큰소리로 얘기하지도 못하며, 대지가 오염될까 염려하여 함부로 물건을 바닥에 버리지 못한다"라고 말했습니다. 이로써 보살은 자신과 똑같이 타인을 대한다는 것을 알 수 있습니다.

평등은 사상에서부터 세워야 합니다. 지혜가 있고 인자함이 있으면 관념은 천천히 달라집니다. 예를 들어 이야기 하나를 해보겠습니다. 아이가 소란을 피우면 어른한테 야단을 맞는 것은 늘 있는 일입니다. 어느 한 가정의 아이가 쉼 없이 떠들고 소란을 피우니 할아버지가 더는 참을 수 없어 손자를 한 대 때렸습니다. 아이의 아버지가 그 광경을 보고 자신을 때리기 시작했습니다. 할아버지가 놀라 "넌 왜 너를 때리고 있니?"라고 묻자, 아들은 "아버지께서 제 아들을 때렸으니 저도 아버지의 아들을 때리는 게 공평하지 않습니까?"라고 대답했습니다. 이것은 평등이 아니라 어리석은 것입니다.

평등은 이성적이고 세상 어디에 갖다 놓아도 기준이 되는 진리여야 합니다. 진리에는 평등성·필연성·보편성·항구성이 반드시 있어야 진리입니다. 예를 들어 당신은 돈이 있고 말도 조리 있게 하는데, 나는 돈이 없고 말도 조리가 없다면 이것은 불평등입니다. 당신은 남자로 힘 있게 말하지만, 나는 여자로 말에 힘이 없다는 것 역시 불평등입니다.

불교의 칠중제자(七衆弟子: 우바새, 우바이, 사미, 사미니, 식차마나, 비구, 비구니) 가운데는 남성 대중과 여성 대중이 있지만, 모두 평등합니다. 내가 크고 너는 작으니 내 명령을 따라야 한다고 말하지 말아야 합니다. '평등'이야말로 불법이기 때문에, 저는 일생 남녀평등을 선도해 왔습니다. 당초 불교의 교주이신 석가모니불 역시 평등을 제창하시고 계급제도를 타파하시려 했기에 "모든 강물이 흘러 바다로 가면 같은 짠맛이 나고, 네 가지 계급의 사람이 출가하면 같은 석釋씨가 된다"라는 평등관을 제시하셨습니다.

깨달음을 얻으신 부처님은 보리수 아래에서 "대지의 중생은 모두 여래의 지혜와 덕상德相을 가지고 있구나"라고 말씀하셨습니다. 이것이 바로 "마음·부처·중생 셋은 차별이 없다"라는 동체평등 정신을 설명합니다. 불교는 인아가 평등할 뿐만 아니라, 남녀가 평등하고, 중생과 부처가 평등하고, 성자와 범부가 평등하고, 본체와 차별 현상이 평등합니다. 부처님은 깨달은 중생이요, 중생은 아직 깨닫지 못한 부처이니 둘은 같은 것입니다.

평등이란 강압적인 강제적 방법으로 대상을 복종시키는 것이 아니라, 입장을 서로 바꿔 타인을 자신이라 생각하는 것입니다. 물론 평등도 맹목적이거나 제 마음대로 획일적인 요구를 하는 게 아니라, 이성적 기반에서 서로 존중하며 크고 작음, 너와 나의 구분이 없고, 빈부귀천의 구분이 없고, 민족과 국적의 구분이 없이 상대의 존엄과 권익까지도 살펴야 진정한 평등입니다.

"원하옵건대 부처님의 두 손으로 세간의 중생 마음을 똑같이 편안케 어루만져 주시옵소서."

사람의 마음은 천차만별입니다. 만일 여러분이 분별하는 견해를 일으키지 않고, 평등한 법계 안에 머문다면 그것이 바로 아름답고 훌륭한 인생입니다.

신앙 信仰

중국인에게 신앙 종교는 대부분 무언가를 기원하고 보우해 주십사 하는 데서 신앙이 생겨납니다. 일반 불교 신자라도 진정한 신앙은 '나'라는 생각을 갖지 않고 '상相'에 집착하지 않는 자비 위에 세워져야 하며, 바른 견해와 진실한 믿음, 그리고 그릇된 견해를 일으키지 않는 사상을 갖춰야 하고, 자신을 위한 바람보다는 타인에게 공헌하겠다는 종교적 정서가 있어야 함을 쉽게 이해하지 못합니다.

신앙 애기가 나왔으니 말인데, 누군가 "마음이 편하면 되지, 무슨 종교가 필요합니까?"라고 말하는 걸 자주 들었습니다. 기왕에 마음이 편한데 왜 종교를 믿지 않습니까? 또 누군가는 "저는 종교를 믿지 않습니다. 전 신앙이 없습니다"라고 말하면서 신앙이 없는 걸 자랑으로 여깁니다. 그러나 사실 일단 그의 인생이 경영 실패라든가, 정서 불안이라든가, 삶에 의욕을 잃어버리는 등과 같은 중대한 고난을 마주하거나, 혹은 고통으로 괴로울 때는 자연스럽게 종교를 찾아 의지하고 싶어집니다. 특히 가족 중에 누군가 왕생(임종)하셨다면 독경해 주십사 스님을 찾고자 합니다. 그래서 사람은 생사 문제가 있는 한 종교를 떠날 수 없습니다.

유명 작가인 사마중원司馬中原 선생이 어느 날 강연에서, 자신은 비록 천주교도이지만 몸에는 불교의 피가 흐르고 있다고 애기한 게 기억이 납니다. 그는 또 중국에서는 어느 종교를 믿는 사람이건 불교의 성분成分이 혈액에 녹아 있다고도 말했습니다. 수천 년을 이어져 오면서 조상 대대로 전해져 내려온 습관으로, 사람은 질병이 생기거나 고난이 닥쳤을 때 아미타불을 외치거나 관세음보살에게 기원합니다. 이것이 바로 자연스럽게 깊이 뿌리내려져 있는 불교 신앙입니다.

사실 당신이 불교의 무수한 불보살을 믿고 안 믿고는 중요하지 않습니다. 당신이 믿는다고 그분들이 더 살찌는 것도 아니고, 그분들을 믿지 않는다고 살이 빠지는 것도 아닙니다. 그러나 당신 자신에게 신심이 없다는 것은 무척 안타까운 일입니다. 자신에게 신심이 없다는 것은, 나는 할 줄 모르고 할 수도 없고 알지도 못한다는 것을 나타내니까요. 바로 당신 자신에게 신심이 없기 때문입니다.

만일 당신에게 신심이 있다면 "나는 수많은 선한 일을 할 수 있다", 당신에게 신심이 있다면 "나는 타인을 도와줄 역량이 있다", 당신에게 신심이 있다면 "나는 선악을 구별할 지혜를 갖게 된다", 당신에게 신심이 있다면 "나는 할 수 있고, 할 줄 알고, 할 능력이 있다"라고 말할 테니, 무척 가치 있는 인생이 아니겠습니까?

학교에는 초등·중등·대학, 그리고 1학년·2학년·3학년이 있는 것처럼 신앙 역시 초학初學·초신初信이 있어 한 단계 한 단계씩 승화하고 초월하게 됩니다.

신앙의 단계에 관해 저는, '사신邪信'하느니 '불신佛信'하고, 불신하느니 '미신迷信'하고, '미신' 하느니 '정신正信'하는 것이 낫기에 그래도 신앙은 '바른 믿음'을 확립해야 한다고 말한 적이 있습니다. 그래서 올바른 신앙은 우리에게 비할 수 없는 이익을 얻게 하니, 우리는 바른 믿음을 세워야 하는 것은 물론이고 바른 믿음의 종교를 믿어야 합니다. 특히 우리는 모두 자신에 대한 신심을 세워야 하고, 자신을 신앙으로 삼는 것이 가장 좋습니다. 불교에서는 우리에게 신앙에서 가장 중요한 점은 '나는 성불할 수 있다', '나는 좋은 사람 될 수 있다'라고 자신을 믿는 것이라고 가리킵니다. 이 신앙이 중요하지 않다고 말할 수 있습니까?

믿음은 넓은 바다와 같고, 당신은 바다처럼 마음을 활짝 열 수 있으니 좋지 않으신가요? 믿음은 산속의 보물 같고, 당신 마음속에는 지혜·참회·인의와 같은 미덕이 있다고 하는데 당신은 믿지 않으신다고요? 그러므로 당신이 어떤 사람이든, 당신에게도 신앙이 있다고 반드시 인정해야 합니다. 당신에게 신앙이 있어야 완전한 생명이 있고, 당신에게 신앙이 있어야 자아의 영혼이 있습니다. 신앙이야말로 우리가 추구할 목표이고, 신앙이 있어야 자신을 넓힐 수 있으며, 신앙이 있어야 자신의 미래를 완성할 수 있습니다.

발심 發心

경전에 "악을 모두 제거하는 것을 공功이라 하고, 선이 가득한 것을 덕德이라 칭한다(惡盡曰功, 善滿稱德)"라고 했습니다. 공덕은 발심으로 시작하여 이루어지고 더욱 커집니다. 그래서 불교의 수많은 법문 가운데 발심이 가장 중요합니다.

불교는 마음을 '밭(田)'과 '땅(地)'에 비유합니다. 발심은 곧 우리의 마음밭을 개발하는 것입니다. 세간의 토지는 개간을 거쳐야 건축을 할 수 있고 다시 이용할 수 있습니다. 세간의 전답은 경작을 거쳐야 씨를 심고 수확을 할 수 있습니다. 마찬가지로 우리가 마음밭을 개발할 줄 알기만 하면 마음의 보물을 하나하나 출토할 수 있습니다. 외부의 인연과 복덕은 갖춰졌는데, 마음의 밭은 개발되어 있지 않다면 보리의 싹이 자랄 수 없습니다. 좋은 전답이 없다면 씨앗 한 알이 훌륭한 꽃과 과일로 자라날 수 없는 것과 마찬가지입니다.

성암省庵 대사께서는 "입도의 요문은 발심이 으뜸이고, 마음을 일으켜야 불도를 이룰 수 있다"라고 말씀하셨습니다. 세간에서는 발심의 크기에 따라 성취하는 크기도 달라집니다. 발심의 역량은 불가사의합니다. 유교 학자는 사람들에게 뜻을 세우라 하고, 불교 수행자는 원을 일으키라 합니다. 뜻을 세우고 원을 일으키는 것이 바로 발심입니다. 마음을 일으키기만 하면 뜻을 세울 수 있고, 마음을 일으키기만 하면 원을 이룰 수 있습니다.

아라한과를 증득한 수행자가 하루는 제자를 데리고 산문을 나섰습니다. 배낭을 메고 뒤를 따라가던 제자는 갑자기 한 생각이 마음에서 일었습니다.

'세상에 이처럼 재난이 많고 중생도 이처럼 수많은 괴로움을 겪고 있는데, 나도 보살처럼 대자대비의 마음을 일으켜 중생을 구제토록 해야겠다.'

아라한과를 증득한 스승은 타심통他心通이 있기에 뒤에 따르는 제자가 중생을 제도하겠다는 보살심을 일으킨 걸 알고, 즉시 걸음을 멈추고 말했습니다.

"짐을 나한테 주고 앞장서서 걸어가거라."

제자는 이유를 알 수는 없었지만, 스승이 시키는 대로 배낭을 스승에게 드렸습니다. 스승은 배낭을 메고 뒤를 따라갔습니다.

얼마쯤 걷다가 제자는 연못가에서 물에 갇혀 오지도 가지도 못하는 수많은 개미를 보고 또 한 생각을 일으켰습니다.

'어휴! 세상은 넓고 중생은 많은데, 연못가의 개미조차도 구제할 방법이 없는 내가 무슨 수로 천하의 중생을 제도한단 말인가?'

뒤에서 걷고 있던 스승이 제자의 생각을 알아차리고 말했습니다.

"배낭을 가져가고 뒤로 가거라."

이처럼 처음 발심해서 끝까지 유지하기가 매우 쉽지 않다는 것을 알 수 있습니다.

발심의 힘은 매우 미묘합니다. 예를 들어 내가 발심하고 밥을 먹으면 밥과 반찬이 무척 맛있어집니다. 내가 발심하고 잠을 자면 달콤하고 편안하게 잠잘 수 있습니다. 내가 좋은 사람이 되겠다, 좋은 일을 하겠다고 발심하면 자발적으로 나서게 됩니다. 농지·백사장·해안 개발지처럼, 마음은 개발 후에 나름의 기능을 발휘할 수 있습니다. 마음을 일으키는 순간, 내가 하는 일의 질이 달라집니다. 이것이 바로 "평소와 같은 창 앞의 달이건만, 매화꽃 피었기에 달리 보이는구나(平常一樣窗前月, 才有梅花便不同)"입니다.

안타깝게도 일반인은 황무지와 산비탈을 개간해 농지나 건설지역으로 만들며 끊임없이 마음 밖에서 법을 구할 줄만 알뿐, 우리 마음에 무한한 보물과 무한한 에너지가 담겨 있는 것을 모릅니다. 총명한 사람은 자신을 되돌아보고 잘못을 찾아야 하고, 안을 향하여 우리 자신의 마음속 에너지와 보물을 개발해야 합니다. 마음의 전답을 개간해야 씨를 뿌릴 수 있고, 그 씨가 자라날 수 있고, 자라나 수확을 할 수 있기 때문입니다.

참괴 慚愧

참괴는 인간 최고의 미덕입니다. 참괴에서 참慚이란 자신에게 부끄러운 것으로서 자신의 학문이 부족한가, 발심은 부족하지 않은가, 자비는 부족하지 않은가 항상 살피어 부끄러워합니다. 괴愧는 타인에게 부끄러운 것으로서 항상 타인에게 미안하고, 부모에게 송구하고, 친구에게 미안하다는 생각을 품고 이 때문에 가책을 느끼는 것입니다. 그래서 참괴는 부끄러운 줄 알라 하고 욕하는 말이 아닌, 자신의 옳지 못한 행위와 생각에 대해 수치스러움을 느끼고 참회와 개선을 할 줄 아는 것입니다. 부끄러워하는 마음은 분발하고자 하는 마음과 향상하려는 마음을 불러일으킵니다.

사람은 누구나 일생에서 실수를 저지르거나 실언을 할 때가 있습니다. 그러나 잘못하지 않을까 걱정하지 말고, 수치와 부끄러움을 모르는 걸 두려워해야 합니다. 부끄러움과 수치스러움을 알면 개선하고자 하는 의지를 갖고 꿋꿋하게 새사람이 될 수 있습니다. 그래서 유교에서는 이렇게 말합니다.

"사람은 성현이 아닌데 어찌 잘못을 저지르지 않겠는가? 잘못을 저질렀어도 고칠 수 있다면 그보다 더 나을 수 없다."

불교의 조사들 역시 항상 제자들에게 알지 못하는 바가 있음을 부끄러워하고, 할 수 없는 바가 있음을 부끄러워하고, 할 줄 모르는 바가 있음을 부끄러워하고, 마음이 깨끗하지 않은 바가 있음을 부끄러워해야 한다고 권면하셨습니다. 사람이 수치심이 있으면 몸에 장엄하고 화려한 의복을 걸친 것과 같이 고귀한 기품이 뿜어져 나옵니다. 그래서 불경에서는 "부끄러움이란 의복은 위없이 장엄하다"라고 말합니다. 심지어 유교에서 강조하는 '사유팔덕(四維八德: 예의염치禮義廉恥와 충효인애신의화평忠孝仁愛信義和平)' 역시 부끄러워하는 마음을 잊지 말라고 우리에게 얘기하고 있습니다.

사람은 참괴가 있어야 강해지고자 분발할 줄 알고, 참괴가 있어야 더 높은 목표에 도달하고자 힘씁니다. 그러므로 참괴와 수치심은 일종의 미덕이라 말할 수 있습니다. 삼귀오계를 집전할 때면 항상 이런 얘기를 합니다. 불도를 수행하는 사람이 술을 마시는 것은 일반인이 술 마시는 것보다 죄가 가볍습니다. 이유가 뭘까요? 수계한 사람이 당신 앞에서 감히 술을 마시겠습니까? 감히 못 합니다. 그는 숨어서 사람이 없는 곳에서 마실 텐데, 마시고 나서는 "아이쿠! 부끄럽게도 계를 받은 내가 술을 마셨으니 정말 죄를 지었구나"라고 참회하는 마음이 있으면 죄가 가벼워질 겁니다. 만일 일반인이었다면, 술에 취해 주정하는 것 외에도 "자, 한잔 더 하자"라며 술을 권합니다. 이러면 죄가 더 무겁습니다. 잘못을 인정하는 걸 배워야 우리의 도덕적 인격도 분명 나아질 겁니다.

과거 자항慈航 스님은 더없이 아끼는 물건도 전부 사람들에게 나눠주면서 다음과 같이 말한 적이 있습니다.

"이번 생에 복덕을 쌓을 인연이 부족한 것 같아 부끄러운 마음이 드니, 널리 선연을 맺을 기회를 놓치지 않으려고 합니다."

대성大醒 스님은 불교계의 장단점을 전문적으로 평론하는 문장을 결집한 적이 있는데, 후에 인광印光 스님께서는 그가 "구업口業을 지었다"라고 지적하셨습니다. 그는 스스로 부끄러워하며 이 책의 책 이름을 '구업집口業集'이라 정하여 참회의 뜻을 표시하였습니다.

자신을 되돌아보고 잘못을 찾고 자신의 잘못을 스스로 책임지는 것은 대덕의 풍모입니다. 만일 우리가 사리분별하면서부터 항상 참괴의 마음을 일으킨다면 타인의 기분을 상하게 할 사람도 없을 것이고, 타인을 침해할 사람도 없을 것이며, 잘못을 고쳐 발전하고 도덕과 용기를 더할 수 있으며, 또한 타인을 존경할 줄 알고, 나아가 죄업을 소멸하고 해탈을 얻을 수 있다고 저는 믿습니다. 그래서 과거 인광 스님은 자신을 '항상 참괴하는 승려(常慚愧僧)'라고 칭했습니다. 오늘날의 후학은 '참괴'를 처세의 기본 신조로 받들어야 합니다. '참괴'할 줄 알아야 스스로 삼가고, 스스로 반성할 줄 알며, 심신을 끊임없이 정화할 수 있고, 끊임없이 발전하고 승화할 수 있습니다.

참회 懺悔

참회는 불교의 중요한 수행법문 중의 하나이자 반성하는 행위입니다. 육조 혜능 대사께서는 "참懺이란 그 이전의 허물을 뉘우쳐 영원히 다시 일으키지 않으며, 회悔란 그 이후의 허물을 후회하여 영원히 다시 짓지 않음이니, 그러므로 참회라 한다"라고 말씀하셨습니다. 우리가 잘못을 인정하고 고치며, 반성을 통해서 자신의 인격과 도덕이 선을 지향하게 한다는 의미입니다.

평소 우리는 옷이 더러워지고 몸에 때가 생기면 깨끗이 씻어내야 편안하고 기분이 좋아집니다. 컵이 더러워지면 깨끗이 씻어야 물을 따라 마실 수 있습니다. 집에 먼지가 가득 쌓이면 깨끗이 청소해야 편하게 살 수 있습니다. 참회는 삶의 역량을 얻게 해줍니다. 묵은해의 때를 하루아침에 깨끗이 씻어내는 것과 같고, 짙게 깔려 있던 먹구름이 해가 나오면서 사라지는 것과 같습니다. 몸과 마음이 더러워지면 참회라는 법수法水를 이용해 깨끗함을 다시 얻을 수 있습니다.

또 참회는 한 잔의 물과 같습니다. 소금 덩어리를 물잔에 넣으면 짜서 마실 수가 없지만, 만일 이 잔에 담긴 소금물을 항아리에 넣고 맑은 물을 가득 채우면 짠맛이 희석되어 마실 수가 있습니다. 우리가 잘못을 저지르는 것은 물에 소금 덩어리를 첨가하는 것과 같지만, 참회의 원력을 이용하기만 하면 죄업을 약화할 수 있습니다.

사람은 세상에 태어나 겨우 수십 년 세월을 살다 가지만, 사업과 가정을 위해 타인과의 분쟁은 피할 수 없고, 이로 인해 신·구·의 악업을 짓게 됩니다. 만일 반성하고 참회한다면 선업은 늘어나고 악업은 소멸할 겁니다.

불교는 항상 "무명이 일어나는 것을 두려워 말고, 깨닫고 알아차림이 늦을까를 걱정해야 한다"라고 말합니다. 무명번뇌를 일으키는 중이라도 때맞춰 깨닫고 참회하기만 하면 여전히 맑고 선량한 사람입니다. 부처님께서 세상에 계실 때 아버지를 살해하고 왕좌를 찬탈하는 극악무도한 죄를 저지른 아사세왕阿闍世王도 후에 참회하였기에 결국 구함을 얻었습니다. 중국의 오달 국사悟達國師는 교만한 생각으로 업인業因이 많이 쌓여 인면창이라는 부스럼이 생겼는데, 참회를 통해 결국 수많은 원한이 얼음 녹듯이 모두 풀렸습니다.

그러나 일반인은 평상시 참회해야 한다는 생각을 못 하고 반드시 병으로 고통스럽거나, 일이 잘 풀리지 않고 어려움이 닥쳤을 때에서야, 또는 노년에 이르러 과거 젊을 때 저지른 갖가지 옳지 못한 행동을 회상하거나, 자신이 역량이 없다고 느끼거나, 심지어 감옥에 들어가게 되어서야 자신이 지은 잘못을 깨닫고 후회하며 그제야 참회하는 마음이 생겨납니다.

사람은 잘못하면 참회할 줄 알아야 합니다. 참회하려면 지극하고도 진실한 마음을 일으켜야 죄업이 줄어들고 소멸합니다. 일상생활에서 행위 면에서의 참회 방법은 무척 많습니다. 예를 들어 좋은 말로 참회합니다. 어떠한 인간사에 대해서도 자비희사의 마음을 품고 좋은 말로 찬미하면 바로 참회입니다. 성금을 모아 참회합니다. 더 많이 보시하고, 더 많이 공덕을 지으면 탐애를 항복시킬 수 있을 뿐만 아니라 중생에게 은혜를 베풀 수도 있으니, 역시 참회입니다. 열심히 봉사하는 것 역시 참회입니다. 대중에게 봉사하겠다고 발심하여 자신의 죄업을 참회하는 것은 참회의 방식일 뿐만 아니라 복전을 더욱 넓히는 묘법이며, 평소 타인의 입장을 더 많이 헤아리고 타인의 좋은 일을 성취해 주니, 역시 참회 방법의 하나입니다.

참회의 발로를 통해 스스로 개선하려는 역량을 증장하고, 이 아름답고 청정한 역량을 빌어 사회에 회귀하고 봉사하며 행동으로 불법을 봉행하는 것이 참회의 가장 큰 공덕입니다.

결론적으로, 예불·찬탄·독경·보시·선행 등의 행위를 통하여 참회를 실천하는 것은 놋그릇의 녹을 제거하려고 얼마간 힘주어 문지르면 얼마간 깨끗해지는 것과 마찬가지로, 얼마간의 참회가 얼마간 죄업을 감소시킵니다. 그러나 가장 궁극의 참회는 일체의 죄업이 자신의 어리석은 망념妄念에서 기원하였다는 것을 이해하는 것입니다. 그래서 "죄업은 본래 실체가 없지만 마음에 의해 짓게 되고, 마음이 사라질 때 죄 역시 없어지네. 마음이 사라지고 죄가 없어져 둘이 모두 비게 되면 진정한 참회라 하네"라고 말하는 겁니다. 일체의 시비·득실·영욕·좋고 나쁨은 모두 내려놓고, 심지어 참됨과 망령됨도 사라지면 어디에 또 뉘우칠 죄업이 있겠습니까?

발원 發願

일반 불교 신자는 누구나 관음보살의 12대원, 보현보살의 10대원, 아미타불의 48대원처럼 무수한 불보살이 모두 발원하여 성취하였다는 것을 압니다. 특히 지장보살은 "내가 지옥에 들지 않으면 누가 지옥에 들겠는가. 지옥이 비기 전에는 맹세코 성불하지 않겠노라"라고 하였고, 또 석가모니 부처님이 보리수 아래 금강좌에서 일으킨 대원은 "만일 정각을 이루지 않으면 맹세컨대 이 자리에서 일어나지 않겠노라"였습니다. 부처님께서 열반에 드실 때 아나율이 "해가 차가워지고 달이 뜨거워질 수는 있어도, 부처님이 말씀하신 사성제는 다르게 할 수 없습니다"라고 말했습니다. 이것이 부처님의 원력과 신심입니다.

유교에서는 '입지立志'를 중요시하고, 불교에서는 '발원發願'을 중시합니다. 사람이라면 뜻을 세우지 않으면 안 되고, 보살도를 성취하려면 원을 세우지 않으면 안 됩니다. 정토종을 들어 얘기하면 서방극락정토에 왕생하려면 역시 신信·원願·행行 등 수도의 세 가지 선근 공덕(삼자량)을 갖춰야 합니다.

그러나 이른바 이 원심願心은 제불보살의 원심을 말하라는 것이 아니라, 모든 불제자에게 자신의 원심이 어디에 있는지 물으라는 겁니다.

홍법이생弘法利生이 우리의 원이요, 불교의 흥성이 우리의 원이요,

중생의 편안함과 즐거움이 우리의 원입니다. 그런데 우리가 이 많은 일을 정말 해내겠습니까? 부처님께서 소승 수행자를 두고 '초아패종(焦芽敗種: 불에 타 싹을 틔우지 못하는 씨앗)'이라 비난하신 것은 세상을 두루 이롭게 하겠다는 대승심大乘心을 일으키지 않아서입니다.

불법을 배우고 닦는 데 있어 보시를 해야 한다는 건 재가신도들도 압니다. 그러면 우리의 원심과 원력은 무엇인가요? 과거에는 '살을 베어 독수리에게 먹이고, 배고픈 호랑이에게 몸을 내어준다'라는 이야기도 있었습니다. 물론 반드시 이러한 원력을 일으켜야 하는 것은 아니고, 우리는 관세음보살의 12대원, 보현보살의 10대원, 아미타불의 48대원처럼 원력을 내야 합니다.

예를 들어 불제자는 법당에서 "가없는 중생을 건지오리다. 끝이 없는 모든 번뇌를 끊겠습니다. 끝이 없는 법문을 다 배우겠습니다. 끝이 없는 모든 불도를 이루겠습니다"라고 사홍서원을 부릅니다. 그러나 법상 위에서 외치라고 한다면, 과연 '나는 가없는 중생을 건지겠노라. 나는 무한한 번뇌를 끊겠노라'라며 외칠 수 있을까요? 감히 말하지 못할 겁니다. 수도하는 사람은 항상 부끄럽게 여기는 마음이 있어야 하고, 늘 당당하게 외칠 수 있어야만 합니다.

사회에서 그 사람의 장래 사업이 어느 정도까지 완성될지는 어릴 적 그의 뜻이 어느 정도인지를 보아야 하듯이, 불교에서 수행자의 공덕이 얼마나 깊은지도 그의 원력 크기를 보면 됩니다. 발원은 시계의 태엽을 조이는 것과 같고, 자동차에 기름을 더 주유하는 것과 같아 전진할 동력을 만들어낼 수 있습니다. 나침반을 장착한 배와 같이 학생은 강의표를 신청하면 나아갈 목표가 생깁니다. 그래서

『권발보리심문』에서는 "금강이 견고하지 않고, 원력이 가장 견고하다. 허공이 크지 않고, 심왕이 가장 크다(金剛非堅, 願力最堅, 虛空非大, 心王最大)"라고 말합니다. 마음의 그릇 크기에 따라 그 사람의 성취도는 달라집니다. 원력이 얼마나 견고한지에 따라 역량의 강도도 달라집니다.

발원도 배움을 구하는 것과 같이 끊임없이 확대해 나가야 합니다. 처음에는 작은 원부터 세우고, 점차 서원을 넓혀야 하고, 원력을 끊임없이 높여 나가야 합니다. 예를 들어 나는 평생 얼마나 되는 중생을 위해 봉사하고 불법을 전파해 중생을 어느 정도 제도하겠다고 발원한다든지, 또 중생의 소와 말이 되거나 사회의 밝은 등불이 되겠다고 발원하는 겁니다. '부처님의 행'을 실천하겠다고 발원할 수 있다면 '부처님이 행한 바를 철저히 실천하는 것'은 더더욱 대단한 것입니다.

회향 回向

불교 사찰에서는 매일 아침저녁 예불에서 '삼귀의·회향'으로 마무리합니다. 오전과 오후에 공양한 후에도 '결재(結齋, 발우공양) 회향'을 합니다. 평소 신도를 위해 벌이는 왕생불사에서도 왕생의 회향게를 읊고, 축원과 축수에도 복을 기원하는 회향게가 있습니다.

사찰의 하루 동안 치르는 행사의 마지막에는 왜 원만한 '회향'을 해야만 할까요? 회향의 의미는 또 무엇일까요? 회향이란 바로 '맡기다'는 의미입니다. 당신이 가진 돈을 집에 두기 불안하다면 은행에 맡겨야 합니다. 당신이 지은 공덕으로 부모님이 건강하고 가족이 평안하길 바라는 것이 바로 '회향'의 의미입니다. 회향은 씨를 뿌리는 것과 같아 조심스럽게 돌보아 싹을 틔우고 꽃을 피우며 과실을 맺어야 합니다. 작디작은 인연으로 풍성한 과보를 이루어줍니다. 회향은 촛불 하나에서 다른 초로 불이 옮겨가지만, 원래의 촛불은 꺼지지 않고 도리어 더 밝아지는 것과 같습니다.

회향은 또한 "광영은 부처님께 귀속하고, 성취는 대중에게 돌리고, 이익은 사회에 돌리고, 공덕은 신도에게 돌린다"라는 광대한 마음의 하나입니다. 그러므로 회향에는 '회소향대回小向大, 회자향타回自向他, 회사향리回事向理, 회인향과回因向果, 회유향공回有向空' 등 매우 많은 의미가 포함되어 있습니다.

'회소향대回小向大'는 작은 것을 크게 회향한다는 의미로, 작은 빵

하나를 보시하지만 세상의 모든 사람이 배부를 수 있길 회향하고, 오만 원을 학교 설립기금으로 쾌척하지만 세상의 수많은 학생이 심신을 안주하여 학업이 발전하길 회향하는 것과 같습니다. 본래는 작은 빵과 오만 원이라는 적은 액수에 불과하지만, 우리의 회향을 통해 모든 세상 사람이 다 같이 공덕을 얻을 수 있습니다.

자기가 지은 공덕을 일체중생에게 회향한다는 '회자향타回自向他'는 독경과 예불의 공덕을 부모님에게 회향하여 부모님이 장수하시길 희망하고, 경전의 인쇄 발행을 도와준 공덕을 자녀에게 회향하여 총명하고 지혜롭기를 희망하는 것과 같습니다. 회자향타의 의미는 나와 타인이 두루 이로운 것입니다.

'회사향리回事向理'는 무엇일까요? 이렇게 해석할 수 있습니다. 나는 물 한잔이 되어 타인의 갈증을 멈춰주길 원합니다. 나는 길이 되어 모두가 막힘이 없이 통행하길 원합니다. 나는 커다란 나무가 되어 대중의 더위를 식혀주길 원합니다. 나는 효성스러운 자녀가 되어 부모님을 기쁘게 해드리길 원합니다. 나는 좋은 부모가 되어 자녀의 모범이 되길 원합니다. 이 하나하나가 사상事相 면에서는 보잘것없지만, 마음 그릇은 한이 없기에 이러한 원리법칙이 일체에게 두루 나눠줄 수 있게 합니다.

또한 '회인향과回因向果'는 우리가 이번 생에 짓는 모든 것은 인지(因地: 수행의 자리, 지위)에서입니다. 그러나 이번 생에 원인을 지었으면 당연히 미래에, 또는 다음 생에라도 반드시 결과가 생깁니다. 봄에 씨를 뿌리면 가을에 수확하고, 올해 씨를 뿌리면 내년에 수확하는 것과 같습니다. 이번 생에 선한 인연을 심어놓으면 미래에 풍부한 수확을 얻게 되는 것이 바로 '회인향과'입니다.

이외에 '회유향공回有向空'이 있습니다. 회향은 반드시 하나의 목표가 있지만, 분명 한계는 있습니다. 당신이 유한한 것을 무한한 것으로 바꿀 수 있다는 것이 '회유향공'입니다. 허공이 만유를 포용하고, 오온이 모두 공한 것을 비추어 보면 일체의 괴로움을 건질 수 있습니다. 그래서 "유형有形은 무형無形으로 돌아가고, 유위有爲는 무위無爲로 돌아간다"라고 하듯이 회향하는 심리心理는 허공과 같고 법계와 같습니다.

우리는 일상생활에서 언제 어디서나 '회향' 법문을 받아 지닐 수 있습니다. 선한 생각이 약간만 있어도, 아주 사소해도 좋으니 좋은 일 하기만 해도 회향이 가능합니다. 작은 물방울이 모여 거대한 바다를 이루고, 미약한 불빛이 방안의 어둠을 깨뜨릴 수 있듯이, 자신의 능력이 미치는 한도 내에서 다른 사람에게 회향해야 합니다. 회향은 사사로운 마음이 없이 주는 것입니다. 이와 같은 아름다운 생각을 누구나 품고 지닌다면 분명 인간 세상에 비할 바 없는 화목과 즐거움을 보탤 수 있습니다.

인연과보 因緣果報

당초 석가모니 부처님께서 보리수 아래에서 정등각正等覺을 이루시고 우주 인생의 진리를 깨달으신 것이 바로 '연기緣起'입니다. 그리고 인간 세상의 만물 역시 '인(因: 원인)'과 '연(緣: 조건)'에 기대어 '과(果: 결과)'가 생겨납니다. 이 '과'는 다시 '인'이 되고, '연'이 모이게 되면 또 그것의 '과'가 생기게 됩니다. 그러므로 불교에서는 우주 인생은 모두 인연과보를 떠날 수 없다고 봅니다.

연緣에 관해 이야기해 봅시다. 이른바 '인·연·과'가 있는데, 원인이 결과가 되는 과정에서 '연'이 있어야만 합니다. 씨앗 한 톨이 있는데 이것을 탁자 위에 놓아둔다고 해도 거기에서 자라지는 않습니다. 탁자는 씨앗의 '연'이 아니기 때문입니다. 씨앗은 흙 안에서 햇빛·공기·수분 등의 각종 연이 모여야 성장할 수 있고 결과를 맺을 수 있습니다. '원인 가운데 결과가 있고(因中有果)', '결과 가운데 원인이 있습니다(果中有因).' 그러나 인과因果 사이에서 '연'은 매우 중요한 필수조건입니다.

당신은 세상에서 그 무엇도 안 믿어도 되지만, 인연과 과보만큼은 믿지 않으면 안 됩니다. 우주 인생은 모두 서로 연관되어 있고 서로 인연이 되어주는 존재입니다. 자연계의 작디작은 곤충까지도 먹거리가 되어줄 꽃과 풀잎이 있어야 합니다. 한 사람이 존재하는 데도 사·농·공·상이 생활에 필요한 물품을 제공하지 않으면 안 됩니다.

심지어 사람의 신체 역시 사대四大가 모여 이루어진 것입니다.

인연과보를 이해한다면 우주 인생의 진리를 이해할 수 있고, 세간에서 사람으로서 타인을 시기하고 파괴해서는 안 되며, 반드시 중생을 성취하고 좋은 인연을 맺어야 함을 알게 됩니다. 다른 사람을 거꾸러뜨리고 당신 혼자 존재할 수는 없기 때문입니다.

특히 인연과보를 이해한다면 인생의 모든 것은 모두 자신에게서 비롯되었으니 자신이 책임져야 함도 이해하게 됩니다. 『삼세인과경』에서는 "입을 것과 먹을 것이 있음은 어떤 원인인가? 전생에 가난한 이에게 차와 밥을 보시한 결과이다. 음식과 옷이 없음은 어떤 원인인가? 전생에 돈을 보시하지 않아서이다. 비단옷을 걸침은 어떤 원인인가? 전생에 승려에게 옷을 보시한 결과이다. 용모 단정함은 어떤 원인인가? 전생에 부처님 전에 꽃을 공양한 결과이다"라고 말합니다. 또 "지난 생에 지은 바를 알고 싶거든 이번 생에 받는 것을 보라. 다음 생에 받을 것을 알고 싶거든 이번 생에 짓는 것을 보라"고 하였습니다.

그러므로 인과는 삼세가 서로 통해 있으니, 한때만을 봐서는 안 됩니다. 누구는 태어나면서부터 번화한 도시에 살며 문명 생활을 누리지만, 누구는 평생 황량한 산속이나 궁핍한 시골에서 생활을 영위하는 것은 불공평한 운명이나 신의 뜻이 아니라, 인연과보가 다르기 때문입니다. 그러나 당신이 나아지려고 노력하고 널리 선연을 맺고자 하면 당신이 어디에서 자라든 상관없이 선한 보답을 얻을 수 있고, 성취하는 바가 있을 겁니다.

사실 인연과보의 원리는 간단합니다. 마치 과거에 은행에 저축을 많이 한 사람이 지금 비록 극악무도한 짓을 저질렀다고 저축한 돈을 그가 인출할 수 없게 하지 못하는 것과 같습니다. 만일 예전에 빚을 산더미처럼 진 사람이 지금 선량한 사람이 되었더라도 빌린 돈은 갚아야 하는 것은 필연의 도리입니다. 그가 지금 도덕적 수양이 높다는 이유로 돈을 갚지 않아도 된다고 말할 수 있습니까?

선한 원인이 공덕을 늘리니 저축과 같고, 악한 원인이 공덕을 감소시키니 부채와 같습니다. 그래서 선악의 인과는 입출금 하나하나처럼 분명합니다. 악인이 악행을 저지르고도 죗값을 받지 않는 것은 아직 시기가 도래하지 않은 것이니, 한 생애 또는 한 시기만을 보고 인과가 존재하지 않는다고 경솔하게 말해서는 안 됩니다.

더구나 인과 역시 인과의 논리가 있습니다. 예를 들면 건강한 데에는 건강한 인과가 있습니다. 당신이 건강해지려면 신심을 유쾌하게 유지해야 하고, 정상적인 생활을 해야 하고, 건강한 습관을 지녀야 합니다. 당신이 낮과 밤이 뒤바뀌고 폭식하면서 부처님 앞에 가서는 건강하게 해달라고 기원한다면, 나무에 올라 물고기를 잡겠다는 것과 다르지 않습니다. 왜냐하면 "여시인如是因은 여시과如是果를 불러온다"라는 진리에 부합되지 않기 때문입니다.

만일 대박 나고 싶으면 성실하게 노력해야 하고, 좋은 사람과 인연 맺고 싶다면 더 많은 사람에게 봉사해야 하며, 훌륭한 명성을 얻고 싶다면 인격과 도덕을 갖추어야 합니다. 경제에는 경제의 인과가 있고, 신앙에는 신앙의 인과가 있음을 알아야 합니다. 불교는 보험회사가 아니며, 인과도 혼란을 용납하지 않습니다.

불교는 '숙명론'이 아닌 '연기론'을 말합니다. 불교는 비록 과거·

현재·미래의 '삼세인과三世因果'를 말하지만, 현세와 미래의 인과를 더욱 중시합니다. 그리고 인연 자체는 공空하여 자성이 없고, '제행무상(諸行無常: 모든 존재와 현상은 항상 변화함)'·'연기성공(緣起性空: 인연에 의해 생겨나므로 그 자성은 공함)'이라는 진리 측면에서 보면, 과거의 악한 원인은 이미 지었지만 이번 생의 노력으로 바꿀 수 있고, 미래의 선한 결과 역시 이번 생의 수행을 통해 얻을 수 있습니다.

불이법문 不二法門

사람들은 "불광산에 있는 '불이문不二門'은 어째서 '불이'라고 합니까?"라고 묻습니다. 사실 불이는 『유마힐경』 가운데서 "유마 거사의 한 번의 침묵이 천둥과 같다"라는 전고典故에서 따온 것입니다.

어느 날 유마 거사가 병이 나자, 부처님께서는 문수보살에게 모든 보살들을 이끌고 문병을 다녀오라 하셨습니다. 그래서 모든 이가 유마 거사의 방에서 '불이법문'의 토론회를 한 차례 펼쳤습니다.

먼저 그 자리에 참석한 30여 분의 보살이 각기 자신의 견해를 애기하였습니다. 마지막으로 문수보살께서 말씀하셨습니다.

"나의 견해로는 일체법에는 언어로 된 가르침이 없고, 보임(示)도 앎도 없으며, 모든 문답을 여의어야 비로소 불이법문에 듭니다."

말을 마치고 문수보살은 유마 거사에게 반문했습니다.

"보살은 어떻게 불이법문에 들어가십니까?"

이때 유마 거사는 잠자코 있었습니다. 많은 사람이 황망하여 서로 쳐다보았습니다. 문수보살만이 그 가운데의 깊은 뜻을 알아차리고 찬탄하였습니다.

"옳구나, 옳아. 말과 글자까지도 없어야 진실로 불이법문에 들어가도다."

이른바 '불이'가 가리키는 것은 불법의 출세간법입니다. 불법에서 말하는 "번뇌가 곧 보리이다"라는 것은 이치상으로는 둘이 아니라는 겁니다. 예를 들어 원래 시고 떫은 과일은 부드럽게 불어오는 바람과 따스하게 내리쬐는 태양을 통해 무르익게 되고, 시고 떫은맛은 달콤하게 변합니다. 그러니 신 것이 곧 단 것이고, 단 것은 신 것과 동떨어지지 않으며, 신 것 가운데 단 것이 있고, 단 것 가운데 신 것이 있으니, 시고 단 것은 둘이 아님을 알 수 있습니다.

또 사람은 태어나기도 하고 죽기도 합니다. 태양이 동쪽에서 떠오르는 것은 사람이 태어나는 것이고, 서쪽으로 지는 것은 사람이 죽는 것에 비유됩니다. 태어나도 아직 태어난 것이 아니고, 태어났으면 또 죽게 됩니다. 죽어도 아직 죽은 것이 아니니, 죽은 뒤 다시 태어날 수 있기 때문입니다. 그러니 인생도 '생사生死가 둘이 아님'이라 말할 수 있습니다.

출세법으로 세간을 보면 진리에서부터 이치를 깨달아 압니다. 그러나 아직 깨닫기 전에는 진리 위에서 현상을 소홀히 하면 안 됩니다. 진리를 이용해 현상을 해석할 필요가 있으니, 그렇게 하면 차별현상에 의거하여 진리를 밝힐 수 있으며, 진리에 따라 차별현상을 드러내야 진리와 현상이 원만하게 융합할 수 있습니다. 그래야 진정한 '불이'입니다.

당나라 때 강주江州 자사刺史였던 이발李渤은 젊은 나이에 자신이 원하는 바를 이루고 의기양양했습니다. 한번은 그가 지상智常 선사에게 여쭈었습니다.

"불경에서 말하는 '수미산 안에 작은 겨자씨가 들어 있고, 겨자씨 안에 수미산이 들어 있다'라는 말은 참 황당무계합니다. 작디작은 겨자씨가 어떻게 커다란 수미산을 포용할 수 있습니까? 이것이 사람을 속이는 것이 아니고 무엇이겠습니까?"

그 말을 듣고 난 지상 선사는 웃으며 반문했습니다.

"사람들은 당신이 '만권의 책'을 읽었다고 말하던데 정말 그렇습니까?"

"물론이죠. 어찌 만권만 독파했겠습니까?"

이발은 득의양양한 표정을 지었습니다.

"그러면 당신이 읽은 만권의 책은 지금 어디에 있습니까?"

이발이 머리를 가리키며 말했습니다.

"모두 여기에 있지요."

"이상하네요. 내가 보기에 당신 머리는 겨우 야자 정도밖에 안 큰데, 어떻게 만권의 책을 담을 수 있습니까? 당신도 거짓말을 하는 것 같군요."

그 말을 듣고 이발은 머리를 얻어맞은 듯하더니 그 자리에서 깊이 깨달았습니다.

'수미산이 겨자씨를 품다'라는 것은 사事입니다. '겨자씨가 수미산을 포용한다'라는 것은 이理입니다. 우리가 이사무애理事無碍를 이해할 수 있다면 우주의 본체와 현상을 하나로 융합할 수 있고, 인아를 하나로 융합할 수 있습니다.

어느 날 조주趙州 선사는 제자인 문원文遠 선사와 도를 논하고 있었습니다. 마침 한 신도가 전병을 하나 공양하였습니다. 문원 선사가 먼저 스승에게 권했습니다.

"스승님, 먼저 드십시오."

"그건 공평하지 못하니 이러면 어떤가. 우리 내기를 해서 이긴 사람이 이 전병을 먹기로 하세."

"어떤 내기를 할까요?"

"자신을 가장 더럽고 가장 무용지물에 빗대어 얘기하는 사람이 이기는 거로 하세."

그러면서 조주 선사께서 먼저 얘기했습니다.

"나는 노새이네."

조주 선사의 말이 떨어지기 무섭게 문원 선사가 말했습니다.

"저는 노새의 엉덩이입니다."

조주 선사도 바로 이어서 말했습니다.

"나는 그 엉덩이에서 나오는 똥일세."

문원 선사는 자신을 또 무엇에 비유해야 하나 거듭 생각하다 말했습니다.

"저는 그 똥 속의 구더기입니다."

조주 선사는 자신이 졌다는 걸 알고 다시 물었습니다.

"구더기라는 너는 똥 안에서 무엇을 하고 있느냐?"

"저는 안에서 더위를 식히고 있습니다."

사람은 늘 분별심을 갖지만, 선자禪者의 마음에는 깨끗함과 더러움은 둘이 아니며, 터럭만큼도 분별하지 않습니다. 진정으로 깨우친 선사의 마음에는 자신의 견도見道를 긍정하고, 옳음과 그름, 있음과 없음, 좋음과 나쁨 등이 둘이 아닌 하나입니다. 이것이야말로 진정 "법에는 두 법이 없다(法無二法)"란 말의 참뜻을 이해하는 사람입니다. 일반인이 불이법문의 철학을 생활에서 응용할 수 있다면 '인아'가 같고, '자타'는 둘이 아니라는 사상을 실천할 수 있습니다.

여시아문 如是我聞

다들 아시다시피 불교의 거의 모든 경전 첫머리에는 '여시아문'이란 구절이 있습니다. 열반을 앞둔 부처님께 제자 아난이 여쭈었습니다.

"부처님께서 말씀하신 것을 우리가 결집한 후, 장차 사람들에게 어떻게 신심을 불러일으켜야 할까요?"

"나의 모든 말 첫머리에 '여시아문'을 놓아라."

즉 이 경전은 부처님이 직접 말씀하신 것을 나 아난이 듣고 그것을 기록하였다는 의미로 첫머리에 여시아문을 씁니다.

'여시아문'이 있었기에 3장12부의 불법이 후세에 전해질 수 있었습니다. 불교는 음성으로 불사佛事를 펼치니, 이른바 "부처님께서 이 세상에서 설하신 진실한 가르침의 실체는 청정하게 소리를 듣는 데 있으니, 삼마제를 닦아 얻으려면 들음으로 들어가야 한다(此方眞教體, 淸淨在音聞; 欲取三摩提, 實以聞中入)"라고 합니다. 불교의 수행법문이 많긴 하지만 세간의 중생에게 있어서는 이근耳根을 통해 부처님의 교법을 듣는 것이 가장 깊이 느껴집니다. 관세음보살께서는 이근으로써 고통에서 구해달라는 중생의 음성을 '듣고' 어디든 중생이 기도하는 곳마다 나투실 수 있고, 중생의 마음을 잘 헤아려 중생을 슬픔과 괴로움에서 구하시는 것과 같습니다.

누군가는 또 "왜 여시아간如是我看이 아니라 여시아문如是我聞이라 하였습니까?"라고 묻습니다. 듣는 것이 보는 것보다 더욱 가치가 있기 때문입니다. 예를 들어 이전에 발생했던 일은 지나갔으므로 볼수가 없습니다. 그러나 역사는 기억을 더듬을 수 있고 다시 서술할수 있습니다. 멀리 떨어진 곳에 있는 나는 볼 수는 없지만, 소리를 조금 크게 하거나 혹은 전파 방송을 통해 들을 수 있습니다. 벽을 사이에 두고 저쪽과 이쪽에 있으면 서로 볼 수 없습니다. 그러나 얘기하는 말은 들을 수 있습니다. 눈은 보고 귀는 듣고 각자 기능이 있지만, 이근의 기능은 눈으로 보는 것을 뛰어넘습니다. 그러므로 경전안에서 모두 '여시아간'이 아닌 '여시아문'을 사용합니다.

불교의 수행법문도 '다문훈습(多聞薰習: 많이 듣고 쌓아 익힘)'을 매우 중시하는데, 하물며 부처님의 말로 하신 가르침을 이미 모두 '여시아문'이라 했으니, 우리는 마땅히 '자세히 듣고(諦聽), 바르게 듣고(善聽), 귀담아 듣고(全聽)'를 할 줄 알아야 합니다. 특히 불교에서 수행하는 사람은 문聞·사思·수修로 삼마지에 들어가야 합니다. 들은뒤에는 또 생각하고 고뇌할 줄 알아야 합니다. 들은 바를 원대하고도 좋은 방향에서 생각하고, 사고를 거친 뒤에는 실천 수행해야 합니다. 문·사·수가 모두 구족되었을 때 증오證悟·증도證道·증각證覺을 얻을 수 있으니, 그것을 삼마지에 들었다 합니다.

그러므로 여시아문 한마디는 과거의 해석에서는 경전을 들음(聽經)을 표시했지만, 현재는 설법을 듣는다(聞法)는 의미입니다. 그 가운데는 공경·공양·사고·수지修持 등의 내용을 담고 있습니다. 특히 마지막에는 '신수봉행(信受奉行: 믿고 받아들이고 받들어 행함)'할수 있어야 '여시아문'이라 부를 수 있습니다.

복혜공수 福慧共修

『대보적경大寶積經』안에 재미있는 이야기가 하나 있습니다.

두 명의 사형제師兄弟가 있었는데 한 사람은 복덕을 닦고, 다른 한 사람은 지혜를 닦으며 각자 뛰어난 바가 있었습니다. 복덕을 닦는 사제는 매일 선을 행하고, 보시하고, 다리를 보수하고, 길을 놓고, 가난을 구제하고, 타인에게 봉사하지만, 경의經義를 이해하려거나 지혜를 개발하려 하지는 않았습니다. 지혜를 닦는 사형은 경전 연구, 진리 탐구, 불법 선양에 집중하였지만 울력에 매진하지는 않았으며, 타인에게 봉사하려 들지도 않았습니다. 이렇게 사형제 두 사람이 각자 수행하여 얻은 결과는 크게 달랐습니다.

사제는 복덕을 닦아, 왕생한 뒤 왕궁에 코끼리로 환생하였습니다. 비록 축생도에 있지만 복보가 많아 매일 산해진미에다 비단을 걸치고, 많은 노비가 보살펴주어 인간의 복보보다 몇 배는 더 많았습니다. 복덕은 닦지 않고 지혜를 닦은 사형은 비록 아라한과를 증득하였지만, 과거 사람들에게 봉사와 공헌을 하지 않고 타인과 인연을 맺지도 않아 복덕과 인연이 없었기에 비록 사상은 타인을 뛰어넘고 지혜가 타인을 능가하였지만, 생활이 곤란하여 곳곳으로 탁발하러 다녀도 사람들에게서 공양을 얻지 못했습니다.

어느 날 황궁으로 탁발을 나간 사형은 '천안통'을 증득하였는지라, 코끼리를 만나자마자 한눈에 사제임을 알아봤습니다.

"아니, 전생의 내 사제가 아닌가?"

그래서 그는 하나의 도리를 깨달았습니다.

'원래 우리 사형제 두 사람은 과거 세상에서 수행할 때, 한 사람은 복덕만 닦고 한 사람은 지혜만 닦았더니, 이 복덕과 지혜의 인과 역시 서로 다르구나.'

그러면서 그는 게송을 하나 읊었습니다.

"복덕은 닦되 지혜는 닦지 않으니 코끼리가 되어 영락을 걸치네, 지혜를 닦되 복덕을 닦지 않으니 나한이 되어도 공양이 적네."

사제는 복덕은 닦고 지혜를 닦지 않아 황궁에 윤회해 부귀영화를 누리긴 하지만 축생도에 있기에 불법을 듣지 못하고, 사형은 지혜를 닦고 복을 닦지 않아 이미 아라한과를 증득하였어도 의식이 풍부하지 않을 정도로 생활이 어렵다는 의미입니다.

불법의 수행에서 가장 중요한 것은 '복덕과 지혜를 함께 닦아야 한다(福慧共修)'는 것을 이 이야기를 통해 알 수 있습니다. 복덕을 닦는다는 건 무엇일까요? 예를 들어 다리를 놓고, 길을 보수하며, 길에서 차와 물을 나눠주고, 가로등을 가설하는 등이 복덕을 닦는 것입니다. 환경보호를 중시하여 쓰레기를 함부로 버리지 않고, 행인의 안전을 보살피는 것 역시 복덕을 닦는 것입니다. 또한 평소 낭비하지 않고 절약하며, 불보살을 공경하여 예불 드리는 것은 더욱 복덕을 닦는 것입니다.

지혜를 닦는다는 건 무엇일까요? 경전을 읽고, 불법을 연구하는 것이 바로 지혜를 닦는 것입니다. 당신이 불법을 듣고, 불법을 사유하고, 불법을 실천하는 것이 바로 이른바 '문사수로 삼마지에 든다'

라는 것이자 지혜를 닦는 것입니다.

　보살도를 수행하는 사람은 한 가지 법에만 치우쳐서는 안 되고, 실천과 깨우침을 함께 이루어야 합니다. 앎과 실천은 하나여야 하고, 청聽과 문聞은 똑같아야 합니다. 불법을 두루 융합하여 자비로워야 할 때 자비롭고, 보시해야 할 때 보시하고, 인연 맺어야 할 때는 인연 맺어야 하며, 우리의 도움이 필요할 때는 도와주어야 합니다. 만일 복덕과 지혜를 함께 닦고, 실천과 이해를 동등하게 중요시한다면 그때부터 일체의 불법이 구족되고 융합될 테니 미래에 원만한 인생을 얻지 못할까 두려워할 것이 없습니다.

노병사생 老病死生

사람들이 습관적으로 '생로병사'라 말하는 걸 많이 듣습니다. 또 누군가는 "인생은 고달프다. 태어나는 것도 고달프고, 늙는 것도 고달프고, 아파도 고달프고, 죽는 것도 괴롭다"라고 말합니다. 이런 소극적인 설법이 불교의 발전과 전도에 많은 장애를 가져왔습니다.

인간불교는 환희를 주장하므로 '생로병사'를 마주해서도 환희심을 낼 수 있어야 한다고 생각합니다. 그러나 어떻게 생각을 전환해야 생로병사를 마주하고서도 환희심을 느낄 수 있을까요?

『잡보장경雜寶藏經·기로국연棄老國緣』에 이런 이야기가 있습니다. 노인이 되면 반드시 먼 곳으로 쫓아내 버리는 한 나라가 있었습니다. 국왕이 '노인은 일도 못 하고 식량만 낭비하니 있으나마나 하다'고 생각했기 때문입니다. 무척 효성스러운 대신이 있었는데, 늙으신 부친을 차마 산속에 버려둘 수 없어 몰래 지하에 굴을 파 그곳에 부친을 모시고 봉양했습니다.

왕의 행위는 천신을 노하게 하였고, 천신은 왕을 징벌코자 4가지 문제를 내어 맞히라고 했습니다. 나라를 다 뒤졌지만 답을 아는 사람은 없었고, 하늘에서 내리는 재난이 곧 닥칠 것 같았습니다. 그러나 그 노인의 지혜로 나라를 구하였고, 왕도 이를 계기로 전국에 노인을 존경하고 효도하며 봉양토록 명령을 내렸습니다.

늙으면 비록 많은 불편이 있긴 하지만, 경험이 풍부하여 신중하고 생각이 세밀하여 좋은 계책을 많이 제공할 수 있습니다. 노인의 풍부한 인생 경험은 모두 처세의 지혜이기 때문입니다.

노년에 몸에 병이 든다는 것은 너무나 자연스러운 일이므로, 병과 친구하고 병을 즐거움으로 삼는 법을 배워야 합니다. 비록 신체에 병이 났지만, 자신의 심리가 더욱 건강해야 하는 것이 더 중요합니다. 설령 병이 나도 병이 없는 것처럼, "몸이 괴로워도 마음은 괴롭지 않다"라는 부처님의 말씀처럼 해야 합니다. 소소한 병으로 인해 병마에게 패하여 인생이 무너져서는 안 됩니다.

태어나면 반드시 죽는다는 것은 필연의 법칙이기 때문입니다. 사망은 잠자는 것처럼 매우 편안하면서도 일종의 몸과 마음을 편히 쉬는 것입니다. 불교에서는 사망을 '왕생往生'이라 부르는데, 사람들에게 사망은 그저 육체가 노쇠한 뒤 도태되는 것일 뿐, 생명은 그 마음과 원력에 기대어 더 좋고 아름다운 곳에 왕생하기 때문에 생명은 죽으면서 끝나는 게 아니라고 합니다.

정토종 신앙을 가진 신자는 왕생 후에 원을 타고 다시 온다(乘願再來)는 것을 믿습니다. 그래서 '왕생'이란 말은 생명에 대해 무한한 희망을 품게 합니다. 그러므로 왕생은 일러도 좋고 늦어도 좋고, 태어나도 좋고 죽어도 좋습니다. 태어나면 반드시 죽고, 죽은 뒤에는 다시 태어난다는 확실한 인식이 있다면 생사 또한 마음에 담아둘 가치가 별로 없습니다.

비록 괴로움이 인간의 실상이라 하더라도 괴로움의 참뜻을 인식했으니, 우리는 괴로움을 즐거움으로 전환할 수 있고, 미혹됨을 깨달음으로 전환할 수 있습니다. 전환할 줄 알아야 한다는 것이 중요합니다. 그래서 저는 현재 '생로병사'를 '노병사생老病死生'이라 고쳤습니다. 왜냐하면 '죽음'을 마지막에 놓으면 태어나면 늙고, 늙으면 병나고, 병나면 죽고, 죽고 나면 마치 아무것도 없다는 의미가 생겨 사람들에게 희망이 전혀 없고 인생이 처량하다는 느낌을 줘 모두 죽음을 두려워하게 만듭니다.

반대로 '노병사생'이라 하면 의미는 달라집니다. 늙으면 병이 생길 수 있고, 병이 생기면 죽을 수 있고, 죽으면 다시 태어날 수 있습니다. 태어나면 희망이 있고 미래가 있으니, 태어나면 더 좋을 수 있습니다. '노병사생'은 단지 순서를 바꿔봤을 뿐이지만, 인생의 관념에 도움과 공헌을 할 수 있다고 생각합니다.

결론적으로, 우리에게 '인생은 괴로움'이라고 얘기하는 것이 불교의 목적은 아닙니다. 괴로움은 그저 일종의 과정이고, 학습이고, 도전이고, 생명이 더 나아가고 발전하는 인연일 뿐입니다. 인생이 괴로움이라는 것을 우리가 직시하면 괴로움의 원인을 찾으려 할 것이고, 더는 자신을 괴롭게 하지 않을 것입니다. 괴로움의 원인을 확실히 알면 괴로움을 없앨 방법을 찾을 것입니다. 이렇게 보면 괴로움을 통한 단련과 학습을 통해 우리가 괴로움을 즐거움으로 바꿀 수 있게 하는 것이야말로 진정한 불교의 목적임을 알 수 있습니다.

그러므로 제가 '노병사생'을 제창하는 이유는 사람들이 생명에는 희망이 있고 미래가 있는 것임을 새롭게 발견케 하고자 함입니다. 고개를 돌려 방향을 바꾼다면 늙고 병들고 죽는 곤경을 벗어나 그 가운데서 인생의 행복과 안락을 얻을 수 있을 것입니다.

요생탈사 了生脫死

불문에서 누군가가 "당신은 왜 불도를 배우러 왔습니까?" 물으면 항상 "요생탈사 환히 깨우쳐 생사를 초월하려고 왔습니다"라고 대답합니다. 혹은 "왜 출가하려 하십니까?" 물으면 대답 역시 "요생탈사를 위해서입니다"라고 합니다. 요생탈사가 불도를 닦고 출가하는 것의 목표이지만, 어떻게 '요생'하고 어떻게 '탈사'할 것입니까? 요생탈사는 또 어떠한 경계입니까? 요생탈사 후에 어디로 가야 합니까? 불교 역사상 요생탈사하신 분이 누가 있습니까? 누가 요생탈사 후에 적극적으로 타인을 이롭게 하는 어떤 활동을 하셨는지 예를 들어주실 수 있습니까?

생사 얘기가 나왔으니, 사실 우리는 매일 생사 안에서 돌고 있습니다. 생사는 평소 생활과도 깊은 연관성이 있습니다. 예를 들어 아침에 일어나는 것이 태어나는 것 아니겠습니까? 밤에 잠을 자는 것이 죽는 것 아니겠습니까? 또는 당신이 인생에 희망이 있고, 앞날이 있고, 광명이 있고, 기쁨이 있다는 걸 느끼면 태어나는 것 아닙니까? 당신이 인생은 고난, 슬픔, 의기소침, 낙담만 있다고 느낄 때가 죽은 것 아니겠습니까?

국가와 정의를 위해 희생한 사람들을 두고 "가치 있는 죽음은 죽어도 마치 살아있는 것 같다"라고 말하는 걸 보면 그들이 죽지 않았음을 알 수 있습니다. 그러나 온종일 하는 것 없이 밥만 먹고 빈둥거리며 사회 대중에게 공헌하는 바도 없으면서, 심지어 불법적인 일을 저지른다면 죽은 것과 다를 바 없지 않겠습니까?

삶과 죽음은 둘이 아닙니다. 사람이 살아있다고 해서 생生이라 하지 않고, 죽었다고 해서 사死라 하지 않습니다. 과학자의 연구에 따르면, 인체의 세포는 항상 신진대사를 하는데 7일이나 혹은 7년마다 한 주기이고, 특히 7년에 한 차례의 신진대사가 우리를 완전히 환골탈태시켜 다른 사람으로 바꿔줍니다. 이것이 나고 죽는 것 아니겠습니까?

불법에서 말하는 생사에는 두 종류가 있습니다. 하나는 '분단생사(分段生死: 육도를 윤회하는 범부의 생사)'이고, 또 하나는 '변역생사(變易生死: 보살이 성불하기까지 받는 생사)'입니다. 저는 '변역생사'를 앞에 놓는다면, 사람들은 하루하루 '변역생사' 가운데 있는 심정으로, 지금부터 불도를 배우고 수행하며 천천히 향상하고 정화해 나간다면 한 단계 한 단계의 '분단생사'가 될 수 있다고 생각합니다.

저는 '요생탈사'라는 이 말에 대해 개탄을 금할 길이 없습니다. 과거 전통불교에서 막 불문에 들어 수도하면서 서둘러 요생탈사하려는 생각뿐이었던 한 사미가 생각납니다. 의복·식사·일정·걷기 등의 엄숙한 몸가짐과 규칙은 아직 할 줄도 모르면서 서둘러 죽으려고만 하니 정말 둘이 전도된 것 아니겠습니까? 그래서 한번은 먼저 생활의 문제를 해결하고서 다시 수도해야 생사의 고뇌를 감소시킬 수 있음을 불교 신자에게 장려하기 위해 문장에다가 "생활이 우선이고, 생사는 그 다음이다"라고 언급하였습니다. 그러나 불교계의 일부 보수적 인사는 저의 이러한 견해를 허용하지 않았고, 제가 요생탈사를 얘기하지 않는 것은 부처님을 멀리하는 망령된 설법이라 생각했습니다. 그러나 인간 세상에서 밥도 안 먹고, 옷도 안 입고, 인간답게 생활하지 않으며, 타인과 어울리지 않는데 어떻게 수행하고 어떻게 공덕을 지으며, 또 어떻게 요생탈사를 할 수 있겠습니까?

몇십 년 전쯤으로 기억하는데, 그때 이십여 명의 청년들이 저를 따라 막 출가하여 타이베이 보문사普門寺에 머물고 있었습니다. 다음날 한 공덕주의 가족이 돌아가셔서 빈소에서 염불해 주실 스님이 필요하다기에 저는 출가한 제자들에게 말했습니다.

"우리가 가서 그 망자를 대신해 염불을 해주고 인연을 맺자."

제가 모두를 둘러보니 난감해하며 속으로는 이렇게 생각하는 것이 분명했습니다.

'이제 막 출가한 우리가 어떻게 염불 불사를 할 수 있겠는가?'

그러나 빈소에서 돌아왔을 때 그들의 얼굴에 환희가 가득한 걸 보고 그들에게 말했습니다.

"아까 우리가 빈소에 가서 독경한 것은 그들에게 '요생탈사'를 해준 것입니다. 망자의 가족은 우리를 보자 마치 구세주가 온 것처럼 마음에 감동이 일었습니다. 그들을 위해 역량을 더 내었고, 이처럼 산 자에게 위안을 얻게 해주니 '요생'입니다. 우리가 태어남으로 나아가는 망자를 축복하고 죽은 자가 편히 잠들게 하니, 곧 '탈사'입니다. 우리는 조금 전 '요생탈사'의 불사를 한 차례 벌인 것입니다."

그러므로 요생탈사는 비어 하나도 없는 것이 아니고, 요생탈사 이후 아무것도 남아 있지 않는 것이 아닙니다. 요생탈사의 의미는 마땅히 살아서는 삶의 괴로움에 속박당하거나 시달리지 않고, 삶으로 인한 어려움과 도전을 돌파할 수 있어야 하며, 죽어서는 사망하였다고 지나치게 상심하고 괴로워하지 말고, 죽지 않는 불성이 있음을 알아야 합니다. 태어날 때는 고뇌가 없고, 죽기 전에는 근심하지도 슬퍼하지도 말며 평상심을 가지고 꽃이 피고 잎이 지는 자연의 섭리처럼 생사를 대하는 것이 '요생탈사'입니다. '요생탈사'의 참뜻을 이해해야 진정 커다란 자재의 해탈경계를 누릴 수 있습니다.

불광사구게 佛光四句偈

고덕께서는 항상 사구게로 경서의 뜻을 표현하시고, 대중이 생활 속에서 봉행하도록 했습니다. 예컨대 '칠불통계게七佛通戒偈'·'회향게回向偈' 등은 모두 불교 신자에게는 무척 익숙한 사구게입니다. 간단명료하면서도 기억하기 쉬워 중국의 시가詩歌처럼 입에 착 감기며 낭독하기 쉽습니다. 그러나 시대가 변하면서 모두 고금을 아우르고 시대와 발맞추고 일상생활에서 봉행해도 별 무리가 없을 사구게가 필요했습니다. 그래서 저도 고덕을 본받아 「불광인 사구게」를 제정해 불법을 표현하였습니다.

1. 자비와 희사를 법계에 두루 펼친다(慈悲喜捨遍法界)

『화엄경』에서는 "보리심을 잃고 선근을 닦으면 마업魔業이라 한다"라고 했습니다. 불법의 무량한 뜻은 자비를 근본으로 해야 하니, 자비를 잃은 일체의 수행은 마업입니다. 관세음보살께서 사람들의 존중·칭념稱念·절을 받는 이유는 관세음보살이 대자대비하시기 때문입니다.

또한 불도를 배움은 환희심을 내는 걸 배우는 겁니다. 타인에게 환희를 줄 수 있다면 자신도 비할 수 없는 환희를 얻을 수 있습니다. 그래서 사람은 좋은 말 한마디로 환희를 주고, 선연으로 환희를 보시해야 합니다. 예컨대 사찰에서 늘 미소로 늘 반겨주시는 미륵보살을 산문에 모시고 신도와 관람객이 산문을 들어서자마자 환희심을 일으키게 하는 것과 같습니다.

2. 복덕을 아끼고 널리 인연 맺어 세상을 이롭게 한다(惜福結緣利人天)

세간에서 우리가 저마다 일상에서 누리는 것에는 일정한 수량이 정해져 있습니다. 이는 우리가 은행에 저축한 돈에 비유할 수 있습니다. 저축한 금액은 저마다 다 다르니, 이것이 바로 '복보'입니다. 절제하지 않고 헤프게 쓰는 사람은 은행에 저축한 복보도 줄곧 감소합니다. 공덕을 쌓은 사람은 은행에 저축한 복보도 날마다 점차 증가할 것입니다. 평소 다리와 길을 보수하고 고난에서 구하며, 심지어 마음에는 친절을 담고 입에는 덕을 담는 것이 복을 쌓는 방법입니다.

결연 얘기가 나왔으니 말인데, 세상의 누구도 홀로 존재할 수 없으며, 반드시 상호 의존하는 법연法緣 관계여야 생존할 수 있습니다. 두루 인연을 맺는 방법은 많습니다. 말로는 격려와 위로를 하고, 기술로는 가르침과 도움을 주고, 지식으로는 전수와 보시를 하고, 고개 한번 끄덕이고, 미소 한번 짓고, 안부 한마디 묻고, 경건한 마음 하나 등이 모두 타인과 인연을 맺는 방법입니다.

3. 선정과 계행을 동등하게 견뎌낸다(禪淨戒行平等忍)

현대인의 수행은 참선 아니면 염불입니다. 물론 적지 않은 사람이 선禪과 정淨을 함께 수행하기도 합니다. 참선공부와 정토법문 두 가지는 방법은 달라도 결과는 같습니다. 영명永明 연수延壽 선사는『선정사료간禪定四料簡』에서 다음과 같이 말씀하셨습니다.

"참선과 정토가 있으면 뿔 달린 범과 같아, 현세에서는 사람의 스승이 되고, 미래세에는 부처가 된다."

사람이 저마다 생활 속에서 선·정 두 가지를 함께 닦을 수 있다면 뿔이 있는 호랑이와 같고, 선정과 지혜 등을 지녀 증상하면 현세와 다음 생에도 반드시 생각할 수 없을 공덕을 얻게 됩니다.

계율은 심신을 규범 짓기에 충분한데, 백천 법문이 모두 지계를 근본으로 삼는 수행입니다. 마치 자동차가 교통규칙을 따르고, 기차가 궤도를 따라 달리기에 사람과 차의 안전을 보장할 수 있는 것과 같습니다. 마찬가지로 계율을 준수하면 심신을 청정하게 유지할 수 있고, 잘못을 범할 것을 피할 수 있습니다.

부처님께서 항상 남녀평등·중생평등·이사理事평등·생불生佛평등을 이야기하신 뜻은 우리가 생활 속에서 평등심과 인내력으로 인간 세상의 시시비비와 좋고 나쁨을 대하는 법을 배워야 한다는 것입니다. 역경 속에서 타인을 이롭게 하고 자신을 성취시킬 줄 아는 것이 바로 최대의 수행입니다.

4. 부끄러움과 감사하는 마음으로 큰 원심을 낸다(慚愧感恩大願心)

인간 세상의 최고 미덕은 바로 부끄러움·감사·원력입니다. 유교의 사유팔덕四維八德은 우리에게 수치심을 잊어서는 안 된다고 말합니다. 사람은 부끄러움을 알고 이를 장엄하게 해주는 의복으로 삼는다면 성현이 될 수 있고, 더욱 강하게 분발할 줄 알고 보다 높은 목표에 도달하려 힘쓸 수 있습니다. 그러므로 부끄러운 마음과 수치스러운 마음은 우리가 마땅히 갖추어야 할 미덕입니다.

은혜에 감사할 줄 아는 인생이 가장 부유합니다. 감사하는 마음이 있으면 당신은 마음이 부유한 사람이고, 감사하는 마음이 없고 타인의 이익을 탐할 줄만 아는 사람은 가난한 약자입니다. 보살이 발심하여 항상 중생을 제도하는 것은 곧 국가의 은혜, 부모의 은혜, 친구의 은혜, 중생의 은혜에 감사하는 것입니다.

이른바 원력이란 집행력·실천력과 같으니, 제불보살은 모두 원력을 가지고 업적을 성취하였습니다. 일체의 제불과 성현들이 발심하고 원을 세우지 않았다면 어떻게 불도를 성취할 수 있었겠습니까?

불광인 사구게는 보살도를 수지하고, 안으로 육바라밀 등 일체의 불법을 품고 있다고 말할 수 있습니다. 우리가 믿고 봉행한다면 성불이라는 큰길을 걸어가고 있음을 자각할 수 있고, 결국에는 원만한 불과佛果를 얻을 것입니다.

유아독존 唯我獨尊

제가 스무 살 좀 넘었을 때『석가모니불전釋迦牟尼佛傳』이란 책을 쓰기로 발심하였는데, 대중에게 불교의 교주이신 부처님을 좀 더 알게 하고자 한 것이었습니다. 물론 저는 참고할 서적을 찾아보면서 부처님 일생의 사적을 잘 이해하게 되었습니다.

그러나 시작하면서부터 저는 난관에 부딪혔습니다. 예를 들면 마야 부인께서 오른쪽 옆구리에서 싯다르타 태자를 낳으셨다 했는데, 인간으로서 이게 가능합니까? 마야 부인의 오른쪽 옆구리 상처는 누가 원상태로 회복시켜 준 것입니까? 태자가 태어난 뒤 일곱 걸음을 걸었고 그 걸음마다 연꽃이 피어났으며, 또 아홉 마리 용이 물을 토해내 몸을 씻겼다는 등의 얘기가 있습니다. 막 태어난 갓난아이가 자기 맘대로 걸을 수 있습니까? 의학상 성립될 수 없습니다. 용은 어디에 있나요? 저도 본 적이 없습니다.

그러나 세상에서 이름을 날린 문천상(文天祥: 중국 남송 시기의 정치가이자 시인) 같은 사람은 출생 당시 하늘에서 상서로운 기운이 내려와 문천상이라 했답니다. 이런 종류의 사적은 무척 많습니다. 하물며 부처님이 출생하시는데는 백화가 만발하고 향기가 코를 간질이며 모든 것이 순조로웠으니, 이 모두가 무척 당연한 일입니다.

그러나 이 가운데 부처님께서 한 손은 하늘을 가리키고 한 손은 땅을 가리키며 하신 말씀이 있습니다.

"우주 가운데 나보다 존귀한 존재는 없다(天上天下唯我獨尊)."

이 말의 진정한 의미는 우주 가운데에 오직 부처님만이 가장 존귀하다는 것입니다. 일체중생은 본래 존귀한 불성을 갖추고 있어 부처님과 차별이 없으니 서로 다른 두 가지의 존재가 아닙니다. 부처님은 이 사실을 발견하셨기에 "천상천하에 부처님 같으신 분 없고, 온 세상 어디에도 비교될 분이 없네. 세간의 모든 것을 다 살펴보아도, 부처님과 같은 이는 다시 없다네(天上天下無如佛, 十方世界亦無比, 世間所有我盡見, 一切無有如佛者)"라고 말씀하신 것입니다.

'유아독존'에 이르러, 과거 불교의 어느 오만한 비구들이 이 구절을 '오로지 자신만이 가장 위대하다'라고 해석하였고, 더구나 부처님께서 하신 말씀이라고까지 해 의롭지 못한 부처님으로 만들었습니다. 저는 이래서는 안 된다고 생각합니다. 부처님은 자신을 낮추시고 본분을 지키시는 깨달은 분이신데, 그토록 오만한 말을 하셨을 리가 없습니다. 저는 부처님께서 그렇게 말씀하신 걸 들은 사람이 있는지 묻고 싶습니다.

그래서 현재 인간불교는 부처님이 본래 품으셨던 뜻으로 돌아가 부당하고, 옳지 않고, 신격화되고, 미신적이고 귀신적인 불교를 인간 세상의 부처님과 분리하려 합니다. 인간 세상의 부처님이 가장 위대한 점은 그분의 불법입니다. 특히 불경에서는 "스스로에 의지하고 법에 의지할 뿐 다른 것에 의지하지 말라(自依止, 法依止, 莫異依止)"고 말합니다. 부처님은 자신을 추켜세운 적이 전혀 없으시며, 오히려 각자 자신에게 의지해야 한다고 중생을 고무하셨습니다. 자신에게 불성이 있고 자신이 부처가 될 수 있으니, 불법 외에는 어느 것에도 의지할 수 없기 때문입니다.

제가 출가한 지 어언 80년이 되어갑니다만, 『석가모니불전』을 썼던 관계로 부처님에 대한 사적을 좀 더 많이 이해하였습니다. 저는 현재 일부 사람이 하는 미신과 귀신에 얽힌 견해, 길흉을 점치고, 점괘를 보는 등의 외피를 더 이상 부처님의 신상에 씌워 부처님께 무거운 부담을 지워서는 안 된다고 생각합니다.

시무외 施無畏

보시는 불도를 배우고자 입도한 뒤 수행하는 초보 단계의 실천입니다. 보시가 금전적인 보시만 있다고 여겨서는 안 됩니다. 금전 이외에 타인에게 위로의 말 한마디 건네고, 웃는 얼굴로 격려해 주고, 동의한다고 고개 한번 끄덕여 주고, 손을 들어 찬성을 표시해 주어 사람들이 기쁨과 감사를 느끼게 했다면 사실 보시를 한 것입니다.

불경에서는 보시를 재財보시·법法보시·무외無畏보시 세 종류로 나눕니다. 그래서 보시의 범위는 매우 넓습니다. 재보시 이외에도 물질적 보시도 있고, 시간적 보시도 있고, 타인을 위해 봉사하는 보시도 있고, 마음으로 하는 보시까지도 모두 보시입니다.

물론 "모든 공양 중 법공양이 으뜸이다"라고 하니 법보시도 매우 중요합니다. 어떤 물건을 당신에게 보시하든 결국은 다 사용할 때가 있습니다. 불법 진리는 당신을 정신적으로나 심리적으로 증상하게 하고, 뛰어넘게 하고, 일생을 받아쓰고도 다음 생까지도 다함이 없이 받아쓰게 할 것입니다. 불법의 한마디 한마디가 당신에게 믿음이 생기게 한다면 그것이 곧 가장 큰 보시라고 말할 수 있습니다.

그러나 불교에는 또 무외보시가 있는데, 평소 얘기하는 사람은 많지 않습니다. 일부 불교계의 인사들이 절을 짓고 불상을 조성하고 경서를 발행하는 등에 신도가 금전을 보시하기를 기대하며, 기껏해야 불교를 고난에서 도와주었기 때문에 일반적으로 신도에게 이러한 보시를 하라고 장려합니다. 사실 보시에는 반드시 재물을 이용한 보시만 있는 것은 아니며, 힘을 쓰는 보시, 말로 하는 보시, 마음을 쓰는 보시의 공덕 역시 매우 큽니다. 그러나 최대의 법보시 이외에 최고의 보시는 '무외시'일 겁니다.

무외보시란 사회 대중이 모두 평안하고 화목하게 하는 것입니다. 위험이 없고, 두려움이 없고, 압박을 받지 않고, 불공평한 일을 없애는 것이니, 우리는 일체중생에게 '무외'를 보시해야 합니다.

세간의 모든 중생은 대부분 매우 두려움을 가지고 있습니다. 누구는 가난을 두려워하고, 누구는 업신여김을 받을까 두려워하고, 누구는 핍박받을까 두려워합니다. 심지어 경찰을 두려워하고, 군인을 두려워하고, 폭력을 두려워하고, 불공평하고 의롭지 못한 일을 두려워합니다. 우리는 이 수많은 중생에게 역량을 보시하여 그가 두려워하지 않게 할 수 있으니, 이는 우리 홍법하는 사람의 도덕과 용기에 기대어야 합니다.

도덕과 용기가 있으니 의협심을 발휘해 의로운 일을 하는 것은 협객이 부당한 일을 우연히 보고 팔을 걷어붙이고 도와주는 것과 같습니다. 만일 불교 안에 사회의 약자, 약소한 중생에게 무외를 보시하여 모두를 두려워하지 않게 해준다면 모든 신도는 사찰을 그들의 보호소라 여기고, 스님과 승려는 부모와 어른 같은 그들의 보호자로 생각할 겁니다. 만일 무외보시를 진정으로 해낼 수 있을 때 불교는 흥성할 것입니다.

양족존 兩足尊

삼보에 귀의하면서 우리는 "귀의불歸依佛, 양족존兩足尊"이란 한마디를 늘 읊습니다. 일반 신자는 아마도 이것이 무슨 의미인지 모를 수도 있습니다. 왜 부처님에게 귀의하라면서 양족존이라 하며 부처님을 찬미해야 하는 걸까요? 여기에는 깊은 의미와 내용이 있습니다.

하나는 부처님의 복덕과 지혜는 모두 이미 수행으로 원만하다는 것으로, 이른바 "삼대아승지겁 동안 복덕과 지혜를 닦고, 백겁 동안 상호를 장엄하게 닦는다(三祇修福慧, 百劫修相好)"라고 합니다. 부처님은 복덕과 지혜 두 가지를 모두 두루 갖추셨는데 어찌 존귀하지 않겠습니까?

복덕과 지혜를 얘기하자면, 불교에서는 "복덕을 닦고 지혜를 닦지 않으면 코끼리가 영락을 걸치고, 지혜를 닦고 복덕을 닦지 않으면 나한이 공양이 적게 된다"라는 말이 있습니다.

불도를 배우는 데는 실천과 깨우침을 병행해야 할 뿐만 아니라, 특히 복덕과 지혜를 함께 수행해야 합니다. 복덕과 지혜는 새의 두 날개와 같아 하나라도 없어서는 안 됩니다. 복덕은 지혜로 인도해야 하고, 지혜는 복덕으로 축적해야 합니다. 그래서 경전에서는 수행을 하려면 복덕과 지혜를 함께 닦아야 성과를 얻을 수 있다고 곳곳에서 천명하고 있습니다. 서방극락세계에 왕생하려면 선근과 복덕의 인연이 적어서는 안 되고, 특히 성불하려면 더 무슨 특별한 법문은 없고, 복덕과 지혜를 함께 닦아야 할 뿐이라고 어느 경전에서나 명확히 밝히고 있습니다. 부처님은 복덕과 지혜를 함께 닦아 원만히 구족하셨기에 '양족존'이라 칭하는 것입니다.

더구나 세간의 일체중생 가운데는 발이 둘인 중생·발이 넷인 중생·발이 수십 개 혹은 백 개인 중생이 있고, 심지어 발이 없는 중생도 있습니다. 발이 많거나 발이 없는 중생 가운데 두 발을 가진 인류가 가장 존귀하며, 오직 인류만이 머리로 하늘을 떠받치고 발로 땅을 밟고 우뚝 서 있습니다. 다른 중생은 모두 등이 하늘을 보고 있고 머리를 위로 내밀지 못합니다.

부처님은 인간 세상에 태어나시어 인간 세상에서 수행하시고 깨달으셨습니다. 부처님이 설법하신 진리는 중생을 고난에서 구할 수 있습니다. 그러므로 인간 세상의 두 발을 가진 인류 가운데 부처님보다 더 존귀한 사람은 없을 것이므로, 우리는 부처님께 예불을 드릴 적에 "귀의불, 양족존"이라 말합니다.

그러므로 만일 자신이 부처님과 같이 두 발을 구족함을 알고, 자신의 존귀함과 존엄을 자각할 수 있다면, 당신도 복덕과 지혜를 닦을 수 있고 복덕과 지혜를 구족할 수 있으니, 당신도 양족존이 될 수 있지 않겠습니까?

아미타불 阿彌陀佛

불교를 믿든 또는 불교를 믿지 않든 여러분은 자신도 모르게 '아미타불'을 부를 때가 있을 겁니다. 사찰에서 만나면 아는 사이든 모르는 사이든 서로 아미타불이라 인사를 나눕니다. 사회에서 승진하거나 대박이 나면 또 아미타불이라 외칩니다. 장사가 망해도 아미타불이라 외칩니다. 넘어진 나를 보고 누군가 아미타불이라 한다면, 다친 곳은 없는지, 아프지는 않은지 관심을 둔다는 뜻입니다. 당신이 내게 선물을 했는데 아미타불 하면 감사하다는 표시입니다. 말이 서툰 사람에게 있어서는 아미타불이란 말 한마디만 해도 마음속의 뜻을 표출할 수 있습니다.

온 우주의 모든 언어문자 가운데 '아미타불'이란 이 말보다 더 훌륭하고 의미 있는 말은 없으며, 이 말보다 더욱 걸림 없이 통용될 수 있는 말도 없습니다. 그러나 많은 사람은 아미타불이 무슨 뜻인지 모릅니다.

'아미타불'은 범어를 음역한 것으로 해석하자면 '무량광無量光'·'무량수無量壽'인데, 상대적인 시공을 초월하였으며, 영원한 생명·진리·무한한 역량·복덕과 지혜를 함께 닦음·생사를 초탈함을 나타냅니다.

과거 한 젊은이가 염불의 공덕이 매우 크다는 노스님의 법문을 들었지만, 마음으로는 인정하지 않았습니다.

"노스님, 아미타불 네 글자를 읊으면 깨닫기도 하고, 재앙을 소멸도 하고, 복보가 늘어난다고도 하셨는데, 효과가 그렇게 클 것 같진 않은데요?"

노스님은 이런 무례한 질문을 듣고는 역시 매우 무례한 큰소리로 그에게 대답했습니다.

"나쁜 놈!"

그러자 화가 난 젊은이가 소리쳤습니다.

"아니, 출가인이 어떻게 욕을 할 수 있습니까?"

노스님은 냉담하게 말했습니다.

"나쁜 놈은 겨우 두 마디인데도 너는 이처럼 큰 반응을 보이지 않느냐? 그러니 아미타불 네 글자의 공덕은 당연히 더 강하고 더 크겠지."

염불은 정념正念을 이용해 사념邪念을 다스릴 수 있고, 계속하여 정념에서부터 무념無念에 이르기까지, 이른바 "마음에 부처가 있으면 마음으로 생각하고, 마음이 공하도록 생각하면 급제하여 돌아가리라(心中有佛將心念, 念得心空及第歸)"라는 효과를 볼 수 있습니다.

사실 '아미타불'은 정토법문을 수행하는 사람에게만 국한되어 부르는 것이 아닐뿐더러, 서방극락세계에 왕생하고자 부르는 것만도 아닙니다. 아미타불은 만덕을 갖춘 위대한 명호로 무한한 공덕을 갖추었고, '공空'과 같이 무한한 의미를 담고 있습니다. 당신의 이름이 장삼張三이라고 합시다. 사람들이 당신을 장삼이라고 부르지만, 장삼은 무엇입니까? 이 장삼이 자신과 반드시 관계가 있다고 보기는 어렵습니다. 그러나 당신을 향해 '아미타불' 한마디를 외치면 당신도 아미타불처럼 공의 의미와 서로 일치하고 공의 의미와 서로 부합하니, 이 이익과 가치는 매우 큽니다.

과거 정토종을 신봉하는 진평晉平 거사가 있었습니다. 그는 정진 수행하며 24시 가운데 아미타불 네 글자가 입에서 떠날 때가 없었습니다. 안타깝지만 이 거사는 불법을 존경하고 믿지만, 지혜로운 마음이 증장되지 않았습니다. 그의 상황을 아신 선애仙崖 선사께서 그를 좀 도와주려고 하셨습니다.

어느 날 사찰에 들려 예불을 드리는 진평 거사를 보고, 선애 선사께서 그를 불렀습니다.

"진평 거사님."

선사를 보자마자 진평 거사는 즉시 말했습니다.

"아미타불"

선애 선사는 다시 한번 진평 거사를 불렀습니다. 진평 거사는 똑같이 아미타불이라고 대답했습니다.

선애 선사는 다시 진평 선생이라고 외쳤습니다. 진평 거사는 속으로 이상하게 생각되었지만, 그래도 "아미타불"이라 대답했습니다.

그러자 선애 선사가 물었습니다.

"당신은 말끝마다 아미타불, 아미타불 하는데, 아미타불을 너무 귀찮게 한다는 생각 안 드십니까?"

"아미타불! 저는 염불하는 사람이니 당연히 입에서 부처님을 떼어놓을 수 없고, 마음에서 부처님을 내려놓을 수 없습니다."

이때 선애 선사는 그저 "아미타불" 한마디만 남기고 뒤돌아 그 자리를 떠났습니다.

사실 선애 선사의 의도는 수행을 반드시 아미타불에게만 의지할 필요는 없다는 것을 진평 거사에게 얘기해 주려 했던 겁니다. 만일 아미타불이 마음속에 깊이 뿌리내려져 있다면 스스로 아미타불이 되는 것이 더욱 좋지 않습니까? 그래서 저는 항상 진정한 염불은 되뇌면서도 되뇐다는 생각이 없고, 되뇌지 않으면서도 항상 마음으로는 되뇌는 것이라 말합니다. 염불은 스스로 짊어져야만 합니다. 입으로 부처님을 찾는 것보다는, 차라리 불도를 배우고 실천하고 대중을 위해 봉사하는 것이 낫습니다. 아미타불의 48대원을 본받아 중생을 제도하는 자비와 지혜를 발원한다면 이것이야말로 아미타불을 염불하는 진정한 의의입니다.

부처님의 어머니는 누구신가?

사람의 일생은 '여러 가지'의 부모에게서 낳고 길러집니다. 나를 낳아 기르고 가르쳐 주신 분은 나의 '낳고 길러주신 부모'입니다. 사·농·공·상은 내가 살아가는 데 의지하게 하는 나의 '의식衣食의 부모'입니다. 이끌어 주고 인도해 주며 차근차근 잘 가르쳐 주신 선지식은 나의 '재생再生의 부모'입니다. 대지는 만물을 두루 품고 온갖 생물을 길러내니 나의 '대지의 부모'입니다. 모든 법은 인연으로 생겨나고, 그 인연은 우리를 윤택하게 하고 키워 주니 나의 '인연의 부모'입니다. 이외에 『아함경阿含經』에서는 윤회하는 중생은 모두 "무명無明을 아버지로 삼고 탐애貪愛를 어머니로 삼는다"라고 하니, 어리석음과 탐애(痴愛) 역시 나의 부모입니다.

그럼 부처님은 어떤가요? 부처님도 부모님이 계신가요? 부처님의 부모는 누구신가요? 불교 경전에는 부처님의 부친은 정반왕이시고 어머니는 마야부인이라 기록되어 있습니다. 사실상 정반왕과 마야부인은 싯다르타 태자의 부모이고, 부처님의 부모는 바로 '반야'입니다. 바꾸어 말하면 부처님의 색신은 비록 인간의 부모에게서 태어났지만, 부처님의 법신은 반야에 의해 태어났으니 반야야말로 부처님의 진정한 부모입니다. 삼세의 일체 제불은 모두 반야에 의지하여 전도된 망상을 멀리 여의고 무상보리를 증득하였습니다.

그럼 반야는 무엇일까요? 반야는 사람이 누구나 본래 구족하고 있는 진여불성이고, 나고 죽음이 없고, 오고 감이 없으며, 시공간이 없고, 대대對待도 없는 우리 모두의 본래면목입니다. 반야가 없으면 자신이 훌륭하다는 것을 모르고, 사물의 진상을 정확히 보지 못하며, 일체의 법은 모두 세간법이 되니, 반야가 있어야 불법도 있습니다. 보시에 반야가 있어야 삼륜체공이 될 수 있고, 지계에 반야가 있어야 중생을 유익하게 할 수 있으며, 인욕에 반야가 있어야 무생법인 할 수 있고, 정진에 반야가 있어야 나태하지 않고 분발할 수 있으며, 선정에 반야가 있어야 깨달음을 증득할 수 있습니다. 반야가 어느 정도 중요한지는 이를 통해 짐작할 수 있습니다.

그럼 이처럼 중요한 반야는 어디에 있을까요? 반야는 비록 궁극의 원융에 도달하여 제불을 탄생시켰지만, 그렇다고 반야가 매우 현묘하여 이해하기 어려운 것은 아닙니다. 반야는 생활 속에서 직접 부딪혀 느껴야지, 생활을 떠나서는 반야도 없습니다. 『금강경』에는 "이때에 세존께서 식사 때가 되어 옷을 입으시고 발우를 지니시고, 사위성으로 들어가셨다"라고 한 것이 반야를 밝게 드러내신 부처님의 생활입니다. 선문 안에서는 옷 입고, 밥 먹고, 땔감 해오고, 물 긷고, 거기다가 눈썹을 움직이고, 눈을 깜박이며, 손을 들고 발을 내딛는 모두가 반야의 체현입니다.

이른바 "평소와 같은 창가 앞의 달이건만, 매화꽃 피어나니 전과 같지 않구나(平常一樣窗前月, 才有梅花便不同)"라고 하듯, 지극히 평범한 생활에 반야가 생기면 해탈 자재한 생활을 누릴 수 있습니다.

그러므로 스승이 근기를 살펴 가르침을 주고 영재를 길러내는 것이 바로 반야입니다. 의료인이 의약품을 잘 사용하여 병자를 잘 보살펴 주는 것이 바로 반야입니다. 소방대원이 몸을 아끼지 않고 고난에서 구하는 것이 바로 반야입니다. 환경미화원이 길을 깨끗이 청소하며 국민을 위해 봉사하는 것이 바로 반야입니다. 재활용 수거자가 묵묵히 힘써 환경을 보호하는 깃이 바로 반야입니다. 좋은 일하면 '반야수般若手'이고, 좋은 말 하면 '반야구般若口'이며, 자비로운 눈으로 사람을 보면 '반야안般若眼'이고, 지혜로운 마음을 가지면 '반야심般若心'입니다.

반야가 있다면 모두 존귀합니다. 반야를 체험할 수 있고, 반야를 실천할 수 있고, 반야를 함께 누릴 수 있는 사람은 인간 세상에서 제일 존귀한 사람입니다.

윤회의 비유

세간의 일체 현상은 모두 윤회하며 순환하는 이치에서 벗어날 수 없습니다. 예를 들어 세계에는 성주괴공(成住壞空: 모든 물질은 만들어지고, 머무르다 언젠가 무너져 없어지고 공空으로 돌아감)의 반복이 있고, 마음에는 생주이멸(生住異滅: 생겨나고 잠시 머물다 변하고 사라짐)의 기복이 있으며, 사계에는 봄·여름·가을·겨울의 바뀜이 있습니다. 이 모두가 윤회입니다. 심지어 삼세의 시공이 회전하는 것도 윤회이고, 선악육도善惡六道에서의 환생 역시 윤회입니다. 끊임없이 순환하는 윤회 가운데에서도 고정적인 법칙이 존재합니다. 그 법칙은 순서가 있고, 또한 인과 관계가 있습니다. 원인이 있으니 결과가 나올 것이고, 결과는 다시 원인이 됩니다. 인과의 순환은 시침이 1에서 12까지 갔다가, 멈추지 않고 다시 1에서 시작해 계속 12까지 가는 것과 같습니다. 이렇게 계속 순환하는 것을 '윤회'라고 합니다.

만일 누군가가 사람은 어디에서 왔느냐고 물으면, 일반 종교의 대답은 모두 직선적이어서 여기에서 시작해 저기까지라 대답하니, 모두 시작과 끝이 있습니다. 불교에서 말하는 인과윤회는 원형이자 처음도 끝도 없습니다. 윤회는 단지 생명의 전환일 뿐이니, 마치 사람에게 '노병사생'이 있어 죽은 후에 없어지는 것이 아니라 죽으면 다시 태어나는 것과 같습니다.

불교는 생명에 이른바 '삼세윤회'가 있다고 말합니다. 달리 말하면 중생은 아주 먼 옛날부터 신구의로 지은 업력에 의해 끊임없이 이어지는 인과와 처음도 끝도 없는 생명의 흐름이 형성되어 천상·인간·아귀·축생 등 여섯 종류의 다양한 생명현상이 나타나는데, 불교는 이를 일러 '오취유전五趣流轉, 육도윤회六道輪回'라 이릅니다.

윤회는 우리에게 신권神權의 조종에서 벗어나게 하여, 운명을 주재하는 것은 우리 자신의 업력이지 하느님이나 천신이 아님을 분명히 알게 합니다. 그는 우리에게 복을 내려줄 수 없을 뿐만 아니라, 우리에게 재앙을 내리지도 못합니다. 일체의 복보와 재앙은 우리 스스로 짓고 받는 것입니다. 윤회의 관점에서 보면 유생 중생의 즐겁고 행복한 인생이나 비참하고 불행한 운명은 모두 우리 자신이 지은 것입니다.

우리가 윤회하여 새 삶을 받는다는 것을 믿을 때, 짧디짧은 백 년의 세월만 사는 게 아니라 인생은 연속되게 됩니다. 윤회가 있기에 생명은 삶의 활력이 무궁무진하게 충만하다 할 수 있습니다. 이번 한 생애는 끝났지만 다음 생애가 또 시작하기 때문입니다. 마치 한 알의 씨앗이 흙에 심으면 다시 꽃피고 열매 맺게 되는 것처럼 태어나면 죽고, 죽으면 또 태어나고, 나고 죽고가 끊임없이 이어지니 희망이 무한합니다. 예컨대 장작을 태우는 것과 같으니, 땔나무 하나가 다 타면 다시 하나 더 넣어 한 개씩 한 개씩 추가합니다. 장작은 각기 다르지만 불은 다른 땔나무에 옮겨붙어 화염이 쉼 없이 이어져 가며 영원히 꺼지지 않습니다. 또 기름등잔에 불을 붙이는 것에 같으니, 등잔의 기름이 다 말라 다시 다른 등잔으로 불을 붙이면 등은 계속 이어지며, 사람을 위해 긴 밤 내내 어둠을 깨뜨리고 비출 수 있습니다.

윤회하는 생명에는 또 변화와 새로 시작하는 인연이 있으므로 미래의 바람은 결국 실현되는 날이 오고, 과거 지었던 잘못도 보완할 기회가 생깁니다. 윤회의 의의는 악인을 괴롭히는 것도, 선인에게 보상해 주는 것도 아닙니다. 윤회의 목적은 자신을 잘 인식하고, 그 속에서 깨달음의 성품을 개발하며, 매번의 윤회에서 끊임없이 향상하고, 우리의 생명을 정화하며, 자비로써 타인을 대하고, 지혜롭게 처세하는 법을 배우는 겁니다.

정견을 구족한 불교 신자는 반드시 윤회를 깨뜨리고, 윤회를 초월하며, 윤회를 두려워하지 말아야 하고, 윤회하는 중에서도 태연하게 연마하고, 윤회의 번뇌에는 휘둘리지 말아야 합니다.

자의지 법의지 自依止 法依止

우리는 자주 '위대한 불교'라는 구호를 외칩니다.

그런데 불교가 왜 위대합니까? 물론 역사가 유구하고, 신도의 수도 많으며, 문화도 풍부한 불교는 전 세계의 신앙이 되었습니다. 불교 안의 출가자이건 재가자이건 각기 귀의처가 있습니다. 불교는 국가의 정치에 간여하지 않고 세상의 도의와 사람의 마음에 대해서만 교화를 합니다. 불교는 사회를 위해 도덕을 증가하고 인아 간의 질서를 보호합니다. 그래서 불교를 위대하다고 말합니다.

그러나 진정 불교의 위대함은 교리·교의에 있으니, 가장 위대한 것은 경론언교經論言教입니다. 『아함경』에서는 "스스로에 의지하고 법에 의지할 뿐, 다른 것에 의지하지 말라(自依止 法依止, 莫異依止)"라고 말합니다. 이 말을 만일 그 뜻을 알지 못하고 그저 대충 얼렁뚱땅 읽었다면, 불교의 위대한 점을 여전히 모르는 것입니다.

부처님도 불교가 위대하지, 자신이 위대하다 하지 않으셨습니다. 부처님께선 성불도 법에 의지해야 하며, 법이 있어야 부처가 있고, 승려가 있고, 승단이 있다고 생각하셨습니다. "모든 공양 가운데 법이 으뜸이다"라고 하셨습니다. 부처님이라도 법에 의지해야만 수지가 가능합니다.

불법에서 부처님이 말씀하신 교법 가운데 연기중도, 진여자성, 인과업보, 삼계유심, 만법유식, 공유불이空有不二 등 우주의 진리를 선양하는 종류는 매우 많습니다. 그러나 부처님은 우주 진리에 대하여 혹은 자아의 위치를 정하는 데에 대해 두 마디를 말씀하셨으니, 바로 '자의지, 법의지'입니다. 이 두 마디는 듣기에 참으로 경천동지할 일이고, 감탄스러워 절로 고개가 숙여집니다.

부처님은 모든 사람에게 부처님을 의지하고, 부처님을 따르고, 부처님을 배워야 한다고 시키지 않으셨습니다. 부처님은 우리 중생에게 본래 가지고 있고 자유스러운 우리 중생의 진여자성을 돌려주셨습니다. 부처님은 우리에게 늘 '자신에게 의지'해야 한다고 말씀하셨습니다. 자기 자신에게 귀의하고, 자기 자신을 긍정하고, 자기 자신을 발전시켜 자아를 뛰어넘는 것이야말로 부처님께서 마음에 가지셨던 희망입니다.

'자신에게 의지'하는 것 외에 또 '법에 의지'해야 합니다. 부처님은 세간에서 가장 위대한 자가 부처 자신이라 말하지 않았습니다. 부처님은 세간에서 가장 위대한 것은 법이요 진리니, 법에 귀의하고 진리에 귀의해야 한다고 여기셨습니다. 그래서 불교에서는 어디서나 '법에 의지하지, 사람에 의지하지 말라'고 합니다. 만일 우리 불교 신자가 '자의지, 법의지'를 이해한다면 자아의 향상에 대하여, 자아의 초월에 대하여, 우주 인생의 진리에 대하여, 자신의 미래에 대해, 대체 어디에서 와서 어디로 가는지 진정한 깨달음을 반드시 얻을 것입니다.

세간의 사람이 가장 가엾은 것은 자신이 위대한 것을 모르고 자아를 향상하려 하지 않는 것입니다. 누군가는 금전에 유혹당하고, 누군가는 애정에 지배당하고, 누군가는 세간의 육진六塵, 이른바 색성

향미촉법, 혹은 재물욕·색욕·식욕·명예욕·수면욕의 오욕에 좌지우지됩니다. 세간의 이 수많은 물질에 의지하면 해탈도 못 하고 속박만이 있습니다. 이 세간의 공명과 부귀에 의지하는 건 모두 허영이니, 구름이나 연기처럼 금방 사라져버려 마지막에는 아무것도 남지 않습니다.

심지어 누군가는 신권神權에 의지하여 신권이 자신을 속박하게 만드니, 그러면 더욱 해탈할 수가 없습니다. 부처님의 가르침대로라면 우리는 자신에게 귀의해야 합니다. 자신이 해탈하고 싶다면 신명에 의지해서는 안 되고, 다른 외부적 힘에 의지해서도 안 됩니다. 반드시 자신에게 의지해야 합니다. 당신이 자비로워지고 싶다면 당신에게 반야 지혜가 있어야 합니다. 당신이 도를 깨우치려면 다른 누구도 아닌 당신이 세간의 진리와 상응해야 합니다. 당신은 "도道에는 고금古今이 없고, 깨달음은 지금 이 자리이다"를 이해하고, 지금 이 자리에서 나 자신이 바로 부처요, 법이요, 승려요, 나 자신이 곧 진리의 본보기이고, 진리를 대표하며, 진리의 모범임을 인정해야 합니다. 이처럼 자아를 향상할 수 있다면 신명과 미신에 의지할 필요가 없습니다. 그렇게 해서는 해탈할 수 없습니다. 심지어 부처님에게 의지할 필요도 없습니다. 부처님 역시 당신에게 어떤 이익을 내려줄 수 없습니다. 부처님이 우리에게 주는 가장 큰 이익은 우리 자신이 곧 해탈하는 길이라는 걸 일러주는 것입니다.

'자의지, 법의지'라는 불법의 무한한 진리에 대해 저는 정말 심취해 있습니다. '자의지, 법의지'는 우리 자아의 정진, 자아의 초월, 우리 미래의 해탈에 대해 모두 더할 나위 없이 중요합니다. 현재 이 세계의 인류는 전쟁과 정치로 인해 억압받고 있고, 신권과 미신에 미혹되어 광명을 볼 수 없으며, 자신의 미래 또한 보지 못합니다. 만일 부처님의 '자의지, 법의지' 이 두 마디 진리의 참뜻을 이해하고, 더불어 여실하게 실천할 수 있다면 불교의 인과응보, 연기중도, 진여자성 등의 진리와 비교했을 때도 또 다른 의의가 있다고 생각합니다.

자세히 듣다(諦聽)

불교에는 이런 말이 있습니다.

"불법은 청정하게 소리를 듣는 데 있느니라(佛法淸淨在音聞)."

그래서 경전의 첫마디는 모두 '여시아문如是我聞'으로 시작합니다. 오늘날 불교도들도 늘 말하길, 우리도 어디 가서 경전을 듣고, 또 어디 가서 법을 전하는 말씀을 듣는다고 하지, 어디 가서 경전을 쓴다, 어디 가서 경전을 본다고 말하는 경우는 적습니다. 물론 경전을 쓰는 것도 괜찮고 경전을 보는 것도 괜찮지만, 경전과 법을 듣는 것만큼 보편적이지는 않습니다.

『금강경』 안에는 수보리가 부처님께 법을 청하자 부처님께서 수보리에게 "내가 지금 너의 문제에 답을 할 테니, 너는 자세히 잘 들어라"라고 말씀하신 얘기가 있습니다.

이 '자세히 듣다(諦聽)'의 의미는 바로 당신은 집중해서 들어야 하고, 주의해서 들어야 하고, 들은 뒤에는 또 힘써 사유하고 기억해야 한다는 것입니다. 자세히 듣다 외에 또 귀담아듣다(全聽), 여러 방면으로 듣다(兼聽), 바르게 듣다(善聽)를 배워서 할 줄 알아야 합니다. 말을 들으면서 제멋대로 해석해서는 안 되고 귀담아들을 줄 알아야 합니다. 또 두루 들어야 하는 것은 바로 여러 방면에서 들어야 한다는 것입니다. 한쪽에 치우치지 말고, 좋은 쪽으로 생각할 줄 알아야 하는 것이 선청善聽입니다. 그래서 경전에서는 문聞·사思·수修를 해야만 삼마지三摩地에 들어갈 수 있다고 말합니다.

그러나 만일 내가 말을 하고 있는데 당신이 진지하게 듣지 않는다면, 불량한 인쇄기에서 인쇄한 문자와 그림이 모호하거나 제대로 인쇄되지 않은 것과 같습니다. 또한 좋은 씨앗도 좋은 토양에 심지 않으면 잡초가 무성하게 자랄 것이고, 도로에 뿌리면 자라지 못하는 것과 같습니다. 그러므로 법을 들을 때나 이야기를 들을 때에도 당신은 하나만 집중해서 듣고 나머지는 흘려들으면 안 되며, 들은 도리를 집착하여 멋대로 해석해서는 안 됩니다. 이 모두가 불법의 좋은 뜻을 저버리는 것이니, 당신은 불법에 대해 진정한 신심을 가져야만 합니다.

당신은 항상 경전과 법문을 들으러 가야 하고, 집중해서 열심히 들어야 하는데, 현대인은 집중해서 듣는 것의 중요성을 모릅니다. 학생이 교실에서 선생님의 수업을 열심히 듣지 않는 것과 같이, 법수가 그의 마음밭에 들어가지 않았는데 시험이 닥치면 어떻게 답을 말할 수 있겠습니까? 그래서 듣기 잘하는 학생은 시험도 잘 보고, 집중해 들을 줄 아는 신도는 진리와 쉽게 부합하고 이해를 잘합니다.

오늘날 신도가 불법을 들으러 가는 마음 상태에 대해서도 토의할 것이 있습니다. 법문을 들으러 갔던 사람에게 물어보십시오.

"어디 갔었어요?"

"경전 강의 들으러 갔었지요."

"무슨 내용이었는데요?"

"어, 글쎄요. 주의해서 듣지 않아 기억을 잘 못 하겠네요."

지금 이런 사람이 많습니다. 기억을 못 한다는 것은 당신의 마음이라는 밭에 들어가 뿌리를 내리지 못 했다는 것을 의미합니다. 당신의 마음이라는 밭에 뿌리를 내리지 못 했으면 성장할 수 없으니, 당신이 아무리 많이 경전과 가르침을 듣는다 한들 무슨 소용이 있겠습니까?

그래서 오늘날 불법을 배우는 사람은 표면적인 형상만 실천하면 안 되고, 진정으로 성심성의껏 해야만 합니다. 경문을 들을 기회가 왔을 때 집중해서 열심히 들어야 효용이 있습니다.

신수봉행 信受奉行

저는 출가하여 수십 년 동안 홍법하면서 늘 각지를 다니며 경전을 설하였습니다. 『법화경』을 설하든, 『금강경』을 설하든, 『아미타경』을 설하든 간에 기타 각 경전에 이르기까지 경문의 처음에는 거의 모두 '여시아문'으로 시작합니다. 하지만 경전 전체를 마무리할 때에는 바로 대중은 환희로움이 샘솟으며 '신수봉행'이라 말합니다.

그러나 오랫동안 경전을 강연한 경험에 의하면, 일반 신도들은 대부분 '반부경半部經', 즉 경전의 반만을 수지하는 것 같습니다. 바꿔 말하면 그들에게는 앞의 여시아문은 있지만, 뒤의 신수봉행은 없다니 이것은 매우 커다란 유감입니다. 소위 '지행합일知行合一'·'행해병중行解並重'·'복혜공수福慧共修'는 무슨 일을 하든 모두 처음과 끝이 있어야 하고 시작과 끝맺음이 있어야지, 단지 절반만 있어서는 안 됩니다.

이는 마치 당신이 옷을 절반만 걸치고, 몸의 반만 씻고, 집을 반쪽만 짓고, 글을 절반만 쓰는 것에 비유할 수 있습니다. 이래도 괜찮습니까? 항상심과 끈기가 없어 일을 처음부터 끝까지 완성하지 못하니 정말 유감입니다.

민국 시기 초, 양인산楊仁山 거사는 『불교삼자경佛敎三字經』한 권을 썼는데, 도입 부분에 "처음도 없고 끝도 없고, 안과 밖도 없음을 굳이 이름을 세워 법계라 한다(無始終, 無內外, 强立名, 爲法界)"라고 말했습니다. 이것은 수행의 경계에서 말하자면 당신이 수행하여 깨닫는 바가 있을 때는 시간상으로는 처음과 끝이 없고, 공간상으로도 안과 밖, 멀고 가까움의 구분이 없습니다. 그러나 당신이 아직 수행 단계에 있을 때는 여전히 유시유종(有始有終: 시작이 있으면 끝도 있음)에서부터 일으켜 완성된 이후에야 무시무종(無始無終: 시작도 없고 끝도 없음)에 도달할 수 있고, 유내유외(有內有外: 안과 바깥이 있음)부터 닦아 증득한 공력이 충분하였을 때 자연히 '내외일여(內外一如: 안과 밖이 하나가 됨)'가 됩니다.

그러므로 경전을 듣고 법을 듣는 것에 대해 '여시아문'도 물론 중요하지만, 들은 이후에는 더욱 '신수봉행'해야 합니다. 이른바 "좋은 시작은 성공의 절반이다"라고 하였습니다. 그러나 뒤의 원만함이 더 우리의 목적입니다. 우리는 오로지 법을 들은 뒤에 여실하게 자신의 이상, 자신의 발심, 자신의 원력을 실천해야만 이로움을 받는 바가 있을 것입니다.

다만 현재 수많은 종교를 믿는 사람들은 자신이 먼저 힘써 실천해야 함은 모르고서, 그저 부처님과 신명에 재앙을 없애고 복을 내려달라는 생각만 한다고 말할 수 있습니다. 당신이 땀을 뿌려야 수확도 그만큼 얻을 수 있습니다. 당신이 파종하지 않고 수확이 어디 있겠습니까? 당신이 인연을 맺지 않고 어떻게 좋은 대우를 받을 수 있습니까? 그래서 우리가 무슨 일을 하든 처음과 끝을 서로 맞추고 앞뒤가 일치되어야만 하는, 이른바 전시전종(全始全終: 잘 시작해 잘 끝맺음)을 해야 합니다. '신수봉행'하는 것이 불도를 배우는 요건입니다.

시수평등 施受平等

불교에서 수행을 얘기할 때, '육도만행六度萬行'이 있습니다. '육도'는 바로 여섯 종류의 자도도인(自度度人: 나를 제도하고 난 뒤 타인을 제도함)하는 방법입니다. 첫 번째는 보시인데, 또 세 종류로 나눕니다. 기꺼이 금전과 재물을 타인에게 보시한다면 '재보시'입니다. 이치와 부처님의 가르침을 타인에게 보시한다면 '법보시'입니다. 정신적으로 지지를 보내고 역량을 보태어 그 사람이 두려워하지 않게 해주면 '무외보시'입니다. 이 세 가지 보시의 내용 모두 타인을 이롭게 해주고, 더 나아가 득도(得度: 부처님의 제도를 얻게 됨)하게 해줍니다.

육도법 이외에 불교에는 보살이 중생을 교화하는 네 가지 법문이 있습니다. 보시布施, 애어愛語, 이행利行, 동사同事의 '사섭법四攝法'입니다. 이 네 가지 법문 또한 보시가 으뜸입니다. 그래서 보시는 두루 선연을 맺는 불교의 가장 훌륭한 방법이자, 중생을 이끌어 불문에 들어가는 중요한 방편이 되었습니다.

그러나 보시에는 선결 조건이 하나 있습니다. 당신이 타인에게 보시하고 싶다면 반드시 받을 사람이 있어야 합니다. 일반인은 보통 보시하는 사람이 중요하고 받는 사람은 덜 중요하다고 생각합니다. 왜냐하면 나는 능히 보시할 수 있는 사람이고, 당신은 내가 주는 이익을 받는 사람일 뿐이라 생각하기 때문입니다. 보시하는 사람인 나는 방법이 있고, 보시를 받는 사람인 당신은 방법이 없다고 여기지만, 사실 잘못된 생각입니다. 불교에서의 '베풂(施)'과 '받음(受)'은 동등한 이익이 있다고 봅니다. 보시하는 당신에게 공덕이 있고, 받는 나에게도 똑같이 공덕이 있습니다.

예를 들어 나를 식사에 초대해 준 당신은 식사를 마친 뒤에도 와 주셔서 감사하다고 얘기합니다. 그러니 받는 사람도 매우 중요하지 않습니까? 불문에서 재주(齋主: 승려에게 음식을 공양 올리는 사람)는 음식을 가득 차려 승려들에게 공양합니다. 그리고도 공양 올린 음식을 받아주신 승려들에게 감사의 절을 올립니다. 대중이 왕림해 자신에게 공양할 기회를 주셔서 감사하다는 의미입니다. 이것은 베풂과 받음 사이에는 분별이 없다는 것을 설명합니다.

현대인은 항상 내가 보시할 수 있으니 내가 곧 대장이고, 당신은 나의 보시를 받으니 나에게 감사해야 마땅하다는 약간 잘못된 견해를 가지고 있습니다. 이러한 생각은 불교 보시의 원리에 부합되지 않습니다. 당신이 발심하여 보시한다면 나도 발심하여 받아야 합니다. 당신이 발심하여 보시하는데 나는 도리어 받지 않겠다고 하면 당신으로서도 어쩔 수 없습니다. 불교에서의 보시는 베푸는 자와 받는 자가 차별 없이 똑같고, 상호존중하며, 너와 내가 없고, 인아를 나누지 않습니다.

보시는 '삼륜체공三輪體空'해야 하니, 베푸는 이·받는 이·베푸는 물품 세 가지에 대해 분별과 집착을 일으켜서는 안 된다고 『금강경』에서는 말하고 있습니다. 바꿔 말하면 보시하는 사람은 아집이 있어서는 안 되고, 나는 보시할 수 있는 사람이라 생각해서는 안 됩니다. 또한 당신은 나의 은혜를 받고 내가 보시하는 걸 받는 사람이라 여겨도 안 됩니다. 자신이 보시한 어떤 물건의 가치에 대해 집착해서는 더더욱 안 됩니다. 그건 세간법에선 될지라도 불법과는 어울리지 않습니다. 바로 일반 사회의 인아가 교제하면서도 역시 당신은 내게 감사하고 나는 당신에게 감사하는 것이 바로 불교의 '삼륜체공'에 부합됩니다. 베푸는 이·받는 이·베푸는 물품이 모두 평등하고 서로 연관되어 있습니다.

2008년 사천성 문천汶川 대지진 발생 후 저는 불광산 대표로 거길 방문해 학교 두 곳과 병원 두 곳, 72대의 의료차량과 기타 물품 등을 지원한 적이 있습니다. 현지 민중은 저의 이런 보시에 매우 감사하며 강연을 해주길 희망하였기에 저는 수많은 대중 앞에서 이야기했습니다.

"사천 동포 여러분, 오늘 제가 여기 온 것은 베풀기 위해서가 아니라 은혜를 갚고자 온 것입니다."

제가 그렇게 얘기한 이유는 자라면서 사천에서 이로움을 많이 받았기 때문입니다. 시인 두보杜甫, 이백李白, 소동파蘇東坡를 예로 들면 그들 모두 사천 사람이고, 그들의 시문이 저를 품고 성장시켰으며, 저에게 커다란 은혜를 주었습니다. 그 외에 저는 청소년 시기에 도원결의의 관우 등 인물들의 행동·몸가짐·지혜 등에 대해 매우 감명을 받았습니다. 유비가 사천에 나라를 세워 당시 위·촉·오 삼국이 정립되었고, 제갈공명은 이곳에서 수많은 계책을 내놓았으니, 삼국시대의 뛰어났던 공성계·연환계·미인계 등이 청년이었던 제게 침식을 잊은 채 수많은 역사 서적을 읽게 했습니다.

그때에는 볼만한 신문이 없었고, 볼 수 있는 텔레비전도 없었습니다. 다만 사천과 관계있던 수많은 재자才子의 책만이 저와 청소년 시기를 함께 지냈습니다. 그래서 자세히 생각해 보면 저의 인생에서 사천 분들이 제게 주신 은혜는 비할 바 없이 크다고 말할 수 있습니다.

그러므로 현재 재난을 겪고 있는 사천 분들에게 저는 은혜를 갚으러 온 것이지, 재난을 구제하러 온 것은 결코 아닙니다. 제가 만일 재난을 구제하러 온 것이라면 '나는 크고 너는 작다', '나는 있고 너는 없다'라는 수많은 분별이 생긴 것이니, 결국 불법과도 부합되지 않습니다.

출가한 지 수십 년이기에, 저는 사천에 구제가 필요하다고 생각한 것이 아니라 보은하려는 심정으로 달려온 것이고, 사천 분들에게 받은 만큼 돌려주어야 한다고 생각해서 왔습니다. 심지어 과거 저에게 보시한 전국의 동포들이 베푼 은혜에도 응당 보답해야 합니다. 우리는 너와 내가 서로 왕래하고, 서로가 하나로 연관되어 있으며, 베푸는 이와 받는 이의 공덕이 동등하다는 것이 저의 견해입니다. 불문에서 수행할 때는 무아상無我相·무인상無人相·무중생상無衆生相·무수자상無壽者相입니다. "보시는 무상無相이고, 중생제도는 무아無我이다"를 이루고, 평등하게 일체중생을 대할 수 있다면, 이것이야말로 불법에 부합합니다.

팔정도 八正道

불교에서 일체의 제불께서는 모두 '발원'을 하였으므로 불도를 성취하였습니다. 발원은 일반적으로 뜻을 세운다는 '입지立志'와 같습니다. 당신이 장래의 포부를 바로 세울 수 있으면 노력할 목표가 생기고, 전진할 원동력이 생깁니다.

마찬가지로 불교에서 사람들에게 발원하라고 독려하는 것 역시 신앙에는 목표가 필요하고 목표를 향해 나아갈 원동력이 필요한 까닭입니다.

과거에 불교는 사람들에게 좋은 일 하면 좋은 보답이 돌아온다고 언제나 좋은 일을 권했습니다. 그러나 좋은 일은 무엇인가요? 좋은 일을 했으면 과연 어떠한 보답을 받게 될까요? 더구나 좋은 일하기의 주장과 목표는 무엇일까요? 어떻게 해야 모두가 좋은 일 하도록 동기를 부여할 수 있을까요? 이러한 것들 모두 구체적인 방법은 없습니다. 또 좋은 말을 하라지만 무엇이 좋은 말인가요? 어떻게 말하는 건가요? 말을 한 뒤 결과는 어떠한가요? 이 역시 명확하게 신도를 지도할 수 없기에 실천의 동력이 감소합니다.

사실 불교에서 말하는 '목표'는 해탈할 수 있고, 번뇌가 필요 없고, 고통이 필요 없음을 가리킵니다. 그리고 실천의 방법은 '팔정도' 안에서 명확하게 지도할 수 있고, 구체적인 행동의 역량을 얻을 수 있습니다.

이른바 '팔정도'는 당신의 인생이 앞으로 나아갈 수 있게 하는 여덟 가지의 바른 길입니다. 모든 길이 로마로 향한다고 하듯이 그 '팔정도'는 모든 길마다 당신이 해탈에 무사히 이르도록 도와줄 겁니다.

여덟 가지 바른 길은 무엇일까요?

1. 정견正見

바른 견해와 관념입니다. 정견은 카메라와 같습니다. 촬영할 때 반드시 햇빛·초점·화면을 잘 조절하여야 흐릿하게 나오지 않고 선명합니다.

2. 정사유正思惟

마음에 그릇된 생각이 없고, 삿된 망상과 탐욕을 멀리 여의며, 진리와 지혜로 사량하고 판별하게 합니다.

3. 정어正語

거짓이 없는 말을 가리킵니다. 바로 비방·교만·모욕·매몰참·교언영색·근거가 없는 허망한 말을 멀리합니다.

4. 정업正業

청정한 선업에 머물며, 살생·도둑질·사음 등 일체의 부정한 행위를 멀리합니다.

5. 정명正命

정당한 방식의 경제생활과 올바르게 생업을 이어가는 방식을 가리킵니다.

6. 정정진正精進

진리라는 목표를 향해 용맹스럽게 매진합니다.

7. 정념正念

정법을 생각하며 마음을 집중합니다.

8. 정정正定

정확한 선정, 의지와 정신을 집중하여 산란한 신심을 한 경계에 머물게 합니다.

이 팔정도를 실천하면 우리가 그릇된 길로 빠지지 않게 할 뿐만 아니라, 이번 생의 인생길에 근심이 없이 자재함은 물론, 영원한 시간 동안 성불의 길을 향해 매진할 수 있습니다.

일반 신도 역시 신앙에서 자신의 인생 목표를 찾기를 희망하지만, 그러나 '길'을 어떻게 가야 하는지는 모릅니다. 불교에서는 사람들에게 염불·참선·예불하라고만 하지, 방법을 알려주지도 않고 본말을 분명히 설명하지도 않습니다.

우리를 열반의 경지로 분명히 이끌어 주는 것이 바로 팔정도입니다. 우리는 항상 '호설팔도(胡說八道: 오랑캐가 여덟 가지 도덕을 이야기한다는 뜻으로, 말도 안 되는 소리)'라고 말하는 걸 듣습니다. 사실 이것은 욕하는 말이 아니라, 당신에게 어떻게 도를 실천하는지 가르쳐 줍니다. 만일 당신이 호인胡人이 말한 팔도를 봉행할 수 있다면, 이 여덟 가지의 바른 길은 당신을 해탈이라는 목표에 반드시 도달하게 이끌어 줄 겁니다.

팔풍 八風

세간의 사람들은 늘 타인의 눈빛·표정·손짓 하나에, 혹은 조그만 공간이나 약간의 이익을 위해 자기 뜻에 부합하지 않으면 마음속에서 태풍이 불고 지진이 일어나 순간적으로 자신을 나찰 나라로 밀어 넣어 괴롭힙니다. 예를 들면 많은 사람이 주식의 등락에 발을 동동거리고 있고, 관직의 승진과 탈락에서 괴로워 몸부림칩니다. 만일 뜻밖에 로또에 당첨되거나, 갑작스럽게 승진을 했을 때 자신의 마음이 흔들리는지 흔들리지 않는지 한번 물어보십시오. 옛말에 "팔풍이 불어도 흔들리지 않는다"라는 이야기가 있지만, 현대에 이르러선 '팔풍'에 그치지 않고 바닷바람·산바람·입에서 부는 바람·권력의 바람·틈 사이로 들어오는 바람·평지에서 이는 풍파 등 인간 세상에서 우리를 흔들 번뇌의 바람은 정말 많습니다.

송나라 때 소동파蘇東坡가 강북의 과주瓜州 지방에서 근무할 때 일입니다. 강남에 있던 금산사金山寺와 강을 하나 사이에 두고 있어, 그는 금산사의 주지이신 불인佛印 선사와 자주 선과 도에 대해 담론하곤 했습니다. 어느 날 소동파는 본인이 수행하여 얻은 바가 있다고 생각하여 시를 한 수 지어 하인에게 강 건너 불인 선사에게 전하여 인가를 받아오게 시켰습니다.

"하늘 중 하늘이신 분께 머리 숙여 절하오니, 한 줄기 빛으로 천하를 비추시며, 팔풍이 불어도 흔들리지 않고, 자금련에 단정히 앉아 계시네(稽首天中天 毫光照大千 八風吹不動 端坐紫金蓮)."

자신은 위대하신 부처님께 머리 숙여 절을 올리며, 부처님의 광명 두루 비추심을 받아 현재 자신의 마음은 바깥의 팔풍에도 더는 흔들리지 않게 되었으니, 부처님이 연화좌 위에 단정히 앉아 있는 것도 같다는 의미입니다.

불인 선사는 보고 난 뒤, 한마디 말도 없이 '헛소리(放屁: 원래는 방귀란 뜻)'라는 두 글자만 써서 하인을 돌려보냈습니다. 소동파는 보자마자 화가 치밀어 하인에게 배를 즉시 준비하라 했습니다. 배가 금산사에 도착했을 때 불인 선사가 웃으면서 강가에 서서 마중하는 것을 보았습니다. 화가 난 소동파가 냅다 달려가 따졌습니다.

"저의 게송 어디가 잘못됐습니까? 선사께서 욕까지 하실 수 있단 말입니까?"

불인 선사는 큰소리로 웃으며 말했습니다.

"팔풍에도 흔들리지 않는다고 말한 사람이 헛소리란 한마디에 강을 건너오시었소?"

팔풍은 생활 속에서 우리가 부딪히는 이利·쇠衰·훼毁·예譽·칭稱·기譏·고苦·낙樂 등 여덟 가지의 경계를 가리키며, 우리의 정서에 영향을 줄 수 있어 '바람'이라 부릅니다. 소동파는 자신의 마음은 이미 바깥의 팔풍에 휘둘리지 않는다고 생각했지만, 뜻밖에도 '헛소리'라는 말의 시험에는 참지 못했습니다. 본디 마음을 알지 못하고 '망상의 광풍'이 요동치는 데서 살고 있으니, 심신이 해탈할 수 없고 자재하지 못합니다.

세간에 살면 좋을 때와 나쁠 때가 있고, 비방을 당할 때와 칭찬을 받을 때도 있습니다. 환한 햇빛이 비치는 낮이 절반 있다면, 필연적으로 어두운 밤도 존재합니다. 백화가 만발하는 따스한 봄이 있다면, 엄동설한도 찾아오게 됩니다.

한번은 한산寒山 스님이 습득拾得 스님에게 물었습니다.

"누군가가 나를 비방하고, 기만하고, 모욕하고, 비웃고, 경시하고, 천시하고, 미워하고, 속인다면 어찌하면 좋겠는가?"

습득스님의 대답은 이러했습니다.

"그저 인내하고, 양보하고, 내버려두고, 피하고, 참고, 존경하고, 상대하지 않고, 몇 년을 기다린 뒤에 그를 다시 보면 어떠하겠소?"

인내함은 마음 그릇을 기르는 것이고, 피하고 내버려둠은 분쟁을 줄이는 훌륭한 방법입니다. 상대를 존중하되 상대하지 않음은 상대를 존경하면서 자신은 더욱 튼튼하고 건강하게 만드는 것입니다. 농구경기처럼 상대 선수가 없다면 시합을 치를 수 없는 것과 같습니다.

사람이 세간에 살면서 반드시 영욕과 득실의 시험을 마주하게 됩니다. 얻을 때는 영광이라 느끼지만, 잃더라도 이해득실에 민감하거나 자신을 부정하지 말아야 합니다. 세간은 무상하고 영예와 욕됨, 얻음과 잃음은 단지 일시적이니, 영예와 욕됨에 대해 지나치게 연연하면 그것에 좌지우지될 수도 있습니다.

득실에 대해 너무 지나치게 매달리면 득실이라는 족쇄를 차게 됩니다.

"듬성듬성 나 있는 대나무 숲에 바람 불어오나, 바람 지나간 뒤에 대나무는 소리를 남기지 않는다네. 차디찬 연못 위에 기러기 날아가

나, 기러기 지나간 뒤에 연못은 그림자를 남기지 않는다네."

독화살 같은 나쁜 말이 우리에게 상처를 주지 못하고, 비방과 칭찬, 영예와 욕됨이 우리를 동요시키지 못할 때, 바로 '팔풍이 불어도 흔들리지 않는' 자재롭고 한가로운 사람이 되는 것입니다.

육화경 六和敬

자고이래로 성현들께서는 줄곧 '인화人和'를 매우 중시하셨습니다. 예컨대 유교는 '화목함을 귀하게 여긴다(以和爲貴)', '서로 화합하면 그 기운이 함께 어우러져 상서로움을 불러온다(和氣致祥)', '부드러운 안색으로 즐거운 얼굴빛을 한다(和顔悅色)', '화목하게 지내되 휩쓸리지 않는다(和而不流)' 등을 주장했습니다. 불교에서는 늘 "총림 叢林은 무사無事를 흥성의 원천으로 삼는다"라고 말합니다. 사람 간에 화합해야지만 아무 일이 없습니다. 승단은 평소 '육화경'에 의지하여 인간관계의 화합·왕래·활동을 유지합니다. 그래서 출가인을 '화상和尙'이라 부르는 것은 화합을 중시한다는 의미이기도 합니다.

불교 승단 내에는 서로 어울리면서, 견해·생활·수행 등의 각 방면에서 불법을 봉행하고 공동으로 '육화경'을 실천해야 합니다. 이 공통된 인식과 실천이 있기에 화목하여 청정하고 화합하여 다툼이 없게 됩니다.

이른바 '화합'이 가리키는 것은 '이화理和'와 '사화事和'입니다. 즉 승가 대중은 진리와 실천 방면에서 모두 화목하게 어울릴 수 있다는 의미입니다. 육화란 다음과 같습니다.

1. 견화동해見和同解: 사상적 통일

모두의 사상·견해에 공통된 인식이 필요합니다. 의견이 서로 다르면 같이 생활하면서, 또 일 처리를 하는 데 있어 자주 잡음이 나오게 됩니다. 그래서 견해는 조화로워야 하고 공통인식을 설립해야 합니다.

2. 계화동수戒和同修: 법제의 평등

계율·규칙에 대해 특권 없이 모두가 똑같이 평등하게 계법을 함께 수지합니다. 법률 앞에 사람은 누구나 평등하다는 것입니다.

3. 이화동균利和同均: 경제적 균등 배분과 향유

사찰 승단의 생활에 필요한 것은 직무의 높고 낮음을 나누지 않고 고르게 배분합니다. 누구나 향유할 권리는 균등합니다.

4. 의화동사意和同事: 마음의 화합

모두 함께 거주하자면 예의와 위의威儀가 있어야 하고, 서로 평화롭고 존중하며 화목하게 지내야 합니다.

5. 구화무쟁口和無諍: 언어의 기쁨

모두 쟁론이나 싸움이 없습니다. 인아 사이의 대화 또한 모두 총림에서 사용하는 언어입니다. 예를 들어 '스님의 상하上下는 어떻게 됩니까?', '장로스님께서 법문을 해주십시오', '학인은 감히 할 수 없습니다', '학인은 부끄럽고 고뇌가 깊으니 많은 가르침을 주십시오'라고 말하는 것입니다. 서로에게 불법이 있으니 쟁론이 있을 수 없습니다.

6. 신화공주身和共住: 안락한 거주

사찰에서는 여럿이 공동생활을 하며, 환희롭게 수행하고 환희심으로 함께 지냅니다.

육화경 중에 견화동해·이화동균은 화합의 본질이고, 의화무위·구화무쟁·신화동주는 화합의 표현입니다. 저는 '화합'은 참 좋다고 생각합니다. 사람이 저마다 입은 옷의 색깔은 다르지만 조화를 이루면 아름답습니다. 외모는 같지 않지만 각자 위치에서 조화를 이루어 아름답습니다. 오장육부의 기능은 다르지만 각자 맡은 바에 최선을 다하니 조화로워 건강합니다.

승단은 '육화경'을 봉행하기에 화목하고 즐거우며 청정할 수 있습니다. 의미를 넓혀, 한 가정이 공동으로 '육화경'을 실천한다면 다툼 없이 화합할 것이고 즐겁고 행복할 겁니다. 한 단체가 공동으로 '육화경'을 실천한다면 단체의 역량을 더욱 더 발휘할 수 있습니다. 한 사회가 공동으로 '육화경'을 실천한다면 안락하고 화목한 사회가 될 수 있습니다. 한 국가가 공동으로 '육화경'을 실천한다면 부강하고도 예의 바른 나라가 될 수 있습니다.

육화경은 또한 세간에서 '화해의 여섯 가지 방법'이기도 합니다. 사람이 저마다 봉행한다면 사회는 절로 다툼이 없고 화목할 것이며, 국가는 반드시 안정되고 부유할 겁니다.

법동사 法同舍

일반인의 생각에 불법이라 하면 경전이라 여기고, 이치라 여기며, 심지어 경전을 설하는 것이 불법의 선양이라 생각합니다.

그럼 불법은 어디에 있나요? 불법이 장경루藏經樓에 있다면 대중에게 널리 보편화시킬 수 없습니다.

불법은 어디에 있나요? 불법이 노스님의 마음에 있다면 다른 사람은 알지도 못합니다.

불법은 어디에 있나요? 불법이 심산유곡의 사찰 안에 있다면 다른 사람은 구하기 쉽지 않습니다.

그럼 불법은 대체 어디에 있을까요?

세간의 허공 가운데 만유만상의 세계 모두가 불법입니다. 이른바 "무성하게 핀 노란 잎도 반야 아닌 것이 없고, 푸르른 청록빛깔의 대나무가 결국 진여로구나(鬱鬱黃葉無非般若, 靑靑翠竹總是眞如)"라고 하듯이, 일체의 생명 있고 생기 가득한 것까지 우리는 모두 불법이라고 말합니다. 모든 불법은 고뇌와 고통에서 해탈할 수 있고, 지혜를 늘릴 수 있고, 자신이 의지할 데를 늘려주는 것이 바로 부처님이 말씀하신 도리입니다. 그래서 부처님은 우리에게 "자신에 의지하고, 법에 의지할 뿐, 다른 것에 의지하지 말라(自依止, 法依止, 莫異依止)"고 하셨습니다.

당신이 삼귀오계를 받을 수 있다면 삼귀오계가 바로 불법입니다.

불법을 무슨 추상적인 도리라 여기지 말고, 그것을 넓고 넓어 막힘이 없는 허공과 형태가 없는 무상의 진리로 삼아야 합니다. 불법의 내용에도 각종 단계가 있으니 세간에는 세간법이, 출세간에는 출세간법이 있습니다. 신도가 되면 재가자법이 있고 출가승에게는 승가법이 있습니다. 그래서 계율은 법률과 동등합니다. 불경의 도리처럼 한마디 말로 스승으로 삼을 수 있다면 모두 법입니다.

'법동사法同舍'는 바로 부처의 가르침과 함께하는 집이라는 뜻입니다. 우리는 어디에 살고 있습니까? 당신은 양옥집에 산다, 빌딩에 산다, 아파트에 산다고 말할 테지만, 거기에는 불법이 없습니다. 이른바 "삼계는 불타는 집과 같다(三界如火宅)"라고 하듯이, 당신이 오욕육진의 세간에 머무는 것은 불타는 동굴 안에 사는 것과 마찬가지여서 구제받을 수 없습니다. 당신은 반드시 불법의 집 안에 머물러야 합니다. 그러므로 신앙이 있는 사람은 신앙이 곧 집이고, 당신이 항상 독송하는 경서가 바로 당신의 집입니다.

그래서 법동사의 의미는 불법이 곧 나의 가정이요 나의 집이니, 불법 안에 머물며 가르침을 집으로 삼겠다는 의미입니다. 부처님의 가르침을 수없이 얘기해도 그것이 당신에게 얼마나 중요한지 와 닿지 않을 겁니다. 그러나 당신에게 집이 하나 있다고 얘기한다면 집은 당신에게 중요합니다. 이른바 "초가삼간이라도 내 집이 좋다"라고 합니다. 비록 불법은 무변하고, 무한하고, 무량하지만, 불법을 조금이라도 얻을 수 있다면 나의 소유이니, 받아 사용하면 됩니다. 단돈 천 원으로도 호떡 하나 사서 한 끼를 해결할 수 있고, 더는 굶주리지 않아도 되는 것과 같습니다.

그래서 보시·지계·인욕·정진·선정·반야 등 육도의 어느 한 법이라도 당신이 사용할 수만 있다면, 그리고 실천하는 법을 알기만 한다면 당신도 구제받을 수 있습니다. 예를 들어 일상생활 중에 자비로운 말로 타인을 응대하고, 자비로운 눈빛으로 타인을 바라보고, 자비로운 얼굴로 타인을 대하고, 자비로운 손으로 타인을 돕고, 자비로운 마음으로 타인을 축복하는 등 사용할 줄 알기만 하면 자재로움을 얻을 수 있습니다.

　법은 나의 집이고 나의 사랑스럽고 달콤한 가정입니다. 내게 불법이 생겨 생명이 성장하고 안주하는 집으로 삼는 것이 바로 '법을 집으로 삼는다'라는 뜻이며, '법동사'의 의미입니다.

한 방울의 물 (一滴水)

불법에 대해 전혀 모르면서 불법을 경시하고 불법을 배척까지 하는 사람이 있습니다. 그러나 부처님은 빛과 같고, 법은 물과 같습니다. 광명이 자신에게 얼마나 중요한지 생각해 본 적 있습니까? 광명이 없고 어둠 속에서 생활한다면 당신은 견딜 수 있습니까? 부처님의 광명이 두루 비추니, 부처님이 곧 광명입니다. 광명이 밝게 비출 때는 빛이 얼마나 귀중한지 모릅니다. 그러나 일단 광명이 없어지고 어둠이 찾아올 때는 당신도 매우 두려워질 것입니다.

법은 물과 같으니, 물은 때를 씻어내고 갈증을 해소해 줄 수 있습니다. 물은 만물을 성장시킬 수 있는데, 평소 물을 중시하지 않고 함부로 낭비하다가 물이 없어진다면, 그래도 살아갈 수 있을까요? 진리가 없고 불법이 없음은 물고기가 물을 떠난 것과 같습니다. 물이 없을 때 생명은 어떠한 고난과 마주하게 될지 생각해 본 적 있습니까?

법은 물과 같으니, 불법은 곧 감로법수입니다. 한 방울의 물은 당신의 갈증을 해소할 수 있고, 한 방울의 물은 꽃과 나무에 물을 대어 생명이 성장케 할 수 있고, 한 방울의 물은 공기를 조정할 수 있고, 한 방울의 물은 생명을 살릴 수 있고, 한 방울의 물은 큰 바다를 이룰 수 있고, 한 방울의 물은 무한히 흐르게 할 수 있습니다. 한 방울의 물은 삼천대천세계의 역량이 모여 이루어진 결집체입니다. 그러므로 우리는 물방울을 경시해서도, 작다고 하찮게 여겨서도 안 됩니다. "물방울은 금처럼 귀하다"라고 하듯, 물방울의 귀중함을 아는데도 당신은 물을 경시할 수 있겠습니까? 그래서 "부처님의 광명이 항상 비추고, 법수가 감로수처럼 흐른다(佛光常照, 法水甘露)"라고 합니다. 광명이 있을 때 당신은 광명을 아껴야 하고, 빛을 볼 때 부처님을 뵙듯 해야 합니다. 물이 있을 때 당신은 물의 귀중함을 알아야 합니다. 우리의 마른 마음밭을 촉촉하게 해줄 수 있고, 마음 안의 묘목을 성장시킬 수 있고, 불법에 대한 우리의 신심을 다시 자라게 하고 다시 일으킬 수 있고, 무한한 미래를 다시 가져올 수 있는 불법의 감로수와 같이 물을 대해야 합니다. 단 한 방울의 물도 우습게 보지 말아야 합니다.

일본의 한 선사는 대야에 남은 물을 함부로 땅에 버린 것 때문에 스승에게 크게 질책을 받았습니다.

"물은 금과 같다 하거늘, 한 방울의 물이라도 아낄 줄 알아야지!"

그래서 후에 그는 자신의 이름을 '적수(滴水, 데키스이)'라고 고쳤으며, 사람들은 그를 '적수 화상'이라 불렀습니다.

중국에는 "물 한 방울의 은혜도 샘물로 갚는다"라는 말이 있습니다. 사람으로서 은혜에 감사할 줄 알아야 하고, 사람이 저마다 존재하는 데 있어 사회 대중의 인연에 감사해야 합니다. 불법의 혜택과 은혜에 대해 우리도 빛과 물처럼 공경하고 신봉해야 하니, 이것은 자신의 현재와 미래에 지극히 큰 도움과 이익을 줄 것입니다.

마음의 비유

2천여 년 전, 석가모니 부처님께서는 영산회상에서 '열반묘심'을 마하가섭에게 부촉하셨습니다. '묘심妙心'이란 우리의 진여자성이고, 우주 인생의 진리이기도 합니다. 법계를 설명하는 이 일종의 보물을 부처님께서 대가섭에게 주시어 그가 전파하도록 부촉(부탁)했다는 의미입니다.

이 '마음' 얘기가 나왔으니 말하자면, 『잡아함경』에 의하면 "마음에 번뇌가 가득하면 중생도 번뇌로 가득하고, 마음이 깨끗하면 중생도 깨끗하다"라고 했습니다. 우리 범부 중생에게는 갖가지 무명번뇌가 있습니다. 수많은 슬프고 근심스러운 고뇌가 생겨나는 원인은 이 '육단심肉團心' 외에 또 '연려심緣慮心'·'사량심思量心'·'적취심積聚心'도 있고, 심지어 성내는 마음·시기하는 마음·어리석은 마음·거짓된 마음·이기적인 마음·집착하는 마음 등 우리의 마음이 매일 인아와 시비의 모습에서 스스로 분별하고 비교하고 따지기 때문입니다. 이른바 "마음이 생기면 여러 가지 법이 생겨난다(心生則種種法生)"라고 했듯이, 마음에 어리석음의 무명이 생겨나니 갖가지 번뇌와 고통도 자연히 따라오게 되는 것입니다.

다행스럽게도 우리는 태어나면서 가지고 온 또 하나의 '진여심眞如心'이 있지만, 오랫동안 번뇌로 인해 먹구름이 가득 덮여 드러내 보일 수 없을 뿐입니다. 우리가 불법을 지니고 닦을 수만 있다면 영원히 죽지 않는 우리의 진여불성인 이 '진심'을 활짝 열어 보이게 하니, 그러면 모든 사람이 성불할 희망이 있습니다.

그러므로 불도 수행에 있어 이른바 "수행은 마음을 닦는 것이 중요하다"라고 하듯이 우리의 이 마음을 닦는 것이 중요합니다. 예를 들어 우리는 좋은 마음으로 나쁜 마음을 대하고, 믿음으로 의심을 대하고, 넓은 마음으로 좁은 마음을 대하고, 고요한 마음으로 움직이는 마음으로 대하고, 진실한 마음으로 망령된 마음을 대해야 합니다. 나아가 최고의 경계는 '무심無心'으로 '유심有心'을 대하는 것이자, 『금강경』에서 말하는 '무주생심(無住生心: 머무름 없이 생각을 내라)'하는 것입니다.

우리의 신체에는 눈·코·귀가 있고 머리와 수족도 있습니다. 이것들은 우리 자신이 볼 수 있는 것들이지만, 우리가 '마음'을 볼 방법은 없습니다. 우리의 이 마음은 하루에도 수십 번씩 변화하고, 심지어 마음의 내용과 마음의 단계도 많고 높아 정말 표현하기가 어렵습니다. 그러므로 우리는 그저 간접적 비유를 통해서 조심스럽게 우리의 이 마음이 도대체 어떠한 모습을 하고 있는지 인식해 볼 수 있습니다.

불교 경전에서 마음을 형용하는 비유를 일일이 열거할 수는 없지만, 아래 열 가지의 예를 통해 엿볼 수 있습니다.

1. 마음은 원숭이와 같아 제어하기 어렵다.

우리의 마음은 원숭이처럼 매일 쉼 없이 들썩거리며 잠시도 가만있지를 못합니다. 위아래로 구르고 앞뒤로 팔짝 뛰며 예측할 수가 없어 제어할 방법이 없습니다.

2. 마음은 번갯불 같아 찰나 사이이다.

세간에서는 광속이 가장 빠르지만, 번갯불보다 더 빠른 것은 우리의 마음입니다. 번개는 1초에 수만 리를 움직이는데, 마음은 한 번 움직이면 바로 세계 각지를 여행할 수 있으니 빠르기가 번갯불과 같습니다.

3. 마음은 산 노루처럼 소리와 색을 쫓는다.

산중의 산 노루는 아무 일도 하지 않고 배불리 먹고 나면 소리와 색을 쫓아서 놀 생각뿐입니다. 사람 마음도 이와 같아 산 노루처럼 소리와 색을 쫓으며 멈추려고 하지 않습니다.

4. 마음은 도적처럼 공덕을 강탈한다.

인생에서 가장 무서운 일이 하나 있으니, 바로 자신이 신체 안에서 기른 마음이 도적처럼 우리의 공덕을 훔치며 온갖 나쁜 짓을 저질러도 거리낌이 없는 겁니다.

5. 마음은 원수처럼 몸을 고통받게 한다.

마음은 우리의 원수와도 같습니다. 우리를 보호해 줄 때도 있지만, 우리를 팔아넘길 때도 있습니다. 마음이 한번 움직여 부정한 행위를 저지르면 우리 인생을 고통받게 만듭니다.

6. 마음은 노복처럼 모든 번뇌를 시킨다.

마음은 우리의 하인과 같습니다. 비록 우리의 심부름과 부림을 받지만, 하인 사이의 시비 번뇌로 우리 또한 대략 영향을 받습니다.

7. 마음은 국왕처럼 명령을 할 수 있다.

마음은 국왕처럼 높은 곳에 앉아 있고, 그의 모든 신하와 백성인 '안

이비설신'은 모두 그의 명령을 따라야만 합니다. 마음의 국왕이 인자한 왕이라면 신하와 백성에게 좋은 일 하라고 이끌 것입니다. 만일 악독한 왕이라면 신하와 백성은 재앙을 입게 될 것입니다. 고대 인도의 아육왕(아쇼카왕)이 '흑아육黑阿育'·'백아육白阿育'이라 불린 것은, 다스리는 품격이 그가 불도를 배우기 전과 후가 다르기 때문입니다.

8. 마음은 샘물처럼 끊임없이 흘러나온다.

우리의 마음은 샘물과 같아 바닥이 들여다보이는 맑은 물이 흘러나올 수도 있고, 혼탁한 더러운 물이 나올 수도 있습니다. 마음의 샘이 끊임없이 맑은 물을 흐르게 한다면 우리의 지역사회·동료·친구가 모두 함께 맑은 물의 은혜를 누릴 수 있습니다.

9. 마음은 화가처럼 다 그릴 수 있다.

마음은 화가와 같아 능히 갖가지 사물을 그릴 수 있습니다. 우리는 조각가가 되어 자신이 원하는 형상대로 자신을 조각할 수도 있습니다. 마음이 곧 우리의 조각가이기 때문입니다. 우리는 자신이 원하는 모습대로 자신을 채색할 수 있습니다. 마음이 곧 우리의 화가이기 때문입니다. 우리는 마음에 어떤 악습관이 있다면 스스로 치료하고, 자신의 심리치료사가 될 수 있습니다. 마음이 곧 우리의 의사이기 때문입니다. 요컨대 우리가 자신을 어떤 형상으로 조각해 내려고 할 때 주관자는 곧 우리의 마음입니다.

10. 마음은 허공처럼 무변하게 크다.

진정한 마음은 무엇을 닮았을까요? 우리의 의식 형태 속에서 물론 원숭이·번갯불·산 노루·도적·원수·하인·국왕·샘물·화가를 닮을 수 있습니다. 진정한 우리의 진심·정신은 허공처럼 한없이 크고 넓습니다. 진심의 생명은 생겨나고 사라짐이 없는 법신이고, 진심의 생명은 생사가 없이 영원히 유지되는 열반입니다.

그러므로 마음도 사람과 마찬가지로 나쁜 사람이 될 수도, 좋은 사람이 될 수도 있습니다. 마음은 도적·원숭이가 될 수도 있고, 무수한 불보살이 될 수도 있습니다. 우리가 어떻게 자신의 마음을 주관하는지에 달려 있습니다.

이른바 "부처님께서 이르시길 일체의 법은 일체의 마음을 다스리기 위함이니, 만일 일체의 마음이 없다면 일체의 법이 무슨 소용이랴?"라는 겁니다. 위에서 열거한 수많은 마음 중에 어떤 것은 망심妄心이고 어떤 것은 나쁜 마음이지만, 모두 있어서는 안 되는 것들입니다. 그래서 우리는 그 마음을 변화시키고 청정하게 만들어야 합니다. 우리가 이 마음을 전환시켜 '악을 선으로 바꾸고, 미혹을 깨달음으로 바꾸고, 희망을 진실로 바꾸고, 의식을 지혜로 바꿀 수 있다면' 바로 진심이 생기게 되니, 일체의 일을 처리하지 못할까 걱정할 필요가 없습니다.

마음은 공장과 같네

사람에겐 눈이 있는데, 자신의 눈을 만질 수는 있어도 볼 수는 없습니다. 사람에게는 귀가 있고, 코가 있고, 입이 있고, 신체가 있다는 걸 자신도 알고 있습니다. 그러나 마음이 있다는 걸 자신도 알까요? 마음은 볼 수도 만질 수도 없지만, 마음이야말로 자신의 주인입니다. 눈은 마음이 없으면 봐도 보지 못합니다. 귀는 마음이 없으면 들어도 듣지 못합니다. 마음이 없으면 안이비설신眼耳鼻舌身이 있어도 아무 소용이 없습니다. 마음은 왕이므로 안이비설신을 움직여 각종 일을 시킬 수 있습니다.

마음은 우리의 주관자이고 우리의 주인공입니다. 만약 당신이 마음을 인식하지 못한다면, 마음을 알지 못하고 심지어 좋고 나쁨을 마음에 맡겨 함부로 행동하면 이것은 옳지 않습니다. "마음은 공장과 같다"라는 말로 예를 들어보겠습니다. 공장 내의 생산품 품질이 우수하면 자연히 사업도 번창합니다. 반대로 공장에서 생산된 제품이 모두 탐욕·성냄·어리석음·사견이 들어간 불량품이고, 자주 오폐수를 배출하며 질량이 나쁘다면 당연히 유지하기 어렵습니다. 그래서 우리의 마음을 이해시키는 데 있어 마음은 공장과 같다는 비유를 들면 가장 쉽게 이해시킬 수 있습니다.

마음의 기능은 매우 많습니다. 마음은 국왕 같고, 도적 같고, 번개 같고, 원숭이 같고, 천지와 같습니다. 우리의 인생에는 좋은 사람과 나쁜 사람이 있고, 선한 사람과 악한 사람이 있고, 군자와 소인도 있지만 모두 마음이 만든 것입니다. 그러므로 우리는 자기 마음의 공장을 잘 관리해야 합니다.

현재 세간에서는 모두 관리에 관해 연구합니다. 학교관리·공장관리·사회관리·국가관리·도서관리가 있습니다. 그러면 당신 자신의 마음 공장은 어떻게 관리해야 할까요? 당신은 법치로 관리할 수 있고, 자비를 이용해 관리할 수 있고, 도덕을 이용해 관리할 수 있고, 성실과 믿음을 이용해 관리할 수 있고, 평등을 이용해 관리할 수 있고, 또는 일체를 존중하면서 관리할 수 있습니다. 이 수많은 관리의 방편을 지닌다면, 마음이 당신 말을 듣지 않을까 걱정할 것이 없습니다.

평상심 平常心

세간에는 슬픔과 기쁨, 헤어짐과 만남, 모임과 흩어짐의 무상이 있고, 또 매우 많은 기이한 일들이 있으며, 심지어 불공평하고 불의한 일이 아주 많이 발생하고 있습니다. 불합리한 일을 마주할 때마다 받아들일 수 없고 용인할 수 없는 일을 보게 되면, 일부 불교 인사는 이렇게 말할 겁니다.

"괜찮아요. 평상심을 가지세요."

평상심은 시시비비가 없고, 아랑곳하지 않는 것이라 말하는 게 아닙니다. 평상심은 때로 그와 지나치게 따지지 않고, 지나치게 진지할 필요 없으며, 큰일은 작게, 작은 일은 없던 거로 만드는 겁니다.

무엇을 '평상심'이라 합니까? 평화로운 마음을 가져야 하고, 평등한 마음을 가져야 하고, 평균적인 마음을 가져야 한다고 생각합니다. 이것은 수양·아량·인내·자비에서부터 여러 가지가 결합되어야만 평상심을 향상시키고 넓힐 수 있으며, 그래야 소양이 가득 차게 됩니다.

사람은 죽으면 다시 돌아올 수 없으니, 당신이 울고불고 상심한다고 해도 아무 소용이 없습니다. 그래서 평상심으로 보아야 합니다. 부부의 이혼, 자녀와의 생이별 역시 흔히 있는 일이 아니니 참기 힘들 수 있습니다. 그러나 상대방에 대해 체념하고 대수롭지 않게 여겨야 하며, 평상심을 가지고 마주해야 한다고 말할 수밖에 없습니다.

그러므로 평상심을 가지려면 지혜가 있어야 하고, 역량도 있어야 하며, 분쟁 없이 평안히 지낼 수 있어야 합니다. 평상심은 우리에게 선과 악, 좋고 나쁨, 옳고 그름을 구분하지 말라는 것은 아닙니다. 일체의 선악이 모두 그것에서 기인한다면 어리석은 마음이지, 평상심이라 부를 수 없습니다.

세간의 평상심은 그래도 선악의 분별, 좋고 나쁨의 선택을 해야만 합니다. 자신과 타인에게 좋은 방향으로 생각하고 좋은 방향으로 행동하여 모두가 상처를 입지 않고 원한을 깊게 만들지 않아야지, 나쁜 일에다가 평상심을 사용하지 않도록 해야 합니다. 평상심은 지혜·인내·자비·수양의 종합체인데다 도덕과 해탈이 있어야 평상심입니다.

만일 작은 일을 마음에 담아두고, 말 한마디도 서로 양보하지 않고, 조그만 이익도 죽어라 다투고, 생각지도 못한 갑작스런 일은 내려놓지도 못하고, 떼어놓지도 못하고, 체념하지 못한다면 이것은 당연히 평상심을 갖는다고 말할 수 없습니다.

천태만상의 사회에서 평상심은 수행하는 사람에게 있어 자신을 온전히 보호하는 길이고, 타인에게는 존중과 포용의 길이 됩니다. 모든 사물, 모든 일, 모든 사람에 대해 부드러운 바람과 밝은 햇빛으로 대하는 수양이야말로 평상심이 갖는 의미입니다.

이외에 수많은 인사문제를 처리하는 데 득실관계를 확실히 이해할 지혜를 가지고 있어야 하고, 관대한 도량의 자비도 있어야 합니다. 말하자면 "나무로 만든 사람이 꽃과 새를 보는 것과 같으니, 만물이 나를 에워싼들 무슨 상관인가(猶如木人看花鳥, 何妨萬物假圍繞)"
라는 것이니, 지나친 문제만 아니라면 굳이 일일이 따지고 내려놓지
못할 게 아니라, 내려놓을 건 내려놓고 들어 올릴 건 들어 올려야 바
로 평상심이 있는 것입니다.

심외무법 心外無法

불교에서 말하는 '외도外道'는 마음 밖에서 법을 구하는 것을 가리킵니다. 일반인은 대부분 자기 집에 무한한 보물이 있는 것을 모르고 집 밖에서 법을 찾습니다. 사실 불도를 배우는 사람은 마음 밖에서 법을 구하지 말고, '돌이켜 자기 자신에게서 구해야' 합니다. 마음 밖에서 법을 구하면 도에서 점점 멀어지기 때문입니다. 그래서 "보리는 오직 마음에서 찾을 뿐이다(菩提只向心覓)"라고 하면서, 밖으로 구하지 말라고 했습니다.

사람들이 '조주고불趙州古佛'이라 부르는 조주 종심從諗 선사는 자신의 불성을 찾기 위해 80세의 고령이었는데도 여전히 시방으로 행각하며 참학하였습니다. 그러다 밖을 한번 주유하고 난 뒤, 마지막에 돌아와서야 '짚신 값만 헛되이 썼음'을 알았다고 했습니다. 당나라 때 무진장 비구니 스님은 이런 게송을 한 수 지었습니다.

종일 봄 찾아 헤맸으나 보지 못하고,
구름 낀 고개를 짚신 신고 헤맸네.
돌아오다 문득 매화꽃 향기 날리니,
가지 끝에서 봄이 벌써 무르익었구나.
終日尋春不見春, 芒鞋踏破嶺頭雲;
歸來偶把梅花嗅, 春在枝頭已十分.

한 사람이 종일 밖을 향해서 돌아다니며 구하려 해도 자신을 찾기는 쉽지 않습니다. 진여불성은 본래 우리의 마음에 있으니까요.

어느 날 재상 배휴裵休가 사찰에 예불을 드리러 왔다가 법당 밖 벽에 그려져 있는 초상화를 보고 물었습니다.

"저 초상화는 누구입니까?"

지객스님이 대답했습니다.

"고승의 진의(眞儀, 眞影)입니다."

"초상화는 봤지만, 고승은 어디에 있나요?"

어떻게 대답해야 할지 몰라 망설이고 있는 지객스님에게 재상 배휴가 다시 물었습니다.

"사찰 안에 참선하는 사람이 있습니까?"

"황벽黃檗 희운希運 선사라는 분이 계십니다."

황벽 선사께서 나오자 배휴 재상이 물었습니다.

"고승의 초상화는 이미 봤는데, 고승은 어디에 계시나요?"

그러자 황벽 선사가 큰소리로 불렀습니다.

"배휴!"

배휴가 놀라 즉시 대답했습니다.

"여기 있소."

그제야 황벽 선사는 웃으며 말했습니다.

"고승이 이미 여기 있는데, 무엇 하러 다른 곳에서 찾으시오."

수많은 종교인은 늘 믿는 대상에서 영감을 얻고자 합니다. 예를 들어 관세음보살께 예불하는 사람은 관세음보살이 정수리를 만져주고 감로수를 내려주길 희망합니다. 예수님께 기도하는 사람도 예수께서 나타나길 희망합니다. 이 모두는 마음 밖에서 법을 구하는 것입니다. 영감은 마음 안에서 나오는 겁니다. 오직 마음속의 불보살, 마음속의 예수, 마음속의 지혜가 진정한 영감입니다.

현대인은 매일 육진을 쫓아다니느라 매우 바쁩니다. 눈은 아름다운 걸 쫓길 좋아하고, 귀로는 각종 소리를 듣기 좋아하고, 코로는 냄새 맡기를 좋아하고, 혀로는 달콤한 맛보기를 좋아하고, 몸으로는 부드러운 걸 만지기 좋아하고, 마음으로는 분별하고 따지기를 좋아합니다. 이렇게 밖에서 구하기만 하다가 자신의 본심은 언제쯤 찾을 수 있을까요? 돌이켜보면, 선사들은 눈을 감기만 하면 보지 않고 듣지 않고 말하지 않아도 그 순간 온 우주가 그의 마음에 있었습니다.

그래서 육조 혜능 대사는 『무상송無相頌』에서 "마음이 평온한데 어찌 계를 지니려 애쓰는가? 행실이 바른데 선을 닦아 뭐에 쓰랴? 보리는 다만 마음 안에서 찾아야 하는데, 어찌 밖에서 현묘함을 찾으려 애쓰는가. 이 말씀에 의지해 이대로 수행하면 극락정토가 바로 나의 앞에 있을 뿐이라네"라고 말했습니다. 불법은 밖에서 구하지 말고 마음 안에서 구해야 하며, 먼 곳에서 구하려 말고 가까운 곳에서 구해야 합니다. 우리가 자신의 마음을 돌이켜 볼 수 있으면 극락세계가 눈앞에 있고, 보리가 마음 안에 있을 겁니다.

저는 예전에 사람은 누구나 자신이 '본존本尊'을 가지고 있고, 여러 '분신'(대표)이 있어 그를 위해 일할 수 있다고 말하곤 했습니다. 만일 자신의 본래 능력(본존)을 잃어버리고 밖을 향해 본존을 찾는다면, 그것은 마음 밖에서 법을 찾는 것으로 정법이 아닙니다.

그러므로 우리가 "나는 자신을 찾았다"라고 긍정적으로 말할 수 있다면 매우 훌륭합니다. 본성을 찾고 자신을 인식하기는 절대 쉽지 않은 일입니다. 세간의 사람은 자신을 알지 못하고 항상 어리석은 고뇌에 차 있어 자유롭지 못한 생활을 하는 것입니다.

방편 方便

불교에서는 "방편에는 여러 가지 문이 있지만, 근원으로 돌아가는 성품은 둘이 아니다(方便有多門, 歸源無二路)"라고 말합니다. 방편과 인연 따르기(隨緣)는 지혜를 운용하는 한 가지입니다. 불경에서는 늘 우리가 더 많은 사람과 인연을 맺어야 하고, 타인을 침해하지 않아야 하고, 타인을 저버리지 않아야 하고, 나아가 타인에게 많은 방편을 주어야 한다고 우리에게 가르치는데, 그 이유는 타인에게 방편을 주는 것이 자신에게 방편을 주는 것이기 때문입니다.

저는 불광산을 위해 타인에게 신심을, 타인에게 환희를, 타인에게 희망을, 타인에게 방편을 준다는 '불광인의 신조'를 제정하였습니다. 앞의 세 가지는 쉽게 이해하지만, 방편이라는 두 글자만은 일반인이 그 참뜻을 이해하기 쉽지 않습니다.

이른바 '방편'의 예를 들어보겠습니다. 칭송의 말 한마디가 타인에게 주는 방편이고, 헤매지 않게 길에 표지판 하나 세우는 것도 타인에게 주는 방편이며, 누군가의 의문점을 해결해 주는 것도 타인에게 주는 방편입니다. 불교는 자비를, 유교는 인의를, 기독교는 박애를 강조해 온 것 모두는 타인에게 방편을 주기 위해서입니다. 다만 방편 앞에다 '선善'을 덧붙여 '선방편善方便'이 되어야 비로소 참된 방편입니다.

그러므로 방편은 사실 일종의 지혜의 권교(權巧: 솜씨 있는 방편)이고, 보살의 중생제도와 성불에 없어서는 안 될 중요한 선근 공덕입니다. 보살도를 실천하는 수행자는 반드시 반야 지혜를 구족해야 하고, 중생을 제도할 방편도 있어야 합니다. 역대 이래로 각 사찰에서는 중생의 서로 다른 근기에 맞춰 각종 법문을 널리 설하여 중생을 이끌어 왔습니다. 수당 시기 불교는 사찰 부근에 정미소와 창고를 설치해 민생의 발전을 촉진했고, 숙소와 차방車坊은 상인과 참배객의 왕래를 편리하게 했습니다. 의학義學과 경전 번역은 사회의 문화와 교육을 향상했고, 승지호(僧祇戶: 사찰에 소속된 소작농)와 사고(寺庫: 사찰의 창고)는 국가의 금융을 안정시켰습니다. 병원과 전당포는 빈곤한 사람이 필요로 하면 돌봐주었습니다. 이러한 공익의 추진이 모두 타인에게 방편을 줌을 실시한 것입니다.

물론 방편에는 여러 가지 문이 있으니, 육근도 중생이 입도入道하는 방편이라 할 수 있습니다. 예를 들어 어떤 이는 장엄한 불전을 보고 입도하고, 어떤 이는 범패 음악을 듣고 입도하며, 어떤 이는 불단 위의 향내를 맡고 입도하고, 어떤 이는 수타(酥酡: 인도에서 우유로 만든 음식)의 훌륭한 맛을 보고 입도하고, 어떤 이는 산속의 절에서 예불하여 입도하고, 어떤 이는 생명이 무상함을 깨닫고 입도합니다.

『유마힐경』에 의하면 "자비를 아버지로 삼고, 방편을 어머니로 삼는다"라고 합니다. 자비와 방편 모두 중생이 부처님의 지견知見에 들어가게 하는 가장 중요한 길입니다. 그러나 방편은 함부로 하는 게 아닙니다. 타인에게 방편을 줌은 타인에게 인연과 도움을 주는 것이고, 타인이 곤란을 느끼지 않게 하고, 더 나아가 그 사람의 난제를 해결해 주는 겁니다.

타인에게 방편을 줌은 타인에게 이로운 것처럼 보이지만, 실제로는 자신에게 이롭습니다. 타인에게 방편을 줌은 훌륭한 미덕이니, 세간에 사는 사람 누구나 방편을 널리 실행해야만 합니다. 다만 방편도 좋고 나쁨의 구분이 있습니다. 당신이 타인에게 금전을 제공함은 그에게 생활상의 방편을 주는 것에 지나지 않습니다. 그러나 그가 금전이 생겼다고 먹고 노는 데 쓴다면 이것은 하급의 방편입니다. 당신이 그가 수행과 참학을 하도록 시간을 주었는데, 그는 생명과 시간을 아낄 줄 모르고 이 기회를 틈타 여기저기 놀러 다니고 못된 짓을 한다면 이것 역시 하급의 방편입니다. 그는 물건을 함부로 버리고, 보이는 대로 던져놓고서는 편리하기 위해서라고 합니다. 심지어 잘못 말하고 잘못 행동하고도 말로는 방편이라고 합니다. 이러한 방편은 사람들의 인정을 얻기 힘듭니다.

그래서 방편도 인도해 줄 반야 지혜가 있어야 비로소 나은 방법으로 응용할 줄 압니다. 방편은 곧 뛰어나고 활용성이 있어야 하며, 무릇 타인에게 이익이 되고 도움 주는 일이면 모두 상대의 수준에 맞는 방편을 주어 받아쓰게 해야 합니다. 예를 들어 선생님이 교습하는 내용이 너무 깊으면 학생이 알아듣지 못하니, 얕은 비유를 들어 학생이 알아듣게 하는 것이 바로 방편 법문입니다.

우리는 타인에게 선방편·선호념善護念을 주고, 그가 향상하고 발전하며, 그가 참되고 착하며 아름다운 세계로 나가도록 도와야 합니다. 심지어 그가 보살도를 성취하고 보살심을 성취하게 돕는 것이야말로 그에게 가장 좋고 가장 커다란 '방편'입니다.

깨달음(悟)

인생에는 매우 많은 미혹이 있어 수많은 문제와 의혹을 만들어내지만, 해답을 내놓지 못합니다. 만일 깨달았고 어떤 문제도 알고 이해한다면 당신이 성불하는 데 무슨 어려움이 더 있겠습니까? 그러므로 예로부터 선사들께서는 '깨달음(悟)'이 열리길 구할 뿐, 성불을 구하지 않았습니다.

어떤 이는 '깨달음'이 매우 현묘하고 매우 어렵다고 생각하지만, 사실 깨달음도 단계가 있습니다. 우리가 평소 지식을 습득하고 알았다거나 이해했다 말하는 것도 일종의 깨달음입니다. 불법에서는 크게 의심하면 크게 깨닫고, 적게 의심하면 적게 깨달으며, 의심하지 않으면 깨닫지도 못하며, 의문을 제기하려면 문제가 있어야 한다고 말합니다. 문제가 있어야 사상을 계발할 수 있고, 지혜가 생겨날 수 있으며, 문제는 해결할 수 있고, 이해할 수 있습니다. 이것이야말로 깨달음을 여는 것입니다.

전구를 발명한 에디슨, 비행기를 발명한 라이트 형제, 만유인력을 발견한 뉴턴, 벼락이 전기란 사실을 발견한 프랭클린 등 세상의 수많은 과학자의 발명과 발견도 깨달음입니다. 그러나 그들이 깨달은 것은 모두 세간법이고, 세상 사람에게 바친 학문 이론이기에 소소한 깨달음에 속합니다. 선문의 선사들께서 태어남은 어디에서 오고, 죽음은 어디로 가는지를 대철대오大徹大悟한 것과는 다릅니다.

수도자는 이치를 깨우친 후, 아무리 오래전의 일이라도 모두 자신에게 집중시킬 수 있고, 아무리 먼 곳이라도 하나하나 그의 눈앞에 떠오릅니다. 그러므로 이치를 깨우친 자에게는 시간적으로 과거·현재·미래가 모두 그의 한 생각에 있고, 공간적으로는 동서남북 등 시방세계가 단지 사방 한 치 안에 있으니, 그 자리에서 그는 삼천대천세계의 허공을 품고 있는 것입니다.

송나라 때 소동파는 게송 세 수를 지어 참선오도參禪悟道의 세 과정을 표현한 적이 있습니다.

첫째, 참선하기 전 단계:
"기울여 보면 고개요, 옆에서 보면 봉우리라,
멀고 가까움과 높고 낮음 따라 각기 다르네.
여산廬山의 참모습을 알지 못함은
내 몸이 산중에 머물기 때문이라네."
즉, 산을 산이라 보고 물을 물이라 본다는 것은 분별심에서 세워진 허망한 인식입니다.

둘째, 참선하였어도 아직 깨닫지 못한 심정:
"여산의 보슬비와 전당강錢塘江의 조류는
가보지 않으면 천만 가지 한이 되어 그대로 남지만,
보고 나서 다시 돌아오면 특별하달 것도 없다네.
그저 여산의 보슬비와 전당강의 조류일 뿐이라네."
산을 보되 산이 아니고, 물을 보되 물이 아닌 단계에 들어섰습니다. 이때는 지혜를 가지고 산수를 보니 그것은 이미 본래의 모습이 아닙니다.

셋째, 깨달은 뒤의 심경.
"계곡물 소리는 모두 부처님의 설법이요,
산빛은 청정한 법신 아닌 것 없네.
밤 사이 들은 팔만 사천 가지 게송을
후일 다른 이에게 어찌 전해 줄까나."
마음속 탐욕과 집착을 제거한 후 산을 여전히 산으로 보고 물은 여전히 물로 본다는 걸 깨달았습니다. 이때 보는 산수는 이미 내 마음속에서 흘러나오는 지혜의 살아있는 샘이니, 평상심을 가지고 대할 수 있습니다.

그래서 출가수행자이건 재가수행자이건 재난 소멸을 구하고자 하지 말고, 깨닫고자 해야 합니다. 사람들이 말하는 "한 번 취해 온갖 시름 잊는다(一醉解千愁)"는 미혹됨의 세계이고, "한 번 깨달아 대천세계가 밝아진다(一悟明大千)"야말로 도를 증득한 경계입니다.
우리는 예불하며 깨달음 얻길 원하고, 염불하며 깨달음 얻길 원하며, 좋은 일 하면서 깨달음 얻길 원하고, 참선하면서도 당연히 깨달음 얻길 원합니다. 깨달음이란 불도를 배우는 사람이라면 마땅히 갖는 희망입니다. 인생에서 가장 괴로운 일은 바로 미혹에 빠져, 미혹 안에서 수많은 생을 살면서 '초탈'하지 못하는 겁니다. 만일 깨닫고 난 뒤라면 정말로 태어나도 좋고 죽어도 좋다는 것을 모두 이해할 수 있습니다.

육조 혜능 대사께서는 글을 알지 못했지만 깨달음을 얻었습니다. 태허太虛 대사께서는 19살에 보타산에서 폐관하여 수도하였을 뿐, 학교에 다닌 적이 없었어도 깨달음을 얻었습니다. 지금 불도를 배우는 사람은 깨달음을 얻은 게 아주 많을 것입니다. 자기 자신이 말하기 쉽지 않은 데다가, 그를 인정해 줄 사람이 없을 뿐입니다. 과거 부처님이 세간에 계실 때는 어느 제자가 깨달았는지, 부처님께서는 그가 입을 열기만 하면 정말 깨달음을 얻었는지 알 수 있었고, 마음이 부합하기만 하면 깨달음의 경지가 어느 정도인지를 알았습니다.

오늘날 불교 수행자는 '깨달음'을 매우 어려운 일이라 여겨서는 안 됩니다. 깨달음을 얻는 일은 어려운 게 아니며, 수행하면 공덕이 생기고, 수행하면 증득하게 되니 깨달음을 얻는 것은 어려운 일이 아닙니다.

삼호 三好

불교에서는 "어느 하나도 가져갈 수 없는지만, 오직 업장만은 곁을 따라간다"라고 말합니다. '업장業障'은 '신身·구口·의意' 세 가지로 짓는 행위이므로, 업장을 짓는 주인공은 바로 신구의 '삼업三業'입니다.

수행에 힘쓰려면 반드시 신구의 삼업부터 수행해야 합니다. 몸으로 좋은 일 하고, 입으로 좋은 말 하고, 마음에 좋은 생각을 간직함이 삼업을 청정케 하는 것입니다. 이것을 위해 1998년 4월 중정기념관에서 부처님 사리를 타이완으로 모셔오기 위한 기도법회에서 저는 당시 부총통인 렌잔(連戰) 선생을 초청해 함께 좋은 일 하고, 좋은 말 하고, 좋은 마음 갖자는 '삼호三好 운동'을 제창하였습니다. 다년간의 추진을 통해 현재 삼호 운동은 이미 불교 신자들에서부터 학교·사회에까지 널리 퍼졌으며, 이제는 모두가 삼호를 말하고, 삼호를 실천하고 있습니다.

이른바 좋은 일 함은 몸으로 수행하여 몸으로 지은 업을 정화하는 것입니다. 타인을 침해하고 상해하는 악행을 대중에게 이로운 부처님의 행위로 바꾸는 것입니다. 살생 안 하고, 도둑질 안 하고, 음란하지 않고, 못된 짓 하지 않고, 거기다가 타인에게 도움 주는 선행, 의로운 행동, 타인을 이롭게 하는 행동을 한다면, 이것이 좋은 일 하는 것이자 몸으로 행하는 선한 일입니다.

좋은 말 함은 입으로 수행하여 입으로 지은 업을 정화하는 것입니다. 타인에게 성내고 시기하는 나쁜 입을 부드럽고 칭송하는 부처님의 입으로 바꾸는 것입니다. 거짓말하지 않고, 이간질하지 않고, 속이지 않고, 나쁜 말을 하지 않습니다. 타인과 왕래할 때는 자비로운 말, 지혜로운 말, 진심이 담긴 말을 하고, 믿음과 정직한 말을 많이 해야 우리에게 좋은 인연을 가져올 것입니다.

좋은 마음을 간직함은 마음을 수행하여 우리의 의식을 정화하는 것입니다. 어리석은 삿된 마음을 자비로우시고 지혜로우신 부처님의 마음으로 바꾸는 것입니다. 의심·시기심·욕심·성냄·악한 마음을 가지지 말고 자비심·원력·선심·발심 등을 품어야 합니다. '생각을 잘 관리하라'고 말하듯이 늘 자비심을 가지면 자연히 마주하는 것 모두가 선연이 됩니다.

사실 사람의 신·구·의 행위는 선악에 상관없이 모두 한 줄기 역량을 만들어내고, 이 힘은 우리에게 새로운 행위를 짓게 만들고, 새로운 행위는 또 새로운 힘을 만들어내며 끊임없이 순환합니다. 우리가 지어놓은 선업과 악업은 인연이 성숙하기를 기다려 일체의 과보를 자신이 받게 되돌려 줍니다. 그러므로 일반인은 세간에서 살아가는 데 있어 선행을 많이 쌓아야 한다는 것은 압니다. 불교 신자 역시 인과와 윤회의 도리를 모두 이해합니다. 그리고 21세기 오늘날의 과학자들 역시 불교에서 말하는 업력이 바로 그들이 연구해낸 유전자이자, 생명의 비밀임을 증명하였습니다.

불교의 입장에서는 생명의 비밀이 드러난 모습이 인과와 윤회이니, 간단하게 말하면 "심은 대로 거둔다"입니다. 인과는 우주의 모든 현상과 생멸의 변화에 있어 보편적인 법칙이고, 우주의 실상입니다. 어떤 이들은 운수를 점치면 운명을 바꿀 수 있다고 생각하지만, 사실 사람이 생각이 바르지 않으면 무엇을 보아도 다 삐뚤어져 보입니다. 운명에 속박당하기 싫다면 자신의 생각을 바꿔야 합니다. 오염되고 더러운 마음은 청정한 마음으로 바꾸고, 삐뚤어지고 나쁜 생각은 순수한 생각으로 바꿉니다. 화를 잘 내는 성질을 고치고 과시와 호전적인 성격을 고치면 운명도 따라서 호전될 것입니다.

그러므로 당신이 악업을 지었다면 가족도 구해 줄 수 없음은 물론, 불보살도 도와줄 수가 없습니다. 마찬가지로 당신이 선업을 지었다면 외부의 다른 힘이 도와줄 필요 없이 저절로 선한 인연과 선한 과보를 누릴 것입니다. 만약 운 나쁘게 악업을 지었다면 아직 구제받을 방법이 있습니다.

첫째는 참회입니다. 옷에 붙은 먼지와 몸에 붙은 때는 세제와 비누를 사용해 씻을 수 있는 것과 마찬가지로, 악업을 지었으면 진심으로 참회하고 잘못을 인정할 줄 알면, 악업을 가볍게 하거나 없앨 수 있습니다.

둘째는 발원입니다. 좋은 일 하길 원하고, 좋은 말 하길 원하고, 좋은 마음 간직하길 원하는 등 당신은 발원할 줄 알아야 하고, 아름답고 광대한 원을 발해야 합니다. 그렇다고 원력만 가지고는 안 되며, 실천이 병행되어야 자연히 원하는 바를 얻게 됩니다.

역사 속의 성현 군자는 좋은 일 하고, 좋은 말 하고, 좋은 마음을 가졌기에 그 이름이 대대로 전해졌습니다. 불교 역시 일찍부터 사람들에게 선을 실천해야 하고, "모든 악 짓지 말고, 모든 선을 봉행하라"고 명시했습니다. 그래서 '삼호' 실천은 보기에는 간단하지만, 사실 불법의 진의에 깊이 부합하고, 부처님이 본래 가진 뜻에 더욱 들어맞습니다. 저마다 삼호를 실천하면 사회는 조화롭고 세계는 더욱 아름다울 것입니다.

사급 四給

인간 세상에서의 생존은 군중을 떠나 홀로 살 수는 없습니다. 세간의 일체는 인연이 모여서 성취되는 것이고, 사람은 군중을 떠나면 인연이 없어지기 때문입니다. 그래서 인간불교는 '사람'을 근본으로 하며 타인의 존재·필요·고락·안위 등을 중시합니다.

　태허 대사께서는 "사람이 되어야 곧 부처가 되나니, 이것이 참된 현실이도다"라고 말씀하신 적이 있습니다. 사람의 도리가 원만하면 불도는 반드시 차츰 성취할 수 있습니다. 사람을 근본으로 하고 대중을 자신이라 여기는 수행은 제가 일관되게 주장하는 "다른 이에게 신심을, 다른 이에게 환희를, 다른 이에게 희망을, 다른 이에게 방편을 준다"는 '사급(四給: 네 가지를 주다)'에 담긴 불법의 내용입니다. 불광산은 개산 초기에 '사급'을 제정하여 불광인의 업무 신조로 삼았습니다. 그 요지를 아래에 간략히 서술하고자 합니다.

첫째, 다른 이에게 믿음을 주자.
『화엄경』에서는 "믿음은 도의 근원이자 공덕의 어머니이니, 일체의 모든 선법을 길러낸다(信爲道元功德母, 張養一切諸善法)"라고 말합니다. 신심은 역량의 원천이고 진보와 발전의 기초입니다. 매사 신심이 구족되면 산을 밀치고 바다를 뒤집어엎는 어려운 일이라도 순리적으로 문제를 해결할 수 있습니다. 목건련 존자께서는 '한 사람도 버리지 않는다(不捨一人)'는 자비를 실천하셨습니다. 인생의 모든 의욕을 잃고 절망의 끝에 선 연화색녀가 다시 한번 견고한 신심을 일으키게 하였으며, 타인에게 신심을 일으키게 격려하였기에 그는 출가하여 수행한 지 얼마 안 돼 아라한과를 증득하였습니다.

일반 사람들은 자주 타인이 좌절을 느끼게 하고 타인이 믿음을 상실케 하는 말을 자주 합니다. 사실 말하는 것도, 다만 문장을 좀 더 다듬는 데 주의를 기울이면 타인에게 신심을 줄 수 있습니다. 예를 들어 친구에게 "너 정말 못났구나"라고 욕하기보단, "네가 노력하기만 하면 앞날이 열리고 성공할 수도 있어"라고 고쳐 말한다면 상대가 듣기에 더욱 믿음이 가고, 오히려 감사한 마음이 일 것입니다.

그러므로 대인관계나 처세에서 다른 사람에게 자비로우면서도 사랑스러운 말을 더 많이 건넨다면 한편으로는 타인의 신심이 배가될 것이고, 다른 한편으로는 자신의 인연도 깊어질 겁니다.

둘째, 다른 이에게 환희를 주자.
인간에게 가장 귀중한 것은 '환희심'입니다. 제불보살 가운데 '환희'로 불도를 성취하신 분은 대중이 익히 알고 있는 미륵보살 외에 환희광불·환희자재불·환희왕보살·환희념보살 등이 있습니다. 이를 통해 환희 역시 중요한 수행법문임을 알 수 있습니다.

불교에는 법보시 외에 마음 보시와 미소 보시가 있습니다. 저는 타인에게 환희심을 주는 이러한 '밀행密行'을 줄곧 힘써 실천해 왔습니다. 지금까지 어디를 가든, 누구와 만나든 그들에게 다가가길 좋아했습니다. 모든 사람은 우리가 진심으로 마주할 만하기 때문입니다.

분명 인간은 환희를 위해 인간 세상에 온 것이지 고뇌하기 위해 온 것은 아니기에, 저는 환희가 인간 세상에 가득 퍼지길 더욱 발원합니다.

셋째, 다른 이에게 희망을 주자.
아미타불의 48대원, 약사여래의 12대원, 이러한 제불께서 서원하신 것은 모두 일체중생에게 희망을 주겠다는 데서 세워졌으며, 이 준다는 것에서 불국정토를 장엄하게 했습니다. 보현보살의 10대원, 미륵보살의 3대원 역시 타인에게 희망을 주는 걸 실천하는 것이며, 그 가운데에서 무상보리를 성취하였습니다.

사람은 희망 속에서 삽니다. 한 줄기 희망이라도 있기만 하면 뜨거운 불속이라도 뛰어들고 목숨을 버려도 아깝지 않습니다. 이것이 희망의 훌륭한 점입니다. 그리고 인생의 희망은 시대의 변화에 따라 끊임없이 발전합니다. 예를 들어 지형이 길게 뻗은 형태의 불타기념관은 기념관 내에 순환로를 만들었으며, 이곳을 통해 기념관을 한 바퀴 돌아볼 수도 있습니다. 그러나 일반인은 영원하고 무한할 것 같은 이 길을 보고는 '앞쪽에 통하는 데가 있나?'라는 의문을 가질 겁니다. 그래서 저는 '앞쪽에 길 있습니다'라는 표지판을 세우게 했습니다. 앞으로 걸어가면 길이 또 있다는 걸 모두에게 알려주는 것 말고도, 앞으로 쭉 가기만 하면 희망이 있을 거라는 것도 모두에게 알려주고 싶었습니다. 당신이 앞으로 나아가려고 마음만 먹는다면 반드시 자신만의 인생의 희망을 좇을 수 있습니다.

넷째, 다른 이에게 방편을 주자.

중국 역대 사찰 부근에 설치된 정미소와 창고는 민생의 발전을 촉진했고, 숙소와 차방車坊은 상인과 여행자의 왕래를 편리하게 했으며, 의학義學과 경전 번역은 사회의 문화와 교육을 향상했고, 승지호 僧祗戶와 사고寺庫는 국가의 금융을 안정시켰으며, 의료소와 전당포는 가난한 이가 필요할 때 도움이 되었습니다. 이처럼 다른 이에게 방편을 주는 이러한 시설은 모두 공익사업의 시행이며, 고난에 찬 민중의 구제 및 나라의 부강과 백성의 안녕에 지대한 공헌을 한 측면도 있습니다.

'주다'라는 것은 타인을 이롭게 하는 것처럼 보이지만, 실제로는 자신에게 이롭습니다. 우리가 항상 자비로운 마음을 가지고 어디서나 타인을 선하게 대하고, 언제나 다른 이에게 믿음·환희·희망·방편을 주고, 다른 이에게 약간의 인연을 주고, 다른 이에게 미소를 주기만 하면 우리의 마음은 아름다운 교량이 되어 다른 이를 편리하게 할 뿐만 아니라 인아 간의 소통에도 장애가 없어질 것입니다. '주다'라는 불법을 실천함으로써 우리의 생활은 반드시 환희와 희망이 충만할 것이고, 불도를 추구하는 길 위에서 수많은 선연을 얻을 것입니다.

육근 六根

인체의 안眼·이耳·비鼻·설舌·신身은 각기 모습이 다르고 서로 맡은 기능 또한 다르지만, 모두 인체의 기능을 유지하고 있습니다. 한 사람의 간·폐·위·장 역시 서로 다른 기능이 있지만, 인체의 정상적인 활동을 유지하기 위해 모든 작용을 하고 있습니다.

사람의 눈·귀·코·혀·몸·마음 등 육근六根은 매일 육진六塵과 접촉해 외경을 넘보고, 갖가지 악업을 짓도록 우리를 유도합니다. 그러므로 불경에서는 육근을 시시때때로 우리의 공덕 법재물을 훔치려는 여섯 도적으로 묘사합니다. 그리고 여섯 도적은 평소 '마음'을 두령으로 삼으며, 이 '마음'이 총사령관이 되어 육근을 지휘하는데 눈으로는 보라 하고, 귀로는 들으라 하고, 코로는 냄새 맡으라 하고, 혀로는 맛을 보라 하고, 손으로는 만져 보라 합니다. '육근'이 맹목적으로 저지르는 해악을 받지 않기 위해서는 육근을 잘 닦아야 합니다. 그러면 육근을 어떻게 수행해야 할까요?

인체는 하나의 기기와 같습니다. 그중 눈은 카메라와 같습니다. 일반 카메라는 렌즈로 아름다운 것을 포착하여 촬영합니다. 물론 우리의 눈도 장엄한 불상을 바라보고, 좋은 사람과 좋은 일을 바라보는 등 좋은 방향으로 봐야 합니다. 그러나 일반인은 눈을 타인의 잘못을 보는 데 쓰면서 자신의 과오는 보지 못합니다. 그래서 온종일 이것은 마뜩찮고 저것은 불만입니다. 우리가 더는 타인의 잘못된 점만 보려 하지 않고, 자신의 잘못과 과실을 되돌아보고 자신을 변화시키는 것이 바로 눈의 수행입니다.

귀는 라디오와 같습니다. 옛말에 "좋은 약은 입에 쓰고, 충언은 귀에 거슬린다"라고 했습니다. 일반인의 귀는 칭송하는 좋은 말 듣기 좋아하고 즐거운 음악을 듣기 좋아하지만, 친구가 진심으로 하는 충고를 들으면 마음에 반감이 일어납니다. 우리가 타인이 주는 충고의 목소리를 기쁘게 받아들이고, 심지어 남이 잘못을 지적해 주면 기쁘게 받아들이는 것이 귀의 수행입니다.

코는 관측기와 같습니다. 코가 향기와 악취를 쫓는 것이 군사 동향을 살펴보는 척후병과 같다고 말하는 사람도 있습니다. 그 말에서 코가 얼마나 예리한지를 알 수 있습니다. 그러나 일반인의 코는 음식의 향과 맛만을 쫓길 좋아합니다. 만일 우리가 한 걸음 더 나아가 성현의 도덕적 향기의 맛을 맡을 수 있다면 이것이 바로 코의 수행일 것입니다.

혀는 말하는 기기와 같고, 또 확성기와 같습니다. 혀는 시고 달고 쓰고 매운 각종 맛을 분별할 수 있을 뿐만 아니라, 특히 혀를 잘 운용하는 사람은 소위 말하는 '설찬연화(舌燦蓮花: 불도징 스님이 발우에 물을 담아 주문을 외자 연꽃이 피어났다는 고사. 말재간이 뛰어남을 비유)'처럼 진리와 좋은 말을 강연하고 다른 이에게 신심과 역량을 가져다줄 수 있습니다. 그러나 상대적으로 누군가는 좋은 일을 깨뜨리는 말을 잘합니다. 그래서 '십악업十惡業' 안에 입이 4가지 항목을 차지하고 있습니다. 그러므로 우리는 입으로 업을 짓지 않게 잘 보호해야 합니다. 타인의 단점을 감싸주고 장점은 치켜세우며, 항상 타인을 좋은 말로 격려하면 사람들은 자연히 환희를 느낄 것이고 목소리도 낭랑하여 듣기 좋을 것입니다.

일반적으로 사람이 세상의 온갖 산해진미를 다 맛볼 수 있다는 것은 지극히 커다란 복입니다. 그러나 이른바 "병은 입으로 들어오고, 화는 입에서부터 나간다"라는 도리는 누구나 압니다. 그러므로 우리가 혀로 자주 진리의 법미法味를 곱씹고, 더 나아가 입으로 불법의 진리를 선양할 수 있어야 바로 혀의 수행입니다.

신체는 움직이는 기계입니다. 발은 걷는 기계와 같습니다. 과거 수행자가 명심견성을 위해 천하를 두루 돌아다니는 수고도 아끼지 않았던 것은 모두 두 발에 의지해 각지를 다녔기 때문입니다. 손은 만능기계와 같습니다. 선한 일을 할 수도 있고, 악한 일을 할 수도 있습니다. 주먹을 다른 이의 어깨나 등을 안마해 주면 선이고, 그걸로 사람을 치면 악입니다. 신체는 외경을 느낄 수 있습니다. 일반인은 적당히 따뜻하고 차가우며 부드럽고 고운 물건을 만지기 좋아합니다. 그래서 소파·침대·에어컨 앞에 앉아 편안하게 생활을 해왔습니다. 우리가 간혹 사찰에 가서 참선하고, 예불하고, 몸을 단정히 하고, 곧고 바르게 하여 신체가 청정한 경계를 느끼게 할 수 있다면 그것이 곧 신체의 수행입니다.

우리의 머리는 사령부와 같고, 마음은 총사령관과 같습니다. 일반적으로 사람은 매일 자신이 어떻게 하면 이익을 얻고, 어떻게 하면 이름을 널리 알리고, 어떻게 하면 돈을 많이 벌고, 어떻게 하면 성공할 수 있는지를 한결같이 생각합니다. 만일 더 나아가 나는 자비로워야 하고, 공정해야 하고, 평화로워야 하고, 타인을 도와야 한다고 생각한다면, 특히 "중생이 괴로움 여의길 발원하옵고, 자신을 위해 안락을 구하지 않겠습니다"라는 생각을 가질 수 있으면 그것이 바로 마음의 수행입니다.

사실 수행은 입으로만 떠드는 것이 아닙니다. 보지 않고, 듣지 않고, 말하지 않는 것처럼 소극적이어서는 안 되고, 진정으로 실제 수행하고 실제 실천할 수 있어야 합니다. 예를 들어 눈은 멋대로 보지 말고, 역경을 자아 성장에 도움을 주는 인연으로 전환해야 합니다. 귀는 멋대로 듣지 말고, 시비와 불평을 자아의 향상에 유익한 말로 전환합니다. 입은 멋대로 말하지 말고, 입 가득 타인을 칭찬하고 인간적인 아름답고 좋은 말로 격려합니다. 육근을 여실하게 수행할 수 있어야 인간의 진정한 바른 수행입니다.

수행 修行

세상의 많은 종교가 모두 정신적 수양을 중히 여깁니다. 불교에서는 출가자나 재가자나 상관없이 정신적 수양 공부를 어느 정도는 해야 합니다. 수행을 통하여 종교적 체험을 약간은 얻어야 자신의 신심을 세울 수 있습니다.

불교는 수행법문이 매우 많습니다. 참선·염불·진언·예불·지관止觀 등이 있고, 심지어 타인을 축복하고자 발심하는 행위들 역시 수행이라 할 수 있습니다.

그러나 '수행'이라는 일을 말하자면, 오랜 세월 모두 '수행'을 입에만 올리거나, 내가 예불하면서 절을 몇 번 했는지, 경행을 얼마나 했는지 등 수행을 건강을 위한 운동으로 삼습니다. 심지어 나는 염불을 몇 번 했다든지, 참선을 며칠 했다든지 겉모습과 수량으로만 계산합니다. 겉으로 드러나는 현실적 수행만을 강조하고, 정성스러운 마음으로 자신의 습성을 바꾸지 않고, 바로 본심을 가리키지도, 기질을 바꾸려고도 안 했기 때문입니다. 그렇게 하면 설사 오랜 시간을 들여 수행했더라도 심성은 여전히 먼지가 쌓여 있고, 현실 생활은 변함없이 번뇌에 눌리고 속박됩니다. 그래서 수행자는 많아도 도를 깨우치는 자는 적습니다.

사람이 도를 깨우치는 체험이 모자라면 선정에 들어서는 즐거움을 어떻게 누릴 수 있겠습니까? 깨우치는 경험에 대해, 예를 들어

초학자의 근기가 깊지 못하고 기초가 다져지지 않았기에, 좀 지속하다 얼마 안 가 다시 세속 세계로 돌아가거나, 오욕육진 한가운데서 헤어 나오지 못하게 됩니다. 만일 그가 불문에 안주하고 장시간 경장에 들어가 수지하면서 체득을 약간이라도 하였다면, 당신이 그에게 그 길을 버리고 되돌리라 권유해도 그는 절대로 허락하지 않을 것입니다. 그는 이미 정신수양의 맛을 알았고, 마음 안에서도 이미 수행의 훌륭한 의미를 느꼈기 때문입니다. 불도를 배우는 사람은 수행함으로써 자재함·상쾌함·편안함을 얻어 선열의 법희 가운데에 머물게 되면 그는 세간의 오욕육진에 더는 흥미를 느끼지 않게 됩니다.

진정한 수행은 우리 마음에 있는 거울의 먼지를 항상 꾸준히 털어내는 것입니다. 사람의 심성은 본래 청정하다 하지만, 마음 위의 먼지를 다 제거하지 않으면 청정한 본체의 자성은 빛을 발할 수 없습니다. 우리는 염불하는 사람들이 입으로 한편으로 염불하고, 한편으로는 욕하는 것을 늘 봅니다. 입으로는 아미타불을 부르면서도 마음이 산란하면 소리 높여 염불해도 공염불에 지나지 않습니다. 염불은 "마음이 곧 부처이고, 부처가 곧 마음이다"가 될 때까지 되뇌고, 범부의 마음이 성현의 마음으로 바뀌게 해야만 거짓 없이 진실한 나를 알 수 있습니다.

참선은 깊은 뜻을 꿰뚫어보고 이치를 깨우치는 현묘한 도로 들어가는 관문을 찾아야 하는 거지, 가부좌를 틀고 앉아 망상을 흩날리는 것이 아닙니다. 이른바 "부들방석에 앉아 힘쓰지 않으니, 어느 때에서야 마음이 공함을 깨달아 급제할까(坐破蒲團不用功, 何時及第悟心

空)?"라는 겁니다. 사람이 형식에만 매달려 수행한다면, 설령 겉으로 드러난 능력이 충분할지라도 소용없습니다. 옷이 뜯어지면 기워야 하는 것과 같고, 탁자가 망가지면 수리해야 하는 것과 같습니다. 우리 마음에 있는 수많은 번뇌 망상이라는 악습관을 시간을 들여 깨끗이 제거하지 않는 것은 다만 겉만 보기 좋게 치장하며 자신의 능력을 충분히 발휘하는 것일 뿐, 결국에는 얻는 것 없이 힘만 낭비하게 합니다.

일반인의 수행은 형상과 공덕면을 강조하고, 구하고자 하는 바와 얻고자 하는 면을 강조하기에 결국에는 입도가 어렵습니다. 그러나 인간불교의 수행은 생활이 곧 수행이라 강조합니다. 예를 들어 생활 속 의식주행에 대해 당신은 여전히 탐욕을 냅니까? 인아시비에서 당신은 여전히 시시콜콜 따집니까? 주변상황에 대해 일희일비하지는 않습니까? 육조 혜능 대사께서는 "마음이 평온한데 어찌 계를 지니려 애쓰는가? 행실이 바른데 선을 닦아 뭐에 쓰랴?"라고 말씀하셨습니다. 인간불교는 일상생활에서 마음을 일으키고, 생각을 움직이는 수행을 하라고 합니다. 탐욕·교만·성냄이 없어야 하며, 대립하지 않아야 하며, 자·비·희·사의 사무량심과 제불보살의 마음을 자신이 수행하면서 사용해야 합니다.

우리의 마음에는 자신의 청정한 본성이 구족되어 있고, 또한 무시이래로 무명번뇌로 가득 차 있으니, 어떻게 알음알이를 지혜로 전환해야 할까요? 어떻게 망상을 버리고 참된 나로 돌아갈까요? 번뇌를 끊을 각종 법문으로 대치해야 합니다. 전통불교에는 이른바 '오정심관五停心觀'이 있습니다. 즉 '부정관不淨觀'으로 탐욕을 대치하고, '자비관慈悲觀'으로 성냄을 대치하고, '연기관緣起觀'으로 어리석음을 대치하고, '염불관念佛觀'으로 업장을 대치하고, '수식관數息觀'으로 산란함을 대치합니다.

인간불교는 깊은 내적 수행에서 긴립되었으며, 적극적으로 세상 속으로 들어가는 법문으로써 신구의 삼업의 더러움을 정화합니다. 예를 들어 불광회가 추진하는 몸으로 좋은 일 하고, 입으로 좋은 말 하며, 마음으로 좋은 생각 갖자는 '삼호 운동'은 생활 속에서 언제나 자비를 퍼뜨리고, 기쁨을 전파하며, 대중에게 봉사하라는 것입니다. "중생이 괴로움을 여의길 바랄 뿐, 자신의 안락을 구하지 않겠다"라며 끊임없이 발심하고 발원하라는 겁니다. 불법의 역량으로 자신의 탐·진·치를 제어해야 진정한 수행이라 할 겁니다.

감응 感應

감응에 관하여 『보문품』에서는 '현익顯益'과 '명익冥益' 두 가지를 얘기합니다. 소위 '현익'은 관세음보살의 32응신이 어떤 모습으로 나투시길 원하든 그 모습으로 나타나 법을 설하시는 것과 같은 것으로서, 현세에 사람들이 불보살의 공덕과 이익을 얻을 수 있습니다. '명익'은 사람의 진심과 정성에 기인하여 자신도 모르는 사이에 불보살의 가피를 얻는 것입니다. 화나고 번뇌가 일 때, '나무관세음보살' 성호를 외우면 노기가 저절로 서서히 사라지며 가라앉게 되는 경우입니다.

수많은 불교 신자들은 정성스럽게 예불과 독송을 하면서 불보살께서 영감을 주시고 감응을 주시길 희망합니다. 일반인 역시 감응은 부처님께 빌고, 부처님을 부르고, 부처님께 절하는 과정에서 얻어진다고 생각합니다만, 사실 다 그렇지는 않습니다.

원나라 때 불루간(卜魯罕) 황후는 평소 독실하게 불교를 믿었습니다. 어느 날 그의 외아들이 불행하게 세상을 떠나자 황후의 마음에는 귀의한 상사上師에 대한 원망이 생길 수밖에 없었습니다.

"내가 스승인 상사에게 정성을 다 바쳤건만, 왜 하나밖에 없는 아들조차도 보호해 주지 않는 겁니까?"

상사가 말했습니다.

"불법은 등롱과 같아서 외부세계의 비바람이 몰아칠 때는 어쩌다 한순간은 막을 수 있겠지만, 만약 초 자신을 다 태우고 나면 등롱인들 또 어찌할 방법이 있겠습니까?"

이 고사는 불보살이 아무리 법력이 무변해도 자신이 불법을 가지고 있어야 부처님과 감응하여 이치를 나눌 수 있다는 것을 설명합니다. 자신이 수행하지 않고, 선을 행하지 않고, 불보살의 감응과 가피를 얻으려고 생각한다면 불가능합니다. 감응도 인과에 부합되어야 하기 때문입니다.

어느 게송에서는 "천 개의 강에 천 개의 달이 비추고, 만 리에 구름 없으니 만 리가 하늘이네(千江有水千江月, 萬里無雲萬里天)"라고 말했습니다. 감응은 하늘의 달과 같아 대야에 담긴 물을 비추어 보면 물에 달의 모습이 드러납니다. 강·호수·하천·바다에 비추면 거기에도 달이 나타납니다. 그러나 가끔 달이 하늘 높이 떠서 강·하천·호수·바다를 비춰도 달이 보이지 않을 때가 있습니다. 물속이 깨끗하지 않고 혼탁하여 나타날 수 없기 때문입니다.

바꿔 말하면 설령 달빛이 비추더라도 만일 대등하게 맑은 물이 없다면 감응을 얻을 수 없다는 것이죠. 그래서 "보살의 청량한 달은 어디서나 늘 비추나니, 중생의 마음 티끌 없이 맑으면 보리의 달이 나타난다네(菩薩淸凉月, 常遊畢竟空, 衆生心垢淨, 菩提月現前)"라고 한 것입니다. 보살은 마치 하늘의 달과 같고, 그의 마음은 항상 필경공 안에서 노닐며 중생에 대해 분별심이 없습니다. 오직 중생의 마음이 청정하고 물들지 않았다면, 중생의 마음은 잔잔하고 투명한 호수의 수면과 같아 달이 그 가운데 드러날 것입니다. 그래서 감응이 없다고 원망하는 사람은 하늘에 달이 없다 탓하지 말고, 자신의 마음이 청정하지 않아 달 본체의 광명이 나타나지 않음을 반성해야 합니다.

감응은 "물이 흐르는 곳에 도랑이 생긴다"라고 하듯, 느낌이 있어야 응답이 옵니다. 종을 치면 반드시 소리가 나고, 북을 두드리면 큰 소리가 나는 것과 같습니다. 혹은 일상에서 물을 마시면 갈증이 멈추고, 배가 고프면 음식을 먹으며, 더 나아가 엄마를 부르면 엄마가 곧바로 응답하고, 당신이 타인을 칭송하면 타인은 다시 나를 칭찬하고 긍정해 줍니다. 이것들이 모두 '감응'인 셈입니다.

『아함경』에서는 한 가지 비유를 들어 말합니다.

어떤 사람이 물에 곧 가라앉을 돌덩이를 보며, 신명께 "신명님, 저 돌덩이를 떠오르게 해주십시오"라고 기도를 올렸습니다. 신명이 어떻게 당신의 기도만으로 돌덩이를 뜨게 하겠습니까?

또 누군가는 신명께 수면 위의 기름을 가라앉게 해달라고 기도했습니다. 기름이 어떻게 물속으로 가라앉겠습니까?

감응은 간절히 바라면 효과가 나타날 수 있을 뿐 아니라, 간절한 기원에는 확실히 역량이 생길 수 있습니다. 그러나 이는 '보조 인연의 하나'일 뿐, 모든 일에는 인연이 구족되어야 합니다. 사람이 만일 근면하게 씨를 뿌리지 않고 그저 매일 부처님과 신명께 돈 많이 벌게 해달라고 기원한다면, 이러한 '허황된 욕심'이 어떻게 불보살의 감응을 얻을 수 있겠습니까?

감응의 원리는 사실 주파수를 잘 조절해야 소리가 제대로 나오는 방송국과 같습니다. 우리 누구나가 평소 마음에 생각하는 것이 감응되어 나타날 수 있습니다. 예를 들어 부처님을 되뇌면 성불이란 감응으로 나타날 것이고, 시간을 되뇌면 시간 준수라는 감응으로 나타날 것이고, 청정을 되뇌면 선열과 법희라는 감응으로 나타날 것입니다. 자신의 마음에 선한 생각을 간직하고, 입에서는 선한 말이 나오고, 또한 '스스로 그 뜻을 청정하게 함(自淨其意)'을 견지하기만 하면 감응은 사실 우리의 주변에 없는 때가 없습니다.

그러므로 감응은 천지만물과 우주 중생 사이의 상호왕래이자 서로 대응함입니다. 당신에게 청정한 마음이 있다면 자연스레 진리와 상응할 수 있고, 제불보살과 감응하여 교류할 수도 있습니다. 누구나 안·이·비·설·신·의 육근부터 정화하고, 자기 마음에서 불법을 구하여 자성을 빛나게 하면 언제나 감응이 있을 것입니다.

내려놓기 (放下)

얻는 게 있다면 그쪽으로 쫓아가는 것이 사람의 본성입니다. 이미 많은 것을 소유한 사람에게 가진 것을 다 내려놓으라고 한다면 두려운 느낌이 드는 것은 당연합니다. 공명을 내려놓고, 금전을 내려놓고, 애정을 내려놓고, 이익을 내려놓고, 이렇게 일체를 다 내려놓은 뒤에 자신은 더 무엇을 향유할 수 있나 생각할 겁니다.

사실 내려놓는다고 해서 없어지는 것이 아닙니다. 내려놓아야 자재로울 수 있고, 내려놓아야 비로소 해탈할 수 있습니다. 예컨대 큰 가방이 하나 있는데 필요할 때는 들어야 하지만, 필요하지 않을 때는 내려놓아야 부담을 줄일 수 있습니다.

이와 관련하여 시사하는 바가 큰 이야기 하나를 들려드리겠습니다. 한 시골 노인이 도시에 사는 친척을 방문하기로 했습니다. 가족들은 어르신에게 효도한다고 사탕이 가득 든 사탕 항아리를 노인에게 건넸습니다. 노인은 항아리에 손을 집어넣었는데, 빠지질 않는 것이었습니다. 조급해진 가족들은 온갖 방법을 다 생각해 봤지만, 항아리에서 노인의 손을 뺄 수가 없었습니다. 방법이 없자 어쩔 수 없이 사탕 항아리를 깨부수었습니다. 지나친 욕심을 부린 노인이 손에 사탕을 한 움큼 잡고 있었기에 손이 빠져나오지 못했던 것입니다. 내려놓지 않았기에 오히려 속박을 당한 것입니다.

인간의 생활은 정말 고됩니다. 나는 누군가를 마음에서 내려놓을

280

수 없고, 일 한 가지를 마음에서 내려놓을 수 없고, 말 한마디를 마음에서 내려놓을 수 없고, 물건 하나를 마음에서 내려놓을 수 없습니다. 내려놓을 수 없기에 마음은 점점 더 무겁게 부담으로 다가오고, 숨을 쉬지 못할 징도로 중압감까지 듭니다.

어느 날, 한 외도가 두 개의 화분을 들고 부처님을 뵙고자 찾아왔습니다. 부처님은 그가 문밖에서 들어오는 모습을 보자마자 말했습니다.

"내려놓으시오."

그래서 그는 화분 한 개를 내려놓았습니다. 부처님께서 다시 말씀하셨습니다.

"내려놓으시오."

외도는 할 수 없이 다른 화분도 마저 내려놓았습니다. 부처님은 세 번째로 말씀하셨습니다.

"내려놓으시오."

그러자 외도가 여쭈었습니다.

"부처님, 두 화분 모두 내려놓았는데 더 무엇을 내려놓으란 말입니까?"

부처님께서 대답하셨습니다.

"내려놓아야 할 것들이 아주 많습니다. 당신의 교만·사견·집착·의심·어리석음 등 모두 내려놓아야 합니다."

내려놓지 않으면 공명·부귀·금전·애정 등 아무리 많고 아무리 좋은 것이라도 중압감과 고뇌의 근원이 됩니다.

일반인에게 공명과 부귀를 내려놓게 하기란 매우 어렵습니다. 그에게 마음속의 희로애락을 내려놓게 하기란 더욱 어렵습니다. 사실 살아가면서 클 수도 작을 수도 있어야 하고, 굽힐 줄도 나설 줄도 알아야 하고, 있을 수도 없을 수도 있어야 하고, 높을 수도 낮을 수도 있어야 합니다. 안타깝게도 현대인은 종종 말 한마디, 일 한 가지, 한 사람 때문에 내려놓지 못합니다. 이것은 모두 마음에 감당할 능력이 없기 때문이니, 마음이 넓어 능히 내려놓을 때 내려놓을 수 있고, 들어야 할 때 들 수 있다면 큰 사업을 성취할 수 있습니다.

매일 등에 자루를 메고 다니시는 포대화상께서는 이런 말씀을 자주 하셨습니다.

"걸으면서도 포대, 앉아서도 포대, 포대를 내려놓으니 이 얼마나 자재로운가?"

포대가 가리키는 것은 마음의 크고 작은 부담을 짊어지는 것입니다. 포대를 내려놓으면 얼마나 홀가분하겠습니까! 사람이 짊어진 크고 작은 부담을 내려놓는 법을 배워야 진정 유유자적하며 한가롭고 자유로운 인생을 느낄 수 있을 것입니다.

내어주고 얻는다(捨得)

일반인은 불교에서 강조하는 '희사喜捨'가 사람들에게 주고 나면 자신의 것도 없어진다고 생각합니다. 그렇다면 그는 '내어주고 얻는다'라는 말이, 내어주었으면 뒤이어 얻음이 따라온다는 걸 이해하지 못한 것입니다. 우리가 보시·애어·이행·동사 등 사섭법을 기꺼운 마음으로 실천하면 기쁨·인연·친구를 얻을 수 있습니다. 그래서 '내어줌'과 '얻음'의 관계는 '인因'과 '과果'의 관계와 같다고 할 수 있습니다. 인과는 서로 연결되어 있고, 버림과 얻음도 서로 영향을 줍니다. 기꺼이 내어줄 수 있는 사람은 반드시 부자의 도량을 소유하고 있을 겁니다. 만일 그가 은혜에 감사하는 마음, 인연 맺으려는 성격이 아니라면 기꺼이 타인에게 내어주고 타인에게서 얻는 바가 있을 수 있을까요?

내어주다(捨)는 불교에서는 바로 보시의 뜻입니다. 보시는 니구타尼拘陀 나무처럼 하나를 심으면 열을 거둬들이고, 열을 심으면 백을 거둬들이며, 백을 심으면 무수히 많은 것을 맺을 수 있습니다. 누군가 장수하고, 부귀와 영화를 누리고, 가정이 화목하고, 신체가 건강하고, 총명하고 지혜롭기를 희망한다면 먼저 봄에 씨를 뿌렸는지 물어봐야 합니다. 씨를 뿌리지도 않았는데 가을에 어떻게 수확이 있을 수 있습니까?

현대인은 늘 씨를 뿌리는 일은 안 하고 노력 없이 그저 얻기만을 희망합니다. 그러나 하늘에서 갑자기 부귀가 떨어질 리 없고, 땅에서 갑자기 황금이 자라날 리도 없습니다. 고생 없고 수고 없이 수확이 어떻게 있을 수 있습니까? 조금이라도 수확이 있길 바라면 먼저 땅을 갈고 김을 매야 합니다.

내어준다는 것은 다른 사람에게 주는 것처럼 보이지만, 실제로는 자신에게 주는 겁니다. 사람들에게 반드시 재물만을 주는 것은 아닙니다. 타인에게 좋은 말 한마디 해주면 당신도 타인에게서 칭찬 한마디를 얻을 수 있습니다. 타인에게 미소 한 번 지어 주면 타인도 당신에게 미소를 지어 보일 겁니다. 내가 당신에게 봉사하고 도와주는 것은 내가 부유하다는 것을 의미합니다. 모든 사람의 마음이 부유하여 욕심 부리지 않고 타인의 재물을 빼앗지 않으며, 반대로 보시하고 씨를 뿌린다면 얻는 바가 있을 것입니다.

흥미로운 이야기가 하나 있습니다. 지옥에서 염라대왕이 심판하고 있었습니다.

"장 씨의 셋째야, 너는 과거 인간 세상에서 즐겨 보시하였으므로 인간세계에 인간이 되어라. 이 씨의 넷째야, 너는 과거 인간 세상에서 다리를 놓고 도로를 수리하였으니 인간세계에 인간이 되어라."

여기도 사람이 되고, 저기도 사람이 되니 옆에 있던 원숭이가 보고서 염라대왕에게 부탁을 드렸습니다.

"저도 인간세계의 인간이 한번 되게 해주십시오."

원숭이도 사람이 되고 싶어 한다고 생각한 염라대왕은 옥졸에게 원숭이 몸에 있는 털을 하나하나씩 뽑으라고 시켰습니다. 그러나 채 몇 가닥 뽑지 않았는데, 원숭이는 아프다고 소리치며 바닥을 데굴데

굴 굴렀습니다. 이때 염라대왕께서 농담처럼 말씀하셨습니다.

"너는 털 하나도 안 뽑고(一毛不拔: 일모는 한 푼이란 뜻도 되며, 발拔은 나눠준다는 발發과 음이 같다. 한 푼도 보시하지 않고 인색하다는 의미) 어떻게 사람이 될 수 있느냐?"

길을 걸어갈 때, 뒤쪽의 한 걸음을 '떼지(捨)' 않고는 한 걸음도 전진할 방법이 없습니다. 정원의 꽃과 초목의 마른 가지를 아쉽다고 잘라내지 않으면 부드럽고 파릇파릇한 새싹이 자랄 수 없습니다. 도시 가운데 세워진 불법 건축물을 아쉽다고 철거하지 않는다면 새로운 도시의 모습을 다시 건설할 수 없고, 현대 대도시의 수준을 드러내 보일 수 없습니다. 그래서 내어줌으로써 얻는 신묘한 작용은 끝이 없습니다. 타인에게 좋은 것을 내어주면 나도 좋은 것을 얻을 수 있습니다. 성격상의 나쁜 부분을 버리면 성공을 얻기가 쉽습니다. 우리는 번뇌·슬픔·무명·망상을 모두 버렸을 때, 자연히 인생의 또 다른 신세계를 얻게 됩니다.

복전 福田

과거 농업이 국가의 기반이었던 중국에서는 밭을 일궈야 수확이 있고, 수확이 있어야 생활을 유지해 나갈 수 있었습니다. 일찍이 상고 시대는 사냥을 통해 생명을 해치고 생활을 유지해 왔지만, 차츰 밭을 일구고 경작하는 농경 생활을 하게 되었으니, 이는 인류 도덕의 큰 발전이라 할 수 있습니다.

경작할 때는 비옥한 땅은 수확이 많을 것이고, 척박한 땅은 씨를 뿌려도 수확은 많지 않을 것입니다. 과거 대부호들은 비옥한 땅을 천 경頃·만 묘畝를 가지고 있었으니, 수확이 풍성한 것은 당연합니다. 불문에서 밭은 우리의 마음을 대표하는데, 밭 안에다 씨를 뿌려야 수확이 있습니다. 우리의 마음밭은 토지와 같으니 우리의 밭에 씨를 뿌리면 당연히 수확이 있을 것입니다.

불교에서 일반적으로 출가승을 일러 복전승福田僧이라 합니다. 출가인은 자신의 덕행이 청정하여 인천人天의 공양을 받을 만하고, 신도가 공양물로 승가 대중을 공양하여 커다란 복덕을 얻을 수 있다는 의미입니다. 그리고 출가승이 몸에 걸친 가사를 또한 복전의福田衣라고도 합니다. 이것은 농지의 밭둑을 본 딴 것입니다. 승가 대중은 신도가 보시한 공양을 받아 색신에 양분을 주고, 승가 대중은 보시한 이를 위해 설법하여 그 혜명을 증장하고 함께 복덕을 성취함을 가리킵니다.

이른바 불교의 복혜공수(福慧共修: 복과 지혜를 함께 닦음)·해행병중(解行並重: 이해와 실천을 병행함)에서 불교의 각 종파·교의·역사를 이해하는 것은 해문解門이라 하는데, 이는 학문을 필요로 합니다. 수행·염불·참선·예불은 행문行門입니다. 복과 지혜를 닦음은 복전에 씨를 뿌리는 것이고, 이해와 실천 역시 복전이니, 자신을 위해 씨를 뿌리고 마음밭을 비옥하게 만드는 것과 같습니다.

불경에서는 부처·성인·승려·화상·스승·아버지·어머니·병자 이렇게 8가지 복전이 있다고 합니다. 8가지 복전 가운데 삼보를 봉행하여 받들고, 부모에게 효도하고 어른을 존중하며, 친구와 화목하고, 악행은 드러내지 않고 선행은 널리 알린다면 당연히 공덕이 있을 테니, 모두가 복전입니다. 그러나 불교에서는 아픈 사람과 고난에 찬 중생을 좀 더 보살펴 주어야 한다고 강조합니다. 8가지 복전 가운데 병자를 돌봄이 으뜸이라고 합니다.

그러므로 변방의 빈궁하고 고난에 찬 아동들과 민중에 대해 우리가 더욱 도와줘야 한다고 생각합니다. 우리가 부모를 잃은 어린아이를 보거나, 병이 든 사람이 병원의 병상에서 신음하는 것을 보면 돌봐주고 보살펴 주는 것 역시 복전을 짓는 일입니다.

불교에서 수행을 얘기한다고 해서 반드시 멀리 산속의 절에 가서 향 피우고, 꼭 먼 곳에 있는 사찰에 참배할 필요는 없습니다. 우리 주변 어느 하나 우리의 복전 아닌 것이 없다고 말할 수 있습니다. 오늘의 사회가 모두 우리의 복전이라 할 수 있습니다. 내가 그를 도우면 그에게서도 어느 정도의 이익은 얻을 수 있으니, 밭을 일구는 것과 같습니다.

과거 불광산에 보시하는 어느 신도를 보고 누군가 질투심에서 이렇게 말했습니다.

"왜 당신은 늘 불광산에만 보시를 하고 우리에게는 조금도 안 하십니까?"

그러자 그 신도는 이렇게 대답했습니다.

"우리가 돈을 벌기도 쉽지 않고, 기부하는 것도 복전을 짓는 것과 같으니 우리도 이 밭에서 얼마나 수확을 얻게 될지를 보고 투자를 해야 하지 않겠습니까? 불교 도량을 이끄는 승려가 발심하여 진리를 널리 펼쳐 중생을 이롭게 하고 사회를 위한 복리사업을 펼치기만 한다면 이 모두가 복전을 짓는 것이니, 우리도 함께 돕고 지켜 나가면서 복을 구해야 하지 않겠습니까?"

복을 구하려면 먼저 인연을 지어야 합니다. 이른바 "불도를 이루기 전에 먼저 인연을 맺어라"고 했습니다. 인연을 많이 맺었다면 복전 안의 수확도 많을 테니, 또 다른 사업을 성취하는 데 있어 순조롭지 않을까 걱정할 필요가 없습니다. 길에다가 씨를 뿌리면 자라지 않을 것이고, 풀더미에다 씨를 뿌리면 자라긴 해도 발육이 좋지 않은 것과 같습니다. 좋은 밭이 있어야 수확이 있을 것이니, '불·법·승'이 가장 좋은 복전입니다. 모두 좋은 복전을 선택해 경작합시다.

재부 財富

매년 설을 쇨 때면 만나는 사람마다 서로 "재물 많이 버십시오"라고 덕담을 나눕니다. 재물은 사람이라면 누구나 원하는 것이고, 일반인의 공통된 소원입니다. 불교도 재부를 매우 중시합니다. 깨끗한 재물과 선한 재물의 발전을 주장하며, 균등한 부·공동소유·타인에게 보시함·은혜를 베풂을 중시합니다.

당초 부처님께서 탁발제도를 제정하시면서 재부에 대한 한층 더 깊은 새로운 관념을 제의하셨는데, 바로 신도가 부유하길 희망하신 겁니다. 그래서 제가 대신해 "신중(信衆: 신도 대중)에게 재물을 저축한다"라는 주장을 제의합니다. 부처님께서도 반대하지는 않으실 거로 생각합니다. 출가자가 탁발할 때는 마음에 평등관을 품고 신중을 위해 설법합니다. 신도가 음식을 보시하는 것 역시 출가자의 법보시와 축복을 얻는 것이며, 이처럼 베푸는 것과 받는 것을 일러 "재물보시와 법보시는 동등하며 차별이 없다"라고 합니다.

'바리때(鉢)'가 전답 한 떼기입니다. 우리가 발우에 넣는 것은 그저 선한 작은 재물일 뿐이지만, 씨를 뿌리는 것처럼 미래에 씨앗 한 알에서 열 개를 얻고, 천 개에서 만 개를 얻으며, 무한한 과실로 성장합니다.

사람의 재부는 다음 몇 가지로 나눌 수 있습니다.

일시적 재부와 영원한 재부, 공동 소유의 재부와 사적 소유의 재부, 물질적 재부와 정신적 재부, 마음 밖의 재부와 마음 안의 재부, 나날이 줄어드는 재부와 나날이 증가하는 재부, 유형의 재부와 무형의 재부, 천연의 재부와 창조된 재부입니다. 불교는 재부를 전생에서 현생까지, 그리고 다음 생까지 한 몸처럼 연결되었다고 생각합니다. 재부는 한 시기만 봐서는 안 되고, 각종 인연 관계를 봐야 합니다. 그래서 사람이 자신의 재부를 개발하고 여력이 남으면, 더 나아가 전 국민의 재부를 창조해야 합니다.

일반인은 대부분 돈 많이 번다는 데에서 환희를 일으킵니다. 그러나 재부의 의의를 넓혀야 합니다. 재부는 달러·지폐에 국한되지 않기 때문입니다. 널리 인연을 맺고, 자비를 실천하고, 발심하고, 봉사하고, 타인에게 친절한 미소를 보내고, 고개를 끄덕여 주고, 좋은 말로 타인을 칭찬하고, 타인의 선행을 보고 보시하려는 선한 마음을 일으키고, 나쁜 짓은 감추고 선행은 널리 알리듯이 구업도 청정하게 닦는 것 역시 인연과 복덕을 심는 우리의 재부가 될 수 있습니다.

그 밖에 자기의 물건·금전을 희사해서 필요한 사람에게 주길 원하는 것도 자비로운 마음의 재부를 모으는 겁니다. 더군다나 신체의 건강·순조로운 사업·평안한 일상·진실하게 친구를 사귐·마음에 신앙을 갖는 것 모두 우리의 재부입니다. 또한 예를 들어 당신이 큰 건물을 지었는데, 내가 그 아래에서 비를 피할 수 있고, 당신이 공원을 세웠으면 내가 그 안에서 산책을 즐길 수도 있고, 당신이 텔레비전을 샀다면 내가 옆에서 볼 수도 있습니다. 이러한 것은 비록 나의 것은 아니지만, 덕분에 나도 혜택을 받을 수가 있습니다. 그래서 재부는 다양한 방면에서 발굴해야지, 금전에만 국한시켜서는 안 됩니다.

이를 통해 세간에는 진정으로 가난한 사람이 없고, 모든 사람이 스스로 한량없는 재부를 생산해 낼 수 있음을 알 수 있습니다. 머리에는 지혜의 재부가 생겨나고, 마음에는 기쁨의 재부가 생겨나고, 두 손에는 근면이라는 재부가 생겨날 수 있습니다. 만석꾼 지기도 환희가 없다면 가난한 것과 마찬가지이니, 지혜롭고 늘 환희심을 가져야 진정한 우리의 재부라 할 수 있습니다. 유한한 재부는 결국 다 사용할 때가 있고, 매일 우리를 따라 다니는 머리·몸·손·마음의 재부는 영원히 써도 다 사용을 못 합니다.

저는 일본의 요청으로 시내 중심가에 있는 아사히신문기념관에서 '인심·운명·금전'이라는 주제로 불교 강연을 한 적이 있습니다. 강연 중 일반인은 보편적으로 자신의 앞날·운명·금전에 관심이 있지만, 정신의 정화에는 비교적 소홀한 편이라고 말했습니다. 사실 이 세 가지는 서로 인과관계입니다. 마음이 좋으면 운명이 좋고, 운명이 좋으면 돈도 많습니다. 진정한 재부는 신체 건강·마음의 만족·올바른 신앙·포용하는 아량·훌륭한 미래·생활 속의 행복·가족의 화목·뛰어난 지혜, 그리고 자아 본성의 에너지를 발굴하는 데 있으며, 정신을 맑게 정화하기만 하면 이와 같은 내적 재보는 저절로 준비될 것입니다.

불교에서 말하는 진정한 재부란 은행에 저축한 돈을 가리키는 것이 아니고, 토지·집·황금·은을 가리키지도 않습니다. 이러한 것들은 모두 다섯 집이 공유하는 것이기 때문입니다. 즉 물·불·천재지변이 당신의 집을 망하게 할 수 있습니다. 산적이 우리의 재부를 훔쳐갈 수 있습니다. 탐관오리는 각종 수단으로 백성의 재산을 수탈할 수 있습니다. 불효한 자손은 가산을 탕진할 수 있습니다. 국가의 가혹한 세금은 백성이 안심하고 생활할 수 없게 합니다. 오직 불법·신앙·자비·발심·만족·환희·참회·인연·평안·건강·지혜 등이야말로 살아가는 데 있어 진정한 인생의 재부입니다.

보현보살 십대원十大願

불문의 수행에서 장차 성불할 수 있느냐 없느냐는 당신의 발심과 원력이 있느냐 없느냐에 달려 있습니다. 당초 싯다르타 태자는 보리수 아래 금강좌 위에서 "만일 보리를 깨달아 증득하지 않으면 맹세컨대 이 자리에서 일어나지 않겠노라"라는 굳은 서원을 일으켰었고, 아미타불께서는 48대원으로 극락정토를 장엄하셨으며, 약사여래와 관세음보살님은 각기 12대원을 발하여 그 원심으로 정유리세계를 장엄하셨으며, 고통의 신음을 들으시고 고난에 찬 중생을 구하시니, 발원은 일체 사업을 성취시키는 중요한 도움 인연(助緣)이라 할 수 있습니다.

　총림사원에서 출가자는 매일 아침저녁으로 예불하면서 '보현보살 십대원'을 발원하며, 수행의 목표로 삼고 원만하게 불과를 얻기를 기원합니다.

　보현보살의 십대원에 진정으로 내포된 의미는 무엇일까요?

　저는 현대 언어로 이렇게 번역해 보았습니다.

첫째, 제불께 예경함은 인격의 존중이다.

일체중생은 모두 불성을 가지고 있으니 제불께 예경함은 일체중생의 인격을 존중하는 것입니다. 우리가 타인과 처지를 바꿔보고 "사람마다 느낌과 생각은 크게 다르지 않다(人同此心, 心同此理)"는 것을 깨닫는다면 자연히 상대를 존중하게 될 것입니다. 『화엄경』에서는 상불경 보살이 사람을 만날 때마다 "그대들은 장차 부처가 될 사람들이니 나는 감히 함부로 하지 못한다네"라고 말했다는 얘기가 있습니다. 제불께 예경하는 것이 타인의 인격을 존중하는 것이긴 하지만, 상대를 존중하는 것을 배우면서 자신의 인격도 반드시 더 향상할 수 있습니다.

둘째, 여래를 칭찬함은 언어의 보시이다.

여래도 반드시 부처를 가리키지는 않습니다. 일체중생 모두 여래의 지혜 덕상이 있기 때문입니다. 우리가 누구에게나 언어 보시를 약간씩 할 수 있다면 그게 곧 여래를 칭찬함입니다. 당초 석가모니불과 미륵불이 함께 수행하였지만, 석가모니불이 십겁 일찍 성불하였던 것은 찬탄법문을 더 많이 수행했기 때문입니다. 찬미는 우리의 처세에 있어 좀 더 많은 방편과 도움 인연이 될 뿐만 아니라, 동시에 수행 득도하는 중요한 관건이기도 합니다.

셋째, 널리 닦는 공양은 인연 맺기의 실천이다.

불교 내에서 공양은 종류가 매우 많지만, 가장 좋은 공양은 청정한 신·구·의 삼업의 공양입니다. 즉 성내지 않는 얼굴이 공양이요, 성내지 않는 입이 미묘한 향이요, 성내지 않는 마음은 귀중한 보물이니, 끊어지지도 사라지지도 않는 진상眞常입니다. 우리가 언어의 찬미로, 진심과 성의로, 환희와 존중으로 공양을 삼음이 가장 좋은 결연(結緣: 인연 맺기)입니다.

넷째, 업장 참회는 생활의 반성이다.

불교는 계율을 범하는 걸 두려워하지 않고, 범한 뒤에 참회하지 않는 것을 두려워합니다. 우리가 입은 옷이 더러워지면 물로 말끔히 빨아야 깨끗해집니다. 마음속 번뇌가 일고 업장이 생기면 참회의 법수를 이용해 깨끗하게 씻어낼 수 있습니다. 부처님께서 세상에 계실 때 다섯 가지 중죄를 지은 데바닷다 역시 참회하였기에 구제를 받았습니다. 그래서 반성과 참회를 통해서 우리는 마음의 감옥에서 석방되어 안심·자유·고요를 얻을 수 있습니다.

다섯째, 환희로운 공덕은 마음의 정화이다.

불법을 닦는 사람은 장차 복전에서 수확하기를 희망하며 항상 씨를 뿌리려고 합니다. 그러나 공덕을 모으려면 환희롭고 청정한 발심이 필요합니다. 예를 들어 항상 입으로 찬탄하고, 항상 손으로 봉사하고, 항상 환한 미소를 짓고, 항상 재물을 보시하고, 항상 힘써 뒷받침해 주고, 항상 마음에 환희심을 갖는 것입니다. 부처님이 세상에 계실 당시에 법을 듣고 마음에 환희심이 생긴 비사거毗舍佉는 진주로 만든 옷을 기쁜 마음으로 보시하여 정사를 건축할 수 있었고, 경문과 법을 듣고 불도를 수학하는 곳이 생겨 사부대중이 그 혜택을 받았습니다. 인연을 따르고 환희심을 따르는 것이 불법입니다. 환희심을 따른다고 자신의 것이 줄어드는 것은 없습니다. 오히려 더 많은 선연과 행운을 얻을 수 있습니다.

여섯째, 법륜 돌리기를 청함은 진리의 전파이다.

불법은 세상을 구할 배입니다. 당초 부처님께서 녹야원에 삼전법륜을 펼치셨는데, 이른바 '시상전示相轉'·'권수전勸修轉'·'작증전作證轉'이 그것입니다. 순서가 명확하고 분명하여 수많은 중생이 모두 그 이로움을 입었습니다. 지금 부처님은 이미 안 계시지만, 우리 모든 불교도 역시 진리의 화신이 될 수 있고, 언제 어디서나 법륜을 돌릴 수 있고, 언제 어디서나 인연과 환희심을 따라 타인에게 설법보시를 할 수 있습니다.

일곱째, 세간에 머물길 부처님께 청함은 성현의 예우이다.
"부처님 계실 적에 질곡을 헤매다가, 부처님 열반 후 나 세상에 태어났네. 이 몸의 업장이 많아, 여래의 법신을 뵐 수 없음을 참회하노라."

이제는 부처님의 진신을 더는 볼 수 없지만, 세간의 인간은 누구나 불성을 가지고 있고, 누구나 제불보살임을 이해한다면 불법을 가진 대덕께서 세간에서 홍법하는 것을 보호保護하여 지니는 것도 공덕의 한 가지입니다.

여덟째, 항상 부처님 따라 배움은 지혜로운 자를 따름이다.
십대 제자 및 1,250분의 대비구는 모두 부처님을 항상 따르며 곁에서 수학하였기에 성과聖果를 빠르게 증득하였습니다. 이제 부처님도 이미 입멸하시었으니, 우리는 어떻게 부처님을 항상 따르며 배워야 할까요? 우리는 어떻게 지혜로우신 분과 선지식을 쫓아가야 할까요? 사홍서원을 발해야 합니다.

"중생이 가없으나 다 건지오리다. 번뇌가 끝없으나 기어이 다 끊겠습니다. 법문이 끝없으나 기어이 다 배우겠습니다. 불도가 한량없으나 기어이 다 이루겠습니다."

자비희사의 사무량심을 발해야 합니다. 자신에게 불법이 있으면 방법이 있으니, 항상 부처님을 따라 배워야 합니다.

아홉째, 항상 중생에 순응함은 민의의 중시이다.

불도를 배우려면 자신의 집착을 버려야 하고, 선교방편으로 중생을 제도하여 이끌고, 가까이 있는 사람에게 화락함을 느껴 당신을 따라 불법을 배우도록 이끌어야 합니다. 예컨대 불교의 "중생이 원하는 모습으로 나타나 교화하고, 자비심으로 일체중생을 보호한다(隨類應化, 同事攝受)", 유교의 "가르침은 있으나 분류하지 않고, 학생의 재질에 따라 각기 다른 내용으로 가르친다(有敎無類, 因材施敎)"는 모두 세상을 교화하는 자비와 지혜입니다. 이러해야 근기에 맞춰 법을 설하고, 근기를 살펴 가르침을 줄 수 있습니다.

열째, 두루 회향함은 법계의 평화이다.

이른바 회향은 돈을 은행에 저축하는 것과 같이 맡긴다는 의미가 있습니다. 회향의 원리는 손으로 초를 잡고 다른 초에 불을 붙이는 것과 같습니다. 초 본래의 밝기는 줄어들지 않고, 오히려 다른 초에 불을 붙인 까닭에 실내는 더욱 밝아졌습니다.

보현보살은 대승불교에서 실천의 상징이자, 보살도를 실천하는 행위에 있어 모범이 됩니다. 불보살이 원을 일으키신 것은 마치 학생이 수업계획표를 작성하는 것과 같아서, 목표와 원동력이 생기니 순서대로 차근차근 이상을 실현해 나갈 수 있습니다. 그러므로 사람은 반드시 뜻을 세우고 원을 일으켜야 합니다. 뜻을 세워야 목표가 있고, 발원을 해야 계속해서 전진할 원동력이 생깁니다.

사경四經 중의 사불四不

학습하는 과정에서 누군가는 고금의 성현을 모범으로 삼아 본받고, 누군가는 말 한마디로써 자신을 분발시키는 격언으로 삼습니다. 불교 경전에서는 사구게를 염송하는 공덕이 항하사만큼의 귀중한 보물을 보시하는 것보다 앞선다고 합니다. 이유는 바로 게송 한마디가 깨우쳐 주어 우리를 미혹에서 깨달음으로, 그리고 어둠에서 광명으로 이끌기 때문입니다. 무수히 많은 불교의 경전 안에 담긴 수많은 진리 명언은 모두 부처님의 지혜로운 가르침이시니, 우리가 반성하고 받들어 실천할 만합니다. 사부경四部經 안의 게송을 대인과 처세의 참고로 삼을 수 있게 간략히 서술하고자 합니다.

1. 『화엄경』의 초심을 잃지 말자.

『화엄경』에서 말하는 "초심을 잃지 말자"는 우리가 가장 처음에 가졌던 뜻을 잊지 말아야 한다는 것입니다. 그것은 보살이 도를 배우면서 가장 구족해야 하는 정신이기도 합니다. 누군가는 비록 발심하고 뜻을 세워 성현을 따라 배우려 하지만, 곤란이 닥치기만 하면 위축되어 한 발도 나아가지 못하고 신심을 잃어버립니다. 현재 경제가 불황이다 보니 장사가 쉽지 않아 농업으로 바꾸고, 작가는 수입이 일정하지 않아 공무원이 되기도 합니다. 살아가면서 계속 도로를 갈아타고 처음부터 다시 시작하니, 시간만 낭비하고 결국 아무것도 이루지 못합니다.

우리가 가장 처음의 발심을 잊지 않는다면, 자연히 당신이 더 발전하고 향상하도록 격려할 역량이 생길 것입니다. 최초의 발심을 잊었다면 역경에 쓰러지기 매우 쉽습니다. 목적에 도달하기 전에는 죽어도 쉬지 않겠다고 발원하고, 학업을 이루기 전에는 돌아가지 않겠다고 맹세하며, 이렇게 굳세게 밀고 나간다면 아무리 먼 길도 종국에는 목적지에 다다르게 됩니다.

2.『유마경』의 청하지 않아도 도와주는 친구

일반인은 모두 다른 사람이 청탁해야 비로소 도움을 줍니다. 청탁을 받고 도움을 주는 것은 지극히 정상입니다. 세간에서 생활하면서 우리는 많은 시간을 부모·친척·스승·친구 및 사회 대중이 우리에게 제공해 주는 지원에 의지해야만 겹겹의 난관을 뚫고 나아갈 수 있습니다. 그래서 우리는 "뭇사람이 청하지 않더라도 벗이 되어 그들을 편안하게 해 준다"는『유마힐경』의 말처럼 불청지우不請之友가 되어, 청탁하러 오길 기다리지 말고 내게 역량이 있다면 흔쾌히 언제든지 나서 도와주고 기여하여 인간 세상에 인연들을 주어야 합니다.

불교에서는 늘 "불도를 이루기 전에 먼저 인연을 만들라"고 말합니다. 널리 선연을 맺을 줄 알아야 인연이 생겨날 것이고, 더 많이 도울 방법을 얻을 수 있습니다. 제불보살이 중생을 깨닫게 하고자 불청지우를 자청한 것처럼, 중생도 제불보살을 본받아 적극적으로 사회로 나아가 대중의 봉사자가 되어야 합니다. 남을 돕는 이는 항상 타인으로부터 도움을 받고, 남을 존경하는 이는 항상 타인으로부터 존경을 받는다고 합니다. 당신이 평소 먼저 나서서 타인을 위해 봉사하거나 노력하지 않고, 기쁜 마음으로 불청지우 하지를 않는다면, 정작 당신이 도움이 필요할 때 어떤 인연도 없을 겁니다.

3. 『팔대인각경』의 지나간 잘못을 염두에 두지 않는다.

친구를 사귀면서 선하거나 악할 때가 있고, 좋을 때도 나쁠 때도 있으니 이걸 피할 수는 없습니다. 그러나 일반인은 늘 나쁜 것만 기억하고 좋은 것은 기억하지 않으며, 원한은 기억하고 은혜는 기억하지 않는 나쁜 습관이 있습니다. 당저唐雎가 신릉군信陵君에게 말한 것처럼 덕을 갖춘 사람은 타인이 내게 베푼 은덕은 잊어서는 안 되고, 내가 타인에게 베푼 은덕은 잊지 않으면 안 됩니다. 우리는 타인에게서 은덕을 받았으면 마음에 깊이 새기고 은혜를 갚을 줄 알아야 합니다. 반대로 타인이 어쩌다 내게 잘못하였어도 원망을 품지 말아야 합니다.

『팔대인각경』에서는 친구에 대해 "지나간 잘못을 염두에 두지 말아야 한다"라고 말합니다. 우리의 친척·친구는 모두 성현이 아니고 사람이기에 살면서 미흡한 점이 있게 마련입니다. 자신도 타인에게 잘못을 할 수도 있기 때문에 우리는 넓은 마음으로 용서해야 합니다. 타인의 잘못을 볼 때마다 잊지 않고 가슴에 새겨둔다면 마음이 어떻게 청정하겠습니까? 비구는 하룻밤을 넘기는 원한이 없다는 불교의 가르침을 따라 원한을 내일로 가져가지 말아야 합니다.

4. 『대승기신론』의 인연 따라 변하지 않는다.

이른바 '수연隨緣'은 인연에 순종하여 따른다는 것입니다. 세간의 만법은 모두 인연이 모아져 존재하고, 모든 사람은 인연법을 떠나 살아갈 수 없습니다. 마찬가지로 모든 사람의 사상·관념·언행은 타인에게 영향을 주는 상호 인연이 될 수 있습니다. 그러므로 사람이 서로 어울리면서 좋은 인연을 따라가야 하고, "원한을 맺기보단 인연 맺는 것이 좋다"는 관념을 가지고 인연을 따라야 일을 이룰 수 있습니다. 그러나 중요한 것은 이해득실 앞에서 『대승기신론』의 '인연을 따르되 변하지 않는다(隨緣不變)'라는 말처럼 매사에 해야 할 일인지 아닌지를 잘 살펴야 합니다.

'수연'은 원칙과 규칙이 없고 물결 따라 이리저리 휘둘리고 세상 풍파를 따라 부침하는 것이 결코 아닙니다. '불변不變'도 관례대로 따르고 낡은 관습을 고수하라는 것이 아닙니다. 지나치게 원칙을 고수하면 융통을 발휘할 수 없으며, 오히려 집착되어 인연을 상실케 되고 사업을 발전시키는 데도 장애로 작용하게 됩니다. 사실 '인연을 따르되 변하지 않음'은 진리 앞에서는 변하지 않는 원칙이 있어야 하지만, 인정과 세상사에 있어 인연 따라 살아가는 성격도 필요합니다. 처세와 일처리를 하는 방법에서도 원융은 필요하지만, 마음에 원칙을 갖고 있지 않으면 안 됩니다. 바꿔 말해 대원칙은 고수하되, 소소한 것은 임시방편으로 일처리 할 수 있어야 합니다. 겉으로는 부드럽지만 속으로는 정한 원칙을 견지하는 인원심방人圓心方이 필요합니다.

결론은 우리가 세상살이에서 사구게의 지혜를 봉행한다면 마음은

자재로울 것이고, 어떤 상황을 만나도 편안할 것이고, 인연을 따라
살아갈 것이고, 환희로운 마음으로 행동할 수 있을 것입니다.

가벼이 여기면 안 되는 네 가지 작은 것(四小不可輕)

세간의 인간에게 가장 큰 번뇌의 근원은 바로 '분별심'을 갖는 데서 옵니다. 분별심이 있기에 불평이 생기고 원망하게 됩니다. 분별심이 있기에 불만이 생기고 대립이 조성됩니다. 분별심이 있기에 부유하니 가난하니, 귀하니 천하니, 크니 작으니, 높으니 낮으니, 선하니 악하니, 좋으니 나쁘니, 있니 없니, 옳으니 그르니 등 비교하고 따지게 됩니다.

특히 어른이 아이를 괴롭히고 부자가 약자를 괴롭히는 등 사회의 불공정과 불의는 인간 세상에 수많은 죄악과 비극, 사랑스럽지 못한 수많은 현상을 만들었습니다. 그래서 불교에서는 불꽃을 가벼이 여기지 말고, 작은 물방울을 가벼이 여기지 말고, 어린 왕자를 가벼이 여기지 말고, 어린 사미승을 가벼이 여기지 말라는 '사소불가경四小不可輕'을 제의합니다. 사소불가경은 우리가 평소 가장 홀대하고 경시하던 작은 것들을 가벼이 여기지 말고, 얕보지 말고, 심지어 더욱 그를 바라봐 주고 중시해야 함을 일깨워 줍니다.

작디작은 불씨도 맹렬한 기세가 되어 커다란 숲을 태워버릴 수 있고, 작은 물방울도 모이면 바다를 이루어 뭇 생명을 윤택하게 하고 만물을 길러낼 수 있습니다. 또한 어린 왕자는 자라 일국의 군주로 천하를 호령할 수 있고, 어린 사미승은 시일이 좀 지나면 배움에 성과가 있을 테니 그 역시 진리의 사자가 될 수 있고, 인천의 본보기인

대법왕이 될 수 있습니다. 당신께서는 이러한 데도 작다고 그들을 가벼이 여길 수 있습니까?

그래서 작다고 가벼이 여겨서는 안 됩니다. 아주 작은 물건이 오히려 매우 큰 작용을 하기도 합니다. 작디작은 다이아몬드는 자갈 몇 톤의 가치와 맞먹습니다. 과일이 주렁주렁 달린 나무도 씨앗 한 톨에서 시작했습니다. 나사못 하나가 기계의 정상 작동에 영향을 줄 수도 있습니다. 작아도 위력은 비할 바 없이 큽니다.

우리가 크게 주의를 기울이지 않는 바늘구멍, 쥐똥 한 알, 일부 세균들이 죽음에 이르게 할 수 있고, 나아가 전반적인 성과까지도 그르칠 수 있습니다. 그러므로 처세에서도 마음 내키는 대로 무심하게 말하거나 기분 내키는 대로 일처리 해서는 안 되고, 함부로 타인에게 상처를 주어서는 더욱 안 됩니다. 말 한마디도, 일 한 가지도, 한 사람도 어쩌면 우리의 치명상이 될 수 있습니다.

『법화경』에는 상불경 보살 얘기가 나옵니다. 그의 눈에는 일체의 중생이 모두 미래의 부처이기에 경시할 수 없어, 보는 사람마다 공경하며 인사하였다고 합니다. 스스로 낮춰 일체중생을 대한 그의 풍모를 오늘날 우리는 마땅히 배워야 하겠습니다.

오늘의 '매우 작음'은 훗날 '매우 큼'으로 변할 수 있습니다. 그러므로 타인을 대함에 있어 그가 작을 때는 가벼이 여기지 말고 큰 뒤에는 존중해야 합니다. 이른바 처음에는 거만하게 대하다가 나중에 공손해지는 태도는 지혜롭지 않으며 위험한 행동입니다. 그러나 어떤 이들은 이런 원대한 식견이 없습니다. 그래서 '사소불가경'은 우리에게 세간의 일체가 가진 평등한 법성을 보아야 하고, 상대의 처지에서 그의 생각을 이해해야 하고, 존중할 줄 알아야 함을 일깨워 줍니다. 작은 것을 존중하고, 그 외 일체의 좋고 선한 것, 심지어 무엇이 되었든 존경심과 포용심을 갖고 환희로운 마음으로 찬탄한다면 평소 아무런 준비도 하지 않다가 급하게 도움을 청하지 않아도 되고, 평소 사람들에게 인연을 주었으니 장차 선한 과보가 없을까 걱정하지 않아도 됩니다.

생공生公의 설법

"생공이 설법을 하니, 바위가 고개를 끄덕였다(生公說法, 頑石點頭)"라는 고사가 있습니다. 정말 이런 일이 있을까요?

생공은 동진東晋 시기 축도생竺道生 대사를 가리킵니다. 그는 어려서부터 총명하고 이해력이 뛰어났으며, 8살에 출가하여 15세에 법상에 올라 불법을 강의하여 모든 이들의 찬송을 받았습니다. 20세에 강서에 있는 여산廬山에 올랐고, 7년 뒤 북쪽을 주유하며 장안에 도착해 구마라집 대사를 도와 경전 번역을 하였습니다. 관중關中 지역의 승려들은 모두 그를 일러 이해가 매우 빠른 사람이라 말했습니다. 도융道融, 승예僧睿, 승조僧肇와 더불어 '구마라집 문하의 사걸四杰', '관중의 사성四聖'이라 불렸습니다. 또 구마라집 대사께서 번역한 경전이 막힘없이 부드럽게 읽히는 데는 축도생 대사의 공로가 없다고는 말할 수 없습니다.

북쪽을 돌며 참학을 마치고 도생 대사는 건강(建康: 지금의 남경)으로 돌아와 상세히 연구한 열반학을 저술했습니다. 당시 법현法顯 대사께서 건강에서 『대반니원경大般泥洹經』 6권을 번역해 내놓았는데, 경문 가운데 일체중생은 모두 불성이 있어 저마다 성불할 수 있지만 오직 일천제一闡提, 즉 일체 선근을 끊어 없앤 사람은 제외한다는 언급을 여러 차례 했습니다.

깨우침이 뛰어났던 도생 대사는 이 견해를 인정할 수가 없었습니다. 그는 일체중생에게 모두 불성이 있다면 자연히 일천제도 제외해서는 안 된다고 생각했고, 열반에 대한 새로운 학설의 기치를 높이 들고 놀랍게도 "일천제도 모두 성불할 수 있다"라고 외쳤습니다. 결국에는 주류인 수구파의 격렬한 비난과 공격을 받았습니다. 그가 경전의 말씀에서 벗어나 도리를 져버렸으며, 삿된 말로 군중을 미혹시킨다고 하여 그를 승단에서 축출하였습니다.

고립무원의 도생은 많은 이들의 지적에도 여전히 자신의 신념을 견지하였으며, 두려운 기색도 없이 엄중한 서원을 하였습니다.

"나의 설법이 불교교의에 어긋났다면 나는 현생의 몸으로 악의 과보를 받을 것이고, 만일 내가 말한 게 진리라면 오직 높은 법상에 올라 죽길 바라노라."

말을 마치자마자 그 자리를 떠났습니다.

침울한 심정으로 건강을 떠난 도생 대사는 소주의 호구산虎丘山에 도착했습니다. 슬픔이 일어나는 걸 참을 수 없어 눈물이 마구 흐르면서 앞에 수많은 바위에 대고 물었습니다.

"바윗돌들아, 말 좀 해다오. 일체중생이 모두 성불할 수 있으니 마땅히 천제도 성불할 수 있을 것이다. 나의 말이 틀렸느냐?"

눈물이 그렁그렁한 눈으로 바라보니 그 바위들이 정말 옳다고 고개를 끄덕이는 것처럼 보였습니다.

법이란 마음에서 생기니 그의 마음에 그런 느낌이 들었을 것입니다. 그래서 "생공이 법을 설하니, 바위가 고개를 끄덕였다"가 사실인지 아닌지, 바위가 고개를 끄덕였는지 여부는 모두 크게 중요하지는 않습니다. 이른바 "마음에서 만법이 생긴다"라는 말처럼, 만법이 마음에서 생겨난다는 것은 절대 틀림없습니다.

　마지막으로 한 가지 덧붙이자면, 사건 발생 몇 년 뒤에 북량北涼의 담무참曇無讖이 번역한 북본北本인 『대반열반경』 40권이 건강에 전해졌는데, 경문 내용에 "부처님은 항시 머무나니, 모든 중생은 다 부처님의 성품을 가지고 있다(如來常住, 衆生悉有佛性)"의 사상을 더욱 온전하게 말하였습니다. 가장 중요한 것은 "천제도 성불할 수 있다"는 논점이 자세하고도 긍정적으로 서술되어 있었는데, 이로써 그 당시 도생 대사의 논점이 실제 한 치의 어긋남도 없이 불교의 이치에 부합된다는 것을 증명하였습니다. 이때 비로소 남방南方의 승려들도 도생 대사의 선각자적 지혜와 높은 탁견에 깊이 탄복하였습니다.

언어도단 言語道斷

불교는 '언어도단言語道斷'을 말하고, 선종에서는 '불립문자不立文字'를 더욱 주장합니다. 그런데 부처님이 세간에 머무시며 49년간 설법하셨고, 불교에는 삼장십이부 경전, 백여 권의 대장경이 남겨져 전해오고 있습니다. 더 나아가 선종의 어록과 공안 역시 그 수를 헤아릴 수 없습니다. 그럼 이건 모순 아닙니까?

사실 조금도 모순되지 않고 조금도 충돌하지 않습니다. 소위 언어도단은 주로 불교의 제일의제第一義諦의 이치가 담겨 있고, 특히 "물이 따뜻한지 차가운지는 마셔본 사람만이 안다"라고 하듯 깨달아 얻는 경계에 관해 반드시 자신이 직접 증명해야만 그것의 오묘함을 느낄 수 있지, 언어로 형용할 수 있는 것이 아님을 주장하는 것입니다. 선종의 불립문자 역시 문자가 필요 없다는 말이 아니라, 그저 문자에 집착하지 말라는 것입니다. 언어와 문자는 '달을 가리키는 손가락'이고 우리가 달을 보게 인도해 주는 방편일 뿐, 손가락이 달은 분명 아닙니다. 그러므로 부처님과 고덕들께서는 노파심에서 거듭 당부하셨으며, 손가락 때문에 달을 잊을까 깊이 걱정하셨습니다.

다만 언어문자는 최상의 방법은 아니어서, 이른바 "일단 말이라는 그물에 닿으면 변질되어 버리고, 설파를 거치면 이미 본래의 진실이 아니다(一落言筌, 便成謬誤, 一經道破, 已非眞實)"라는 것입니다. 그러나 불법은 여전히 언어문자를 통해 전파되어야 후세에 전해질 수 있기에 경장은 비할 바 없는 진귀한 법보로 여겨집니다.

더욱이 불법을 배우는 데는 언어문자를 방편으로 삼아야 할 뿐만 아니라, 일상생활에서 사람과 사물을 마주할 때도 언어문자로 사상을 전달하고 의견을 나눠야 합니다. 사람은 죽을 때까지 배워야 한다고 합니다. 우리의 일생은 언제나 언어문자에 의지해야만 다른 이와 교류할 수 있고, 끊임없이 배우고 성장할 수 있습니다. 언어문자가 없으면 우리는 속수무책이며, 한 발도 나아가기 힘듭니다.

특히 언어문자의 역량은 대단히 커서, 이른바 말 한마디로 사람을 살릴 수도 있고 죽일 수도 있으며, 말 한마디로 나라를 일으킬 수도 망하게 할 수도 있습니다. 격식을 갖춰 언어를 사용하면 처세가 원활하고 화합하여 다툼이 없습니다. 적절하지 않은 표현은 오해를 일으키기 쉽고 타인의 마음을 상하게 하며 자신에게도 이롭지 못합니다.

그러나 언어문자가 중요하기는 하지만, 때로는 말을 적게 할수록 좋기도 합니다. 불교도는 무슨 일을 하건 '아미타불'이라 말하는 걸 좋아합니다. 인사를 나눌 때도 아미타불, 감사를 표할 때도 아미타불, 오면서도 아미타불, 가면서도 아미타불이라 합니다. 아미타불 한마디가 수많은 말보다 낫습니다.

이외에 또 하나의 언어가 있는데 '무언無言'이라 하며, 또 하나의 소리가 있는데 '무성無聲'이라 합니다. 언어문자도 마음의 소리를 전달할 수 없고, 표정으로 생각을 나타낼 방법이 없을 때는 부득이 "무성無聲은 유성有聲을 이기고, 무언無言은 유언有言을 이긴다"고 하니, '무'가 가장 훌륭한 언어가 되었습니다. 무언의 항의, 무언의 관심,

무언의 교화, 무언의 설법 등 무는 유보다 더욱 높은 경계와 더욱 강한 역량을 가지고 있습니다.

그러므로 영산회상에서 부처님께서는 연꽃 한 송이를 집어 들고 대중에게 보이셨는데(염화시중), 가섭 존자만이 그 뜻을 깨닫고 빙긋이 웃었기에(파안미소), 번뇌를 벗어나 진리를 깨닫는 마음을 그 자리에서 그에게 당부하였습니다.

유마 거사의 "한 번의 침묵은 천둥과 같다"에서는 한 번의 침묵이 천둥처럼 귀를 때리고, 천고의 세월 동안 울려 퍼졌습니다. 모두 천상의 아름다운 도리를 말로 할 수 없고, 문자로 옮길 수 없음을 설명하고 있습니다. 언어문자의 제한을 초월하여 "곧고 푸르른 대나무도 반야 아닌 것이 없고, 무성하게 핀 노란 잎도 모두 미묘한 진리이다"를 보았을 때, 진리의 지혜의 문으로 들어갈 수 있습니다.

선종어록 안에서는 선사들 간에 예상을 뛰어넘고 논리가 없는 것 같은 말을 자주 볼 수 있습니다. 예를 들어 불상을 태워 따뜻하게 한 단하丹霞 선사, 마음을 훔치라고 가르친 석옥石屋 선사, 대변 안에서 더위를 피한다고 한 문원文遠 선사, 더운 곳으로 피서하러 간다는 동산洞山 선사……, 나아가 조사들께서 정신을 차리라고 일갈하고 화두를 들도록 촉구하는 등은 모두 우리의 분별심을 끊게 하기 위해서입니다. 소위 "언어의 길을 끊고, 마음 가는 곳을 없애라(言語道斷 心行處滅)"고 하듯이 '길'을 발견하는 것은 자신의 마음에 달려 있지, 망상하고 분별하는 데 있지 않습니다.

그러나 궁극의 진리는 물론 말로 할 수 없으니, 말하는 순간 맞지 않게 됩니다. 그러나 일반인에게 말로 하지 않는다면 들어갈 수 있는 문이 영원히 없을 겁니다. 이는 마치 아직 강도 건너기 전에 배를 버리는 것과 같습니다. 일단 강을 건너 해안에 올라섰다면 당연히 배를 메고 갈 필요는 없습니다. 그러므로 언어문자는 방편선교일 뿐입니다. 그것을 잘 활용하되, 집착하지 않고 이 기회를 빌어 변하지 않는 참된 마음을 깨달을 수 있다면, 부처가 깨달은 진리를 닦지 못할까 걱정할 필요가 없습니다.

생사는 작은 일(生死事小)

불교의 많은 대덕 장로께서는 평소 출가제자나 재가신도에게 법문을 할 때, 세간에서의 어떤 일도 다 중요하지 않고, 서둘러 '요생탈사了生脫死'함이 가장 중요한 것처럼 "생사는 큰일이다(生死事大)"라는 말을 자주 꺼냅니다. 특히 일반인이 찾아와 저와 불법에 관한 얘기를 나눌 때면, 저는 왜 불도를 배우려느냐고 묻습니다. 대부분의 대답은 생사는 큰일이지 않으냐, 또는 요생탈사 하기 위해서라고 합니다. 그러나 저는 이러한 관념에 동의할 수 없습니다.

생사는 자연의 법칙입니다. 기왕에 수도를 하였는데, 생생사사生生死死·사사생생死死生生에 대해 여전히 내려놓지 못한단 말입니까? 죽을 때 되면 죽는 것이고, 살 때 되면 사는 것이며, 태어났으면 죽어야 하고, 죽었으면 다시 태어나는 것이라, 이것은 무슨 놀라운 일도 아닙니다. 이번 생에 수행이 다 완성되지 못하면 다음 생이 또 있습니다. 과거 많은 제불보살 역시 모두 삼대아승지겁을 거치고서야 성취할 수 있지 않았습니까?

그래서 태어나도 좋고 죽어도 좋으니 지나치게 신경 쓰지 않아도 됩니다. 저는 수도하는 사람이라면 생사는 작은 것이고 중생제도가 큰일이라 여겨야 한다고 생각합니다. 불교 부흥이야말로 큰일이고, 부처님의 가르침을 널리 펼치고 중생을 이롭게 하는 일이야말로 큰일이라는 생각을 가져야 합니다. 만약 당신이 매일 생사를 근심하고 현재의 중생제도는 중요하게 여기지 않으면서 자신의 요생탈사만을 바란다면, 너무 이기적이지 않습니까? 생사를 중요하게 보고, 지나치게 생사를 중시하고, 지나치게 부풀리니 그 외에 다른 일은 할 필요가 없다는 것입니까? 당신은 생사를 큰일이라고 강조하는데, 세간에서 작은 일이란 무엇입니까? 이것은 인간 세상의 순리를 따르면 될 일인데, 왜 생사는 큰일이라고 소리 높여 부르짖습니까?

당신이 중생제도도 안 하고 인연을 맺지도 않고 스스로 수행하기만 하면 요생탈사할 수 있을 거로 생각합니까? 모든 수도자는 자신의 생사를 그렇게 중요하게만 보지 말고, 사회 복지를 위해 더 일해야 합니다. 부처님의 가르침을 전하여 대중을 이롭게 하는 사업을 많이 하고, 인간불교를 선양하는 불사를 많이 벌여 불법이 삼천대천세계에 두루 전해져 사람이 저마다 불법을 받아들이고, 저마다 진리를 알게 하여 모두가 함께 수행하고 함께 성취하게 해야 합니다. 다시 말하면 요생탈사 하고 싶다면 그대를 내가 성취시켜 주고, 나를 그대가 성취시켜 주면서 상대에게 도움을 주는 인연이 되어야 합니다. 저는 이렇게 하면 더 요생탈사할 수 있다고 생각합니다.

'요생탈사' 얘기가 나왔으니 저는 모든 수행자에게 묻고 싶습니다. 요생탈사 후에 당신은 어디에 머물 겁니까? 요생탈사 후에 당신은 무슨 사업을 할 겁니까? 요생탈사 후에도 당신은 계속 수행할 겁니까? 요생탈사 후에 당신은 계속 일을 할 겁니까?

소위 말하는 '요생了生'은 세간의 사람들이 생활하면서 고통과 어려움이 없이 평안하고 자재롭게 생활하게 해주는 것입니다. 이렇게 하면 당신이 그를 대신해 요생해 주었을 뿐만 아니라, 당신 자신도

요생한 것입니다. 또한 그가 세간의 인연이 다하여 세간을 떠나려고 할 때, 당신은 또 그를 도와 후사 처리를 해주어 그가 아무 걸림 없이 편안하게 내려놓고 마치 다른 곳으로 이민 가듯 안심하게 해주는 것이 그가 '탈사脫死'하는 것입니다.

생사는 연결되어 있습니다. 마치 여행처럼 이곳에서 출발해 저곳으로 가는 것입니다. 그래서 '왕생'이라 부릅니다. 다만 왕생 후에 어디로 가느냐 하는 것일 뿐입니다. 대체로 왕생하려면 무거움에 따라(隨重), 습관에 따라(隨習), 생각에 따라야(隨念) 하는 세 가지 조건이 있습니다. 좋은 곳에 왕생하고자 하면 평소 일상에서 좋은 일 더 많이 하고, 좋은 말 더 많이 하고, 좋은 마음 더 많이 가져야 합니다. 저는 생활이 먼저고, 생사는 나중이라고 생각합니다. 평소 의미 있고 가치 있게 생활하기만 하면 왕생할 때 자연히 평안하고 자재롭게 생사를 해탈할 수 있습니다.

그래서 인간 세상에서도 당신은 요생탈사를 할 수 있습니다. 그렇지 않다면 요생탈사 후에 당신은 또 무엇을 하겠습니까? 설마 직업도 없는 유랑생활을 하겠습니까? 만일 정말로 당신에게 생사가 없다면 흡사 영혼이 없어지고 의지할 데가 없어지는 것과 같으니, 그게 어떤 느낌일지 당신은 아십니까? 현재 당신이 머무는 이 세간에서는 일도 있고 활동도 하고 생존한다는 의미가 있는데, 왜 생사를 미워해야 합니까? 생명은 무한한 순환이고 무한한 희망이니, 이것이 곧 인생의 의미입니다.

계戒의 참뜻

불교는 "계가 머무는 데 승가가 머물고, 승가가 머무는 데 법이 머문다(戒住則僧住, 僧住則法住)"라고 강조합니다. 초기에 부처님께서는 승단이 화평하고 즐거우며, 청정함을 유지하고, 정법이 오래 머물게 하려고 계를 제정하셨습니다. 그래서 계는 승단의 초석입니다. 그러나 계율도 단지 출가자만이 수지해야 하는 것은 아닙니다. 계는 일체 선법의 근본이니 누구나 자신을 규범 지을 계를 가진다면 인생의 길이 안전해질 것입니다.

계는 입으로만 떠드는 것이 아니라, 실천해야 합니다. 또한 계는 활용하는 것이지, 판에 박힌 듯 고지식한 게 아닙니다. 대승불교의 '삼취정계三聚淨戒'를 들어 얘기하면, 첫째는 섭율의계攝律儀戒로 당신의 행주좌와行住坐臥 모두가 위의威儀에 부합되어야 하고, 둘째는 섭선법계攝善法戒로 일체의 실천은 모두 자선을 근본으로 해야 하며, 셋째는 요익유정계饒益有情戒로 먼저 나서서 중생을 배려하고 유정중생을 이롭게 해야 합니다. 이것이야말로 적극적인 지계입니다.

불교의 기록에 의하면, 고대 인도에 파사닉왕이 있었는데 그의 왕비를 사람들은 '말리 부인'이라 불렀습니다. 국왕과 평소 금슬이 좋았던 왕비는 부처님께 귀의하고 오계를 받은 이후에는 살생·도둑질·사음·거짓말·음주를 하지 않는 계율을 철저히 지켰습니다.

한번은 전쟁에서 돌아온 파사닉왕이 요리사가 준비한 음식이 만족스럽지 못해 크게 화를 내며 요리사를 죽이라고 명령했습니다.

말리 부인이 이 소식을 듣고 어떻게 하면 요리사를 구할 수 있을지 고민했습니다. 그리고 한 가지 방법을 생각해 냈습니다. 파사닉 왕을 만나자마자 왕비는 말했습니다.

"대왕께서 돌아오시어 제가 얼마나 기쁜지 모릅니다. 대왕의 귀환을 환영하는 뜻에서 술자리를 마련하였으니 저와 함께 술 한잔 하시지요."

그 말을 듣고 파사닉왕은 매우 기뻤지만, 속으로는 의심이 들지 않을 수 없었습니다. 그래서 왕비에게 물었습니다.

"당신은 계를 받지 않았소?"

그러자 왕비가 대답했습니다.

"대왕을 맞이하기 위해 오늘 한 번 계를 어기는 것은 괜찮습니다. 그러나 대왕이시여, 제게 한 가지 청이 있습니다. 좋은 술에는 좋은 안주가 있어야겠지요. 요리사에게 제가 좋아하는 요리를 직접 만들어 올릴 수 있게 해주십시오."

파사닉왕은 속으로 생각했습니다.

'큰일이다! 그 음식을 만들 수 있는 요리사의 목을 치라고 방금 명령했는데.'

그래서 큰소리로 형 집행을 중지하라고 외쳤습니다. 서둘러 사람을 형장으로 보내 요리사의 목숨을 구하게 했습니다.

말리 부인의 이 같은 행위는 대체 계를 범한 걸까요, 범하지 않은 걸까요? 계는 마음속의 한 생각이므로 조문의 겉모습에 구속되어서는 안 됩니다. 당신이 만일 탐진치로 인해 옳지 않은 행위를 했다면 그것은 당신이 계를 범한 겁니다. 만일 당신이 사람과 세상을 구하기 위해서라면 설령 행위에 있어 위반은 하였더라도 일반적인 계를 범한 것과 같다고 볼 수는 없습니다.

중국에서 있었던 사건입니다. 명나라 말년에 장헌충(張獻忠: 명말 농민봉기군 지도자)이 군사를 일으켜 반란을 꾀했습니다. 반란군이 한 사찰로 들어갔는데 안에는 출가자 외에도 피난 온 백성들이 가득했습니다. 주지이신 파산破山 화상은 사찰 내의 모든 사람을 보호하기 위해 앞으로 나서서 반란군에게 사람을 해치지 말라 부탁했습니다. 평소 파산 화상은 계율을 엄격히 지키고 있었는데, 반란군은 일부러 괴롭히기 위해 고기 한 접시를 가져와 그에게 말했습니다.

"좋소, 큰스님. 당신이 이 고기를 먹으면 내가 저들을 죽이지 않겠소. 그러나 만약 당신이 안 먹겠다면 난 하나도 남김없이 전부 죽여버리겠소."

화상은 그 자리에서 한 치의 망설임도 없이 고기 한 그릇을 다 먹었습니다. 반란군도 약속을 지키며 모두를 풀어주었습니다. 그러면 파산 화상은 계를 범한 걸까요, 계를 지킨 걸까요?

사실 세상과 사람을 구하겠다는 데서 나온 마음이라면 모두 보살의 요익유정계이고, 모두 비구의 근본자성계입니다. 지계는 계라는 모습에 구속받는 게 아니라, 계의 정신을 활용하는 것입니다. 계는 불도를 닦아 지니고 실천하는 것이 중요합니다. 그래서 우리 불자들께서는 계율에 대해 이러한 정확한 견해를 가져야 합니다.

그러나 만일 물건을 훔치려는 사람이 자기 대신 훔쳐다 달라 하고, 가져오지 않으면 죽이겠다고 협박해서 내가 그를 도와 물건을 훔쳤다거나, 또는 나를 따라다니는 사람이 자기 말에 따르지 않으면 자살하겠다고 해 그를 위해 나는 어쩔 수 없이 계를 범하는 이런 경우는 모두 '일대일一對一'이며, 개인의 이기적인 행위이기에 이유가 성립되지 않는 명백히 계를 범한 것입니다. 계는 모든 선을 받들어 행하는 것입니다. 당신이 대중을 사랑하고 사회를 사랑할 수 있어야 하고, 대중을 위해 희생하고 공헌할 수 있어야 합니다. 그러면 설령 육신을 베어 독수리에게 먹이고, 몸을 희생해 호랑이의 굶주림을 면하게 해준다 해도 계를 범한 것이라 할 수 없습니다.

인忍의 참뜻

불교에서는 우리가 거주하는 이 세계를 '사바娑婆'라 부릅니다. '감당할 수 있다', '견딜 수 있다'라는 의미입니다. 사람이 살아가면서 겪는 괴로움·어려움·가난·기아·추위·더위·성냄·원망을 참아야 할 뿐만 아니라, 또 부귀·즐거움·이익·명예를 견뎌야 하기 때문에 세상살이에서 이 '인내'의 수양과 공력이 없어서는 안 됩니다.

인내는 고도의 지혜가 갖춰져야 '참지 못할 것도 참을 수 있고, 행하지 못할 것도 행할 수 있는' 단계를 해낼 수 있습니다. 그래서 부처님께서는 인욕의 공덕을 찬탄하시며, 보시와 지계도 미치지 못하고, 인욕하는 자야말로 '힘이 있는 커다란 사람(有力大人)'이라 할 수 있다고 하셨습니다.

어떤 사람은 부처님이 말씀하신 인내가 누가 한 대 쳐도 되받아치지 말고, 욕을 해도 대꾸하지 말라는 것이며, 불도를 배우면 늘 인내하라는 말만 하니 손해를 보는 것 같다고 생각합니다. 사실 '인忍'은 세간과 출세간의 실상을 분명히 알고, 그에 대처하는 길을 알려줍니다. 인은 인식하고, 받아들이고, 감당하고, 처리하고, 해소하는 것입니다. 인은 마음의 지혜이고, 도덕적 용기이며, 관용의 자비이고, 견성의 보리이고, 위없는 역량의 일종입니다.

불교가 말하는 인은 생인生忍, 법인法忍, 무생법인無生法忍 세 가지가 있습니다.

1. 생인生忍

생명을 유지하고자 하면 반드시 생활 속에서 세상의 온갖 고초와 굶주림과 목마름, 괴로움과 즐거움을 견뎌내야 합니다. 출근하기 위해서 아침에 일찍 일어나 서둘러 차를 타야 하고, 덥고 추운 날씨를 인내해야 하고, 수면 부족 등 신체상의 피로로 인한 괴로움, 더 나아가 인사상의 의견 부조화, 은혜와 원한, 사랑과 원망 등을 견뎌야 합니다. 생인은 인간 세상에서 생존하기 위해 성숙시킨 인내력이자 용기이며, 생활과 인간관계의 경험에서 자신은 발전되고 곤란을 마주했을 때 지혜와 역량이 만들어집니다.

2. 법인法忍

마음속의 탐진치와 편견에 대해 스스로 억제하고, 스스로 해결하고, 스스로 적응할 수 있어야 진리 가운데 마음을 안주시키고 생멸生滅에 휘둘리지 않습니다. 예를 들어 세간의 슬픔과 고뇌, 공명과 관록, 인심의 온정과 싸늘함 등에 대해 흔들리지 말아야 함은 물론, 그것을 진실로 인식하고, 처리하고, 해소하고 더 나아가 변화시켜야 합니다. 법인은 인연으로 생겨나기에 그 자성이 공함을 체득하고, 자신이 지은 인연에 따라 과보를 받음을 이해하며, 사물의 이치와 인정에 정통한 반야 지혜입니다.

3. 무생법인無生法忍

일체의 법은 본래 생겨남도 없고 사라짐도 없으며 평등하여 둘이 아님을 이해하였기에, 인식하되 인식하지 않아도 되는 최고 경지에 도달할 수 있고, 언제 어디서나 생겨남이 없다는 이치를 깨달을 수 있다면 일체 만물은 모두 본래부터 그런 모습이니, 인정하거나 인정하지 않거나 상관이 없습니다.

어느 날 한산寒山 스님이 습득拾得 스님에게 물었습니다.

"세상 사람이 나를 비방하고, 기만하고, 모욕하고, 비웃고, 경시하고, 천시하고, 미워하고, 속인다면 나는 어떻게 해야 하겠는가?"

습득 스님은 이렇게 대답했습니다.

"그러면 그를 인내하고, 양보하고, 내버려두고, 피하고, 참고, 존경하고, 상대하지 않고, 다시 몇 년 지난 뒤에 그를 다시 보면 어떠하겠소?"

그래서 인내는 용기이자, 역량입니다. 사람으로서 화내지 말고 힘써 노력해야 합니다. 우리가 손상과 굴욕을 당했을 때 자신에게 역량이 있기만 하면 굴욕과 손상을 모두 참아낼 수 있으며, 더 나아가 마음에 걸릴 것이 없고, 실력을 높이도록 스스로를 독려하여 좋은 인연이 도래하기를 기다렸다가 다시 출발할 인생의 기회를 얻을 수 있습니다.

부처님은 과거 생에서 인욕선인의 몸이셨을 때, 가리왕에 의해 몸이 잘린 적이 있습니다. 비록 사지가 절단되었지만 전혀 노여운 마음을 일으키지 않았습니다. 그는 신체가 거짓으로 모여진 모습이라는 것과 마음의 사랑·증오·기쁨·나쁨도 순간에 나고 사라지는 것에 불과함을 통찰하였기 때문입니다. 아상我相·인상人相·중생상衆生相·수자상壽者相이 없는 까닭으로 형상에 집착하는 걸 없앨 수 있고, 여여부동하고 태연하게 업보를 받아들일 수 있습니다. 이로써

'무아무상無我無相'은 최상의 인내하는 힘임을 알 수 있습니다. 부처님은 인욕바라밀을 수행하고 육도만행을 원만히 이루었기에 32상 80종호를 성취하고, 복덕과 지혜를 두루 갖추시었으며, 상호가 원만한 부처가 되실 수 있었으니 '인忍'은 불도를 배우는 데 없어서는 안 될 수행이라 하겠습니다.

인과因果의 의의

세간의 일체 사물에는 반드시 앞선 원인과 그로 인한 결과인 '인과因果'관계가 있습니다. 바꿔 말하면 '원인'이 있고 '조건'이 있기에 그에 따른 '결과'가 생겨나는 겁니다. 그것이 자연의 법칙입니다.

인과 얘기가 나왔으니 말인데, 세상 사람들은 사실 인과를 믿긴 하지만, 인과를 혼동하고 있습니다. 인과의 법칙은 이른바 "콩 심은 데 콩 나고, 팥 심은 데 팥 난다"라는 것과 같습니다. 이 이치는 간단 명료하지만, 일반인들은 콩을 심고 팥을 기대하거나, 팥을 심고 콩을 기대합니다. 이는 인과를 혼동한 것이고 인과를 이해하지 못한 것입니다.

저마다 세간에서 짓는 모든 행위, 심지어 입으로 뱉는 말, 마음으로 생각하는 온갖 생각까지도 필연코 인과의 관계가 있습니다. 선악善惡에는 선악의 인과가 있고, 시비是非에는 시비의 인과가 있으며, 공유空有에는 공유의 인과가 있고, 사리事理에는 사리의 인과가 있습니다. 이 수많은 인과 역시 여시如是한 인因이 여시如是한 과果를 불러오니, 혼동해서는 안 됩니다.

그러나 일반인은 부모님께 효도하면 대박이 나고, 자녀를 사랑하고 아끼면 영광과 명예가 늘고, 부처님께 예불하면 장수할 수 있고, 보시하면 승진할 수 있다고 생각하지만, 이것은 모두 인과를 혼동하는 것입니다. 부모에게 효도하는 것은 윤리 도덕이니, 대박이 나는 것과는 관계가 없습니다. 대박이 나는 데에는 그에 합당한 인과가 있습니다. 열심히 일해야 하고, 자본금이 있어야 하고, 경영할 줄 알아야 하는 것이 대박이 나는 인과입니다. 부모에게 효도하는 것은 윤리 도덕의 인과일 뿐입니다.

자녀를 가르치고 사랑으로 보호하는 것은 부모 된 자의 책임입니다. 자녀에게 좋은 교육을 했다고 세상에 이름이 널리 알려지길 원해서는 안 되며, 이는 인과에 부합되지도 않습니다. 이름이 널리 알려지길 원하면 당신 자신이 훌륭한 발명을 하여 인류와 국가에 공헌을 해야 합니다. 그래야 세상에 이름을 남길 수 있습니다.

그밖에 예불은 신앙의 인과일 뿐이니, 장수를 구해서도 안 됩니다. 보시는 널리 선연을 맺는 것이니, 신체가 건강하길 구해서는 안 됩니다. 건강한 신체를 원한다면 운동하고, 영양을 잘 맞추고, 건강 관리를 해야 합니다.

누군가 "저는 부처님을 믿었는데, 어째서 자동차 사고가 날까요?" 라고 묻습니다. 이른바 열 번의 사고 중에 아홉 번은 과속이란 말이 있으니 과속에도 과속의 인과가 있습니다. 또는 자신이 부주의해서 생긴 좋지 않은 결과를 가지고 당신이 신앙하는 부처님이 당신을 보호해 주지 않았다고 책망해서는 안 됩니다. 당신이 운전하면 부처님이 보호해야 하고, 저 사람이 운전하면 부처님이 또 보호해야 하고, 세상에 적어도 몇십억 인구가 운전을 하는데 부처님이 그 많은 운전자들의 평안을 보호하다가는 누구라도 바빠 돌볼 겨를이 없을 겁니다. 그러니까 자신이 스스로를 보호해야 하는데, 이것이야말로 인과입니다.

이렇게 일반인은 인과를 모두 혼동합니다. 봄에는 백화가 만발하는데 당신은 만물이 시들어 떨어지길 원한다면 인과에 부합되지 않습니다. 봄의 기후는 만물이 성장하는 시절이고, 이것은 그들의 인과입니다. 가을과 겨울에 백화가 활짝 피길 바라는 것도 이치에 맞지 않습니다. 가을과 겨울에 함박눈이 펄펄 내리는데도 추위를 견디는 식물은 매서운 추위의 인과라는 시험을 받아들이는 것이고, 추위를 견디지 못하는 식물은 이러한 풍상한설의 맛을 받아들이지 않으니 인과에 따라 생멸합니다.

이른바 인과는 당신이 수확하고 싶은 것을 심는 것입니다. 당신이 대나무를 심으면 물론 죽순이 자라고, 당신이 복숭아를 심으면 물론 복숭아가 자랍니다. 당신이 쌀을 심었는데 밭에 밀이 자라지는 않습니다. 당신이 밀을 심었는데 콩이 자랄 리도 없습니다. 인과의 도리는 이해하기 쉽습니다. 인류는 이렇게 훌륭하고 이해하기 쉬운 도리를 잘 알지 못하고, 상식적으로 행동하지 않고 어지럽힙니다. 이것은 인과를 혼란시키는 것인데도 인과가 맞지 않다고 탓만 합니다.

물론 누군가가 횡령이나 부정행위 등 짓지 않은 악행이 없지만, 여전히 부귀영화를 누리는 것을 보고 하늘도 그를 징벌하지 않는다고 말합니다. 그러나 하늘이 그를 징벌하지 않는 게 아니라, 은행에 아직도 과거에 지은 그의 복덕과 인연이 다 쓰지 않고 아직 남아 있는 것입니다. 다 쓰고 난 뒤에는 자연히 과보를 받을 것입니다. 세간의 부자가 3대, 5대를 가는 걸 본 적이 있습니까? 인과는 매우 빠르게 옵니다.

또 누군가 채식과 염불을 하고 다리와 도로를 보수하고 많은 선행을 쌓았지만, 생활이 가난하여 자포자기하면서 하느님도 참 불공평하다며 인과가 어디에 있는가 하고 말합니다. 이것도 옳지 않습니다. 당신이 채식과 염불을 하고 다리와 도로를 보수하면 자연히 좋은 과보가 있을 것입니다. 그러나 당신이 과거에 빚진 채무가 있는데 은행은 빚을 조르지 않을 수 없고, 당신이 선한 일 했다고 은행의 채무가 한순간에 사라질 수 없으며, 반드시 상환을 받아야 합니다. 상환한 후에는 당신이 지은 선한 일에 따른 선한 인과가 자연히 뒤따를 것입니다.

불교에서 인과는, 이른바 경제에는 경제의 인과가 있고, 도덕에는 도덕의 인과가 있고, 건강에는 건강의 인과가 있고, 인연에는 인연의 인과가 있습니다. 거두고 싶은 게 있으면 반드시 그것을 심어야 한다는 이 이치를 당신은 이해해야 합니다. 그래서 불교에서는 인과를 단지 현세만 강조하는 것이 아니라, 삼세의 인과를 강조합니다.

세간의 식물을 예로 들어 설명하자면, 봄에 심고 가을에 거둬들이는 것은 현세의 인과입니다. 올해 심고 내년에 수확하면 미래세의 인과입니다. 올해 심고 5년이나 8년 후에야 꽃피고 열매를 맺으면 다생多生의 인과입니다. 인과는 절대 흐트러뜨려서는 안 됩니다. 소위 선한 일에는 선한 보답이 있고, 악한 일에는 악한 보답이 있으니, 과보가 없는 것이 아니라 시기가 도래하지 않았을 뿐이라고 합니다.

불교는 인과가 과거·현재·미래 삼세가 서로 통해 있다고 강조합니다. 다음 게송에서 잘 설명하고 있습니다.

"전생의 원인을 알고 싶다면 현생에 받는 것을 보고, 후대의 과보를 알고 싶으면 현생에 짓는 것을 보라."

당신이 지금 받는 각종 부귀영화, 또는 자포자기할 정도의 가난은 과거의 인과관계로 만들어진 현재의 결과입니다. 당신이 다음 생에 부귀영화를 원할지, 찢어지게 가난하길 원할지는 현재 당신의 행동과 태도를 보면 다음 생에 어떤 결과를 가져오게 될지 알 수 있습니다.

세간에서 누군가가 당신을 속일 수도 있고, 심지어 춥고 따스함이 한결같지 않은 날씨, 밝고 어두움이 일정하지 않은 태양과 달 모두를 당신이 예측하기는 쉽지 않을 겁니다. 그러나 인과는 간단하고 쉽게 이해할 수 있습니다.

'인'과 '과' 사이에 '연緣'이 또 하나 있다는 것을 세간의 사람들은 명백히 이해하길 바랍니다. 당신이 탁자에 콩을 올려놓고서 꽃이 피고 열매가 맺길 희망해도 그것은 불가능합니다. 탁자 위의 콩은 연이 부족하기 때문입니다. 당신이 볍씨를 건조한 사막에 놓으며 풍성하게 자라길 원한다고 해도 그것 역시 불가능합니다. 성장에 도움을 줄 연이 없으면 인과도 완성되지 않습니다. 그래서 인연과 과보 사이의 상관관계를 포괄적으로 이해해야만 합니다.

여래십호의 의의

세간에서 부모는 자녀를 낳으면 현자를 찾아 자녀에게 좋은 이름을 지어주길 원합니다. 석가모니 부처님께서 태어나셨을 때도 부친이신 정반왕 역시 성안의 학식 있는 인사를 모셔다 '싯다르타'라는 이름을 지었으니 '일체의성(一切義成: 모든 일을 다 이룬다)'이라는 뜻입니다.

그러나 부처님은 깨달음을 얻은 뒤 대각자大覺者·대지인大智人이 되었고, 보통사람과 비교해서 뛰어난 성취가 있었습니다. 그래서 후대의 제자는 부처님에 대한 존경에 근거하여 총 10개의 명호를 붙였으니 이를 일러 '여래십호如來十號'라 합니다. 이것은 과거 황제가 누구누구를 국사로 봉하거나 국가에 공헌한 이에 대한 봉호를 내리는 것과 같습니다.

이른바 여래십호는 여래如來·응공應供·정변지正遍知·명행족明行足·선서善逝·세간해世間解·무상사無上士·조어장부調御丈夫·천인사天人師·불세존佛世尊입니다. 이러한 칭호는 어느 시대 어느 대덕께서 부처님을 대신해 붙인 것인지는 모르지만, 우리는 부처님의 성덕을 선명하게 드러내기 위해서, 그리고 부처님의 위대하심을 찬미하기 위해서 여래십호를 붙였음을 압니다.

'여래'는 부처님께서 진여실상으로부터 인간을 제도하기 위해 오신 것임을 표시합니다. '응공'은 부처님의 지혜와 덕이 원만하여 인간계와 천상계의 공양을 받을 만함을 표시합니다. '정변지'는 부처님께서 제법의 이치를 정확하게 두루 알고 계심을 표시합니다. '명행족'은 부처님께서 미묘한 행법을 구족하고 신통이 크시다는 걸 표시합니다. '선서'는 부처님께서 무량한 지혜로 모든 번뇌를 끊으시고 불과佛果를 취하셨음을 표시합니다. '세간해'는 부처님께서 세간의 일체 사상에 대해 알지 못하시는 것이 없음을 표시합니다. '무상사'는 부처님께서 일체 유정을 뛰어넘어 위없이 수승하시다는 것을 표시합니다. '조어장부'는 부처님께서 교화를 잘하시고 중생의 마음이 밖으로 흐트러지지 않게 잘 조절하심을 표시합니다. '천인사'는 부처님께서 인간계와 천상계 일체의 스승이 됨을 표시합니다. '불세존'은 부처님께서는 깨달은 지혜로운 분이시고 세간과 출세간에서 위없이 가장 존귀한 존재임을 표시합니다.

　이상의 여래십호가 진실로 부처님을 찬미한다고 생각합니까? 진실로 부처님의 인격과 행실을 표현한다고 생각합니까? 또한 이러한 칭호가 보편성이 있다고 생각합니까? 누구나 익히 알고 이 명호를 외웁니까? 이 가운데 여래 말고, 일반 불자들 가운데 또 누가 전하여 칭송하고 또 누가 알고 있는 명호가 있습니까? 응공을 아는 사람은 별로 없을 것입니다. 혹시 사람들이 '우리 응공에게 참배하러 갑시다', '우리 응공에게 헌화하러 갑시다'라고 말하는 걸 들은 적 있습니까? 혹은 '우리 사찰에서 정변지·명행족·선서·세간해께 참배하러 갑시다'라고 말하는 걸 들은 적이 있습니까? 무상사·조어대부를 외치는 사람은 더욱 적습니다. 부처님의 십호가 이렇게 전해져왔어도 입에 잘 맞지도 않고 인심에 부합되지도 않는데, 이 십호가 또 무슨 의미가 있습니까?

그러므로 저는 '부처님'이 유일한 그분의 칭호이고 그 이상의 십호니 팔호니 하는 것은 불필요하다고 생각합니다. 일반인은 이름 이외에 또 자호字號도 있습니다. 부처님은 당연히 괜찮고, 당신이 만일 그분을 존경한다면 우리의 깨달으신 분, 우리의 지혜로운 분, 우리의 원만하신 분이라고 말해도 모두 다 괜찮습니다. 그러나 일반적으로 통용되고 형식적인 면에서는 그래도 부처님으로 명칭을 통일하는 것이 좋습니다.

사실 현재 불교계는 부처님의 칭호를 이미 '부처님'이란 명호로 차츰 통일하기 시작했습니다. 그러므로 우리는 앞으로 여러분께서 더 이상 무턱대고 총명함을 뽐내지 말고, 부당하고 보편적으로 통용될 수 없는 많은 칭호를 부처님에게 별도로 제정해 주지 말기를 바라며, '부처님' 본래의 의미를 돌려주는 것이 좋겠다고 생각합니다.

고행苦行**의 의의**

인생은 고달프다(苦)고 불교에서 말하는 목적은 사람이 고달파 봐야 한다는 것이 아니라, 살아가는 데 고달픔을 견뎌내야 자신이 원하는 목표를 이룰 수 있다는 것입니다. 이것이 필연적인 이유는 하늘에서 금은보화가 아무 이유 없이 내 앞에 뚝 떨어질 리 없고, 땅에서 나의 행복과 즐거움이 불쑥 솟아날 리 없기 때문입니다. 나의 모든 것, 나의 미래는 반드시 나의 학습, 나의 투자, 나의 고행을 거쳐야만 서로 다른 미래가 나타날 수 있습니다.

예를 들어 봄에 열심히 씨를 뿌리지 않는데 가을에 어떻게 수확이 있겠습니까? 침대에 누워 잠만 자는 사람이 집안을 밝고 깨끗하게 하고 싶다고 자연적으로 깨끗해집니까? 오랜 시간 고생스럽게 공부하지 않고서 어떻게 시험에 합격할 수 있겠습니까? 그러므로 '고달픔'의 의의는 실제로 너무나도 미묘微妙합니다.

고달픔은 우리의 좋은 스승이자 유익한 벗입니다. 고달픔은 우리의 성공을 돕고, 우리의 역량을 증장시켜 줍니다. 그래서 "괴로움 중의 괴로움을 견뎌내야 사람 위의 사람이 된다."라고 했습니다. 고달픔은 우리의 영양이 되고 우리의 에너지가 되니, 마땅히 고달픔을 잘 이용하여 우리 인생에 투자하는 자본으로 삼아야 합니다.

우리는 고달픔을 인내·근면·발심을 강화하는 역량으로 잘 이용하여야 합니다. 어떤 인생이든 근면하게 노력해야 부귀해지고 지혜가 뛰어나고 지식이 해박하며 사리에 통달할 수 있음을 알게 해주니, 당신은 고달픔에 언제나 감사해야 합니다. 따라서 고달픔을 두려워하는 것은 잘못입니다. 우리는 고달픔을 이용해야 합니다. 힘써 참고, 힘써 행하고, 힘든 노동과 고난을 이용해 심신을 단련해야 합니다. 고달픔은 우리의 인생을 성장케 하는 비료가 될 수 있고, 겨울 같던 우리의 인생에 봄날이 찾아오게 해줍니다.

과거에 출가하여 수도하는 사람은 스스로 수행하고자 발심하여 고행에 매진하여 사찰 안에서 대중을 위해 봉사하고, 밥 짓고 물 긷고 땔감 나르는 등 10년 동안 고행하였는데, 어찌 사찰의 대중이 높이 평가하지 않을 수 있습니까? 내가 속해 있는 공동체를 위해 밭에 곡식을 뿌리고 더 많은 수확을 거둬들였는데, 공동체에서나 윗사람이 어찌 표창을 안 주겠습니까?

세간의 일체 성취는 어디에서 오는 겁니까? 지혜·근면·명리明理·연분이 하나의 인연임은 분명하지만, 기본적으로 고행은 가장 중요한 조력 조건입니다. "이 사람의 무대 위 공연은 너무 훌륭해서 사람들에게 큰 기쁨을 줍니다."라고 하는 사람이 있습니다. 무대 아래에서 10년간 들인 노력이 없다면 당신은 단 5분이라도 무대에 올라 공연을 할 수 있겠습니까?

당연히 고달픔에도 부당한 경우가 있습니다. 예를 들어 사마외도 역시 고행을 합니다. 그러나 그것은 합리적이지 않고 널리 홍보할 가치가 없습니다. 정당하게 노력하고, 근면하고, 예의를 갖추고, 책임지고, 감당하고, 그리고 일찍 일어나서 늦게 자고, 타인보다 배로 노력할 수 있고, 이 수많은 고행에 당신이 투자한다면 반드시 얻는 바가 있을 것입니다.

　외도의 고행 수련에는 밥을 먹으면서 입만을 움직이고 손을 사용하지 않는 사람도 있는데, 이런 거라면 조류도 성도할 수 있을 겁니다. 절벽에 살거나 동굴에 머물며 도를 깨우칠 수 있다고 생각하는 사람도 있는데, 그러면 곤충·개미핥기 등도 도를 깨우칠 겁니다. 따라서 불합리한 고행의 원리는 성공이란 목표에 도달할 수 없습니다.

　당초 석가모니 부처님께서는 6년간의 고행 뒤에 고행의 숲을 떠나 보리수 아래 금강좌 위에서 밤하늘의 별을 보고 깨달아 성불하셨죠. 그럼 고행은 나중의 깨달음에 도움이 될까요, 안 될까요? 반드시 도움이 됩니다. 다만 당시 부처님은 고행이 궁극적인 것이 아니고 다만 과정일 뿐이라고 생각하셨습니다. 그래서 고행 역시 가치가 있지만, 다만 고행 수련에는 지혜가 있어야 합니다. 고행 역시 세간의 자연의 도리와 화합, 각종 인연과보와 결합되어야 당신의 고행이 공덕을 더하는 데 소용이 되고, 도道를 돕는 자량이 될 수 있습니다.

애욕愛慾의 승화

불경에서는 사바세계를 "인간의 욕정이 넘쳐흐른다"라고 형용하는 것은 확실히 맞습니다. 세상 사람들은 식욕·음욕·수면욕 등으로 생명을 유지하는데, 만약 욕망이 없다면 인생도 없습니다. 천계의 육욕천六欲天조차도 욕망이 있고, 색계천色界天에 다다라도 또 정신상의 욕망이 있으니, 인간인 범부중생이 어떻게 욕망이 없을 수 있겠습니까?

욕망에는 좋은 것도 있고 안 좋은 것도 있으며, 선법욕善法欲도 있고 염오욕染汚欲도 있습니다. 불교는 금욕주의가 아니니, 『팔대인각경八大人覺經』에서는 "적은 것에 만족할 줄 알아야 한다(少欲知足)"라고 강조합니다. 만일 욕망이 적지 않고 욕망을 끊지 않고 거듭 욕망을 발산한다면, 소위 "욕망의 바다에서 거센 물결에 휩쓸리다"라는 말처럼 이 사람은 염치를 모르고, 도리를 모르고, 깨끗한 선법을 모르고, 장차 금수와 다를 바 없는 지경에 떨어지게 됩니다.

사람이 금수와 다른 이유는 부끄러움을 알고, 욕망을 절제할 줄 알기 때문입니다. 불교의 계율에는 출가하면 반드시 정욕을 끊어내야 합니다. 끊어낼 수 없다고 해도 괜찮습니다. 환속한다고 해도 불교는 당신이 죄를 지었다고 여기지 않습니다.

욕망은 사람마다 조금 다릅니다. 싫어하는 이, 욕망을 포기하는 이, 자신을 억제해 금욕할 줄 아는 이, 욕망이 적은 이, 그리고 또 욕망이 없는 이도 있습니다. 저는 인간 세상에서 '욕망'을 제거할 수는 없다고 생각합니다. 다만 욕망의 문제는 인생에서 가장 큰 선악의 교차점일 뿐인데, 당신은 선법욕을 추구하렵니까? 아니면 염오욕을 추구하렵니까? 당신이 어느 욕망 안에서 생존하고 생활해야 만족을 느낄 수 있겠습니까?

세간에서 누군가 성현이 되고 싶다면 그것도 욕망입니다. 누군가 사·농·공·상의 각 업종에 참여하고 싶다면 그의 희망 역시 욕망입니다. 그리고 누군가는 세간의 부귀영화나 방탕한 생활을 즐기는 걸 싫어하고, 소박함을 좋아하여 욕망을 멀리하고, 욕망을 싫어하고, 욕망이 적고, 욕망이 없기를 원합니다. 사실 진정 무욕에 이르려면 반드시 삼계를 초월해야 하는 것 외에 출세법에서 성불해야 하고, 보살이 되어야 하며, 이 텅 빈 온 세계와 융합된 후에야 욕망의 충동을 완전히 끊어낼 수 있습니다.

인생 최대의 욕망은 바로 애정입니다. 이른바 재물욕·색욕·명예욕·식욕·수면욕의 오욕이 없다면, 그럼 인생의 생명은 또 어디에 기탁할까요? 인생은 또 어떻게 살아나갈 수 있나요? 그래서 욕구는 생존이고, 욕구는 생활이며, 욕구는 희망이고, 욕구는 미래입니다. 당신이 구법에 대한 욕망이 없다면 어떻게 진리를 통달할 수 있습니까? 성현이 되기를 바라는 욕망이 없다면 어떻게 보살이 되고 나한이 될 수 있겠습니까? 그러므로 선법욕을 증상시키고 오염욕은 감소시키는 방법은 아주 많습니다. 여러분이 참고하시도록 다음과 같이 몇 가지 길을 말씀드립니다.

애욕을 자비로 승화시킵니다. 커다란 애욕은 홍수가 범람하는 것과 같아 흘러갈 길이 있어야 하고 소통시켜야 합니다. 흐르게 하지 못하고 막힌 곳이 범람하면 곧 재난이 됩니다. 승화시킨다면 자비는 이기적이지 않고 타인을 사랑할 수 있는 더 큰 사랑이 됩니다. 그러므로 "자慈는 능히 즐거움을 주고, 비悲는 능히 괴로움을 제거한다"라고 했습니다. 사랑하는 마음을 가지고 고난에서 구할 수 있고, 사랑하는 마음으로 타인에게 봉사하고, 사랑하는 마음으로 세간의 선미善美가 더 많이 생기게 하며, 애욕이 올바르게 발전하게 함도 나쁜 것은 아닙니다.

애욕은 대체 가능합니다. 당신이 남녀 간의 정욕에 집착하는 것은 지나치게 극단적이기 때문입니다. 사실 애욕을 대신할 것은 매우 많습니다. 독서를 이용해 신지식을 추구하면서 지식욕으로 정욕을 대신할 수 있습니다. 당신이 철학·과학·문학에 관심이 많다면 그런 흥미로운 대상으로 대신할 수 있습니다. 책을 저술하여 신심을 안정시키면 정욕을 대체할 수 있습니다. 심지어 고행을 이용하여 부지런히 고되게 일하면 정욕을 감소시킬 수 있습니다. 혹은 운동을 통해 신체를 피로하게 만들면 심리적 정욕이 감소될 것입니다. 이렇게 많은 대체 방법이 있습니다.

사상과 생각으로 정욕과 애욕을 풀게 할 수 있습니다. 당신의 사상을 선법 방향으로 더 생각하고, 좋은 쪽으로 더 많이 생각하고, 중생을 위해 봉사하겠다는 생각을 더 많이 하고, 유정중생을 이롭게 하겠다고 더 많이 생각합니다. 이렇게 당신 마음 가득 모두 타인을 위해 봉사하고, 세간을 위해 공헌하겠다는 사상과 관념으로 가득하다면 욕구와 정욕은 자연히 감소할 것입니다.

그리고 때로 참선을 이용해 욕구를 감소시킬 수 있고, 예불을 통해 욕구를 감소시킬 수 있습니다. 부처님 앞에서 애정 애기라도 나눌 생각이 그래도 있습니까? 경전을 읽으면서 정욕들을 그래도 떠올리겠습니까? 그래서 당신의 사상과 선한 생각은 정욕을 없애는 데 도움이 되고, 독송과 선한 일과 정도正道를 걷는 데 시간을 이용하면 정욕을 없애는 작용을 합니다.

노동봉사를 이용해 욕망을 감소할 수 있습니다. 10시간, 12시간씩 일하다 보면 피로에 지쳐 쓰러져 욕망은 감소할 것입니다. 발심하여 봉사하는 데 체력이 바닥나고 땀도 말라 더 이상 흐르지 않을 정도가 되면 심신이 가벼워져 정욕이 감소될 것입니다.

만일 이상의 여러 가지 방법 모두 소용이 없고, 원숭이나 말이 날뛰듯이 한 곳에 집중하지 못하고 정욕의 충동이 일어난다면 노래를 한 곡 불러 정욕을 발산할 수 있습니다. 찬바람을 잠시 쐬면 정욕이 감소될 수 있고, 대중 안에 들어가 대중과 함께 활동한다면 또 정욕이 사라질 수 있습니다.

욕구가 커지는 것은 지혜가 밝지 못하거나, 또는 상대의 미모, 마음을 흔드는 상대의 자태, 상대의 달콤한 말, 상대가 당신의 정욕을 유혹하기 때문입니다. 만일 당신이 바른 생각으로 신체의 삐뚤어진 생각을 치료할 수 있다면 욕심을 줄이고 만족할 줄 알게 됩니다.

물론 정욕을 완전히 없앨 수는 없지만 욕구의 충동을 감소시킬 수 있고, 특히 불법에 대한 믿음으로부터 정법을 증상하게 할 수 있습니다. 선법욕으로 더러움을 치료하는 것입니다. 부정관不淨觀을 수련하거나, 혹은 나라에 충성하고 인의예지신의 생각을 갖는 것도 모두 선법에 속합니다.

불교가 신앙을 전파하는 것은 바로 일체 중생이 세간의 오욕육진에 대해 적은 욕심으로 만족할 수 있길 바라서입니다. 더 나아가 선법욕 안에서 성장하고, 향상하고, 승화하고, 확대할 수 있고, "나에게 법락이 있으니 세속의 즐거움이 즐겁지 않다"는 생활을 할 수 있다면 자연히 범인의 경지에서 성인의 문으로 들어가는 날이 올 것입니다.

운명과 인연

세상 사람들은 좌절과 재난이 닥치거나 운수가 사나우면 여기저기 사주를 보고 팔자를 바꿔보려 하고, 점을 쳐보기도 하면서 운명을 변화시킬 수 있길 바랍니다. 또 누구는 자신이 일생 기구한 운명을 타고났다고 생각하며, 운명은 전생에 이미 결정된 것이라 믿고 안 좋은 운명대로 살아야 한다고 생각합니다. 이와 같은 숙명론자는 자신의 미래에 대해 희망을 품지 않고, 자신의 인생에 대해 적극적으로 창조해 나가려 하지 않으며 앞날을 운명에 맡겨버리니 안타까운 일입니다.

불경에는 다음과 같은 말이 있습니다.

옷과 음식이 있음은 무슨 원인인가?
전생에 가난한 이에게 차와 밥을 보시하여서이다.
음식과 옷이 없음은 무슨 원인인가?
전생에 한 푼도 보시하지 않아서이다.
비단옷을 걸침은 무슨 원인인가?
전생에 옷을 보시해 승려를 구제하여서이다.
용모가 단정함은 무슨 원인인가?
전생에 불전에 꽃을 공양하여서이다.

고덕들께서도 게송을 통해 밝히셨습니다.

전생의 원인을 알고 싶다면 현생에 받는 것을 보고,
후대의 과보를 알고 싶으면 현생에 짓는 것을 보라.

육조 혜능 대사께서도 말씀하셨습니다.

마음씨가 좋고 명운도 좋으면 늙을 때까지 부귀하다네.
명운이 좋고 마음씨가 나쁘면 복이 화로 변한다네.
마음씨가 좋고 명운이 나쁘면 화가 복으로 바뀐다네.
마음씨와 명운이 모두 나쁘면 재난을 만나고 가난하며 요절한
다네.
마음씨는 명운을 이끄니 어진 도를 간직함이 가장 중요하다네.
운명은 진실로 마음에서 만들어지니, 길흉은 오로지 사람이 불
러온다네.
명운만을 믿고 마음을 수행하지 않으면 음양이 뒤바뀌어 뜻대
로 되지 않고,
마음을 닦고 명운에 따르면 천지가 자연히 서로 보호한다네.

사실 사람의 운명은 자신의 손에 달려 있고, 자신의 앞날을 스스
로 창조해 나가야 하며, 힘써 분투한다면 반드시 운명을 바꿀 수 있
습니다.
『잡보장경』에 의하면 아라한과를 증득한 한 출가자가 12살 된 자

신의 제자가 7일밖에 살지 못한다는 것을 알고, 부모님을 찾아뵈라고 집으로 돌려보냈습니다. 그런데 뜻밖에 7일 후에 그 사미는 별탈 없이 사찰로 돌아왔고, 놀란 스승은 자초지종을 알아보기 위해 그에게 물었습니다.

"집에 간 7일 동안 뜻밖의 일을 마주한 것이 없느냐?"

골똘히 생각한 사미가 스승에게 대답했습니다.

"집으로 돌아가던 길에 연못을 하나 지나다가 물에 갇힌 개미 떼를 발견하게 되었습니다. 그래서 불쌍한 마음에 나뭇잎을 하나 놓아주어 개미가 연못에서 살아나올 수 있게 도와주었습니다."

사미의 이야기를 듣고 난 스승은 본래 요절할 운명이었던 사미가 자비로운 마음으로 개미를 구하였기에 자신의 수명을 연장시켰다는 것을 알았습니다.

이른바 "화복은 문이 없으니 오직 사람이 스스로 부르는 것이다 (禍福無門, 唯人自招)"라고 하듯이 한 사람의 운명이 좋고 나쁨은 평소 자기 마음의 선악, 덕을 쌓고 인연을 맺는 것과 관계있습니다. 그러므로 모든 사람의 명운은 다른 사람에 의해 제어할 수 없고, 정형화된 것도 아닙니다. 대체로 습관·신앙·감정·권세·욕망 등이 모두 우리의 명운을 바꾸고, 변화시키고, 좌우할 수 있습니다. 그러니까 중복된 행동거지는 습관으로 변할 수 있고, 정형화된 습관은 개성으로 변할 수 있으며, 개성의 좋고 나쁨이 종종 운명의 좋고 나쁨을 결정합니다.

곤란한 일이 닥치면 조상묘의 풍수지리를 탓하거나, 자신의 이름을 잘못 지었다 탓하는 사람이 있습니다. 그러나 풍수를 바꾸고 이름을 고쳐 봐도 사상이나 행위가 바뀌지 않으면 결과는 마찬가지입니다. 저는 운명을 믿느니 차라리 시기심을 존중하는 마음으로 고치고, 성내는 마음을 자비심으로 고치고, 탐욕의 마음을 희사하는 마음으로 고치고, 배척하는 마음을 포용심으로 고치고, 연연해하는 마음을 함께 기뻐하는 마음으로 고치는 등 마음을 바꾸고 생각을 바꾸면 그 순간 우리 명운의 방향이 이미 달라진다고 생각합니다.

복 기원과 업장 소멸

복을 기원함은 인류가 태어나면서 가진 일종의 본능이자 갈구입니다. 영원한 안녕을 보장하기 위해 대자연의 산천을 찾아 기도를 드리는 사람이 있고, 일월성신을 향해 기도하는 이도 있고, 천지신명과 제불보살에게 기도하는 이도 있습니다. 혹은 복을 빌며 방생을하고, 복을 빌며 독경하고, 복을 기원하며 등을 밝히고, 복을 기원하며 종을 치고, 복을 기원하며 사경을 하고, 심지어 온라인상에서 복을 기원하고 동영상으로 복 기원법회 등을 하기도 합니다. 때로는 길흉을 점치기 위해 사원에 가서 점괘가 적힌 점대를 뽑는데, 만족스럽지 않으면 점대를 끈으로 칭칭 묶습니다. 액운이 그 후로 다시는 자신을 쫓아오지 말라는 의미로 말입니다.

복을 기원하는 것은 좋은 일입니다. 그러나 많은 사람들은 노력할 생각은 안 하고 교묘한 수단으로 사리사욕을 채울 생각을 하거나, 가만히 앉아서 결과만 바랄 뿐입니다. 설령 정말 '좋은 일'이 찾아온다 하더라도 눈 깜짝할 사이에 사라져 아무것도 남지 않게 됩니다. 그러나 불교가 다른 종교와 가장 다른 점은 여러 가지 선교방편 외에, 우리를 적극적으로 인도한다는 점입니다. 타인이 우리를 위해 재난을 소멸해 주기를 바라느니 차라리 스스로 정화하고, 자아의 마음속 지혜 보물을 개발하려고 노력하는 편이 낫습니다. 마음에 불법의 자비와 지혜가 있다면 장애를 없애고 좋은 과보를 얻을 수 있습니다. 결자해지라고, 복을 기원하는 것도 좋지만 업장을 없애는 것이 더욱 중요합니다.

업장 소멸은 마치 옷이 더러워지면 비누와 세제로 깨끗이 빨아야 하고, 몸이 더러우면 바디클렌저로 깨끗이 씻어야 하는 것과 같습니다. 마찬가지로 업장을 소멸하고 싶다면 공구가 있어야 하고 무기가 있어야 합니다. 무기가 없이 빈손이라면 업장을 소멸하고 싶어도 힘은 힘대로 들고 돌아오는 것은 아무것도 없을 것입니다.

『아함경』에서 말했듯이, 돌멩이 하나를 물속에 던지면 자연히 아래로 가라앉습니다. 당신이 천지신명에게 기도한다고 해서 돌멩이가 떠오르지는 않습니다. 기름 한 방울을 물에 떨어뜨리면 필연코 물 위에 뜹니다. 아무리 기도한다 해도 물속으로 가라앉지 않습니다. 복 기원과 업장 소멸 역시 그러합니다. 무기가 없이 단지 기도만으로는 변화가 크지 않습니다.

그럼 업장 소멸하는 우리의 무기는 무엇일까요? 좋은 일 하기·좋은 말 하기·좋은 마음 갖기가 우리의 무기입니다. 또한 참회 발원·두루 선연 맺기·참선·사경·정심定心·봉사를 통한 복 배양·독경과 예불, 나아가 오계십선 수지·육바라밀 실천 등이 모두 우리의 무기입니다. 우리 마음속의 선법을 증가시켜 선의로 남을 돕게 할 수 있다면 모두 무기가 됩니다.

소금 한 덩이를 물이 담긴 잔에 넣으면 짠맛이 나지만, 갠지스 강에 넣으면 짠맛이 옅어지는 것과 같습니다. 도도히 흐르는 갠지스 강은 우리의 선법과 같습니다. 마음속 선의 역량이 증강되어지기만 하면 악업은 자연히 약해질 것이고, 악업이 약해지면 복보가 따라오게 됩니다. 그러나 과거에 지은 업을 단번에 깨끗이 없애기는 쉽지 않습니다. 그래서 커다란 마음을 일으키고 초심을 항상 유지하는 마음이 필요합니다. 기꺼이 발심하기만 하면 이루지 못할 일이 없습니다.

또 업장 소멸은 씨를 뿌리는 것과 같습니다. 과거에 뿌려놓은 '악한 씨앗'은 결국 기회와 인연이 들어맞으면 과보를 받습니다. 일단 '선한 씨앗'을 뿌리면 까닭 없이 사라질 리 없어 수확하는 날이 반드시 옵니다. 그러므로 자비의 씨앗을 뿌리기만 하면 장차 반드시 자비를 수확하게 될 것이고, 환희의 씨앗을 뿌리면 미래에 반드시 환희를 수확하게 될 것입니다. 자비와 환희 등으로 복을 기원하면 반드시 세간의 무량한 큰 복을 얻을 수 있습니다.

특히 현대인은 '유전자 개량'을 중시합니다. 사실 유전자 개량은 불교의 업장 소멸과 같습니다. 비록 명칭은 다르지만 의미는 같습니다. 옛 업장이 소멸되고 이제부터 선을 행하며 다시 악업을 짓지 않아 선의 에너지가 증가하였다면 유전자가 개량된 것 아니겠습니까? 그러므로 복을 기원하는 동시에 힘써 '심신을 개량'해야 합니다. 업장이 소멸되기만 하면 성격과 운명은 반드시 따라서 변할 것입니다.

가피와 가호

일반 불자가 독송·예불하는 것은 모두 불보살의 가피를 얻기 위해서입니다. 이른바 '가피'는 정신적인 역량이고 정신적인 느낌입니다. 이러한 역량과 느낌을 받았으면 바로 가피입니다. 예를 들어 아이가 밖에서 괴롭힘을 당하고 돌아오면 엄마는 아이를 안아주며 위로를 해줍니다. 이것이 바로 가피입니다. 사찰에서 예불하고 선지식의 격려를 들으면 두려움이 사라지니, 가피를 얻은 것입니다. 재난이 발생하면 정부는 구호할 사람을 파견하며 재난민을 안전한 곳으로 옮겨 그 생명의 안전을 보장하는데, 이러한 도움과 인연을 받는 것이 바로 가피를 얻는 것입니다.

그래서 마음이 나약한 중생은 역량이 부족하여 신앙이 필요하고, 타인이 주는 역량·사상·자비·정신력의 가피가 필요합니다. 우리가 불보살에게 예불하고 믿고 따르면 우리를 이끌어 주고 우리를 가피해 주어 우리의 신심을 안정되게 도와주고, 우리의 믿음·역량을 진작시키고, 우리에게 지혜를 주고, 우리 자신이 직접 문제를 해결할 능력을 줄 것입니다.

그러나 불교를 신앙으로 하는 신도들은 부처님과 보살에게 예배하고 공경하면서 그분들의 감응과 보호·비호를 얻고 싶다고 지나친 요구를 해서는 안 됩니다. 불보살은 인간 세상의 형사나 경찰이 아니고 검사도 아닙니다. 그분들은 상벌에 참여하지도 않고 법령을 집행하지도 않습니다. 이런 점에서 우리는 불보살께 초연한 지위를 드려야 합니다. 우리가 인간 세상에서 짓는 악행은 모두 법률의 제재를 받아야 하고, 이것은 불보살도 간섭할 수 없습니다. 불보살이 진리의 구현인 이상, 반드시 진리에 순종하고 진리를 위배할 수 없습니다.

가피의 가장 중요한 점은 외부적 힘(불보살)의 가피에서부터 스스로를 가피하는 것까지 이어져야 한다는 것입니다. 자신의 신앙·자비·지혜·인내·수행이 모두 자신 스스로를 가피할 수 있습니다. 그래서 불경에서는 불보살이 말씀하신 그 많은 도리는 모두 자신이 스스로의 주인이 되어야 하고, 자신의 업력·선악·좋고 나쁨 모두 스스로 감당하라고 합니다. 불보살은 우리에게 길을 가리키고 일러줄 뿐입니다. 우리는 듣고 나서 믿고 받들어 섬기듯 봉행해야 합니다. 그러나 불보살에게 요구를 해서는 안 되고, 무슨 일이든지 그분들이 우리에게 상을 내려주시길 의지해서는 안 됩니다. 그러면 세상에는 더 이상 선악의 인과가 없을 것입니다.

그러므로 여러분은 제불보살의 가피력을 믿고 받아들여야 하지만, 불보살에게 도를 넘어서 인과에 위배되는 보호를 달라고 요구해서는 안 됩니다. 그것은 잘못된 생각이자 부당한 요구입니다.

의문과 희론戱論

어려서부터 우리는 지금까지 의문을 가지게 되면 '왜?'라는 질문을 많이 했습니다. 지식의 축적은 모두 이 '왜'라는 데서 출발하여 나온 것이라고도 말할 수 있습니다. 부모·스승·선지식 등은 항상 우리에게 왜라는 의문을 가지라고 말합니다. 세상에는 우리의 왜라는 의문을 해소하도록 도와줄 수많은 서적이 있습니다. 살아가는 지금 이 순간에도 왜라는 의문이 들 때, 용감하게 의문을 제기하고 요점을 알아내야 지식이 늘고 사상이 넓어질 수 있습니다.

세간법이 그러하고, 출세간법은 더욱 그러합니다. 특히 불교는 무턱대고 사람들에게 믿으라고만 하지 않고, 우리에게 이성과 혜해慧解 위에 세우라고 합니다. 심지어 의심 위에 세울 수도 있으니 크게 의심하면 크게 깨닫고, 작게 의심하면 작게 깨달으며, 의심하지 않으면 깨닫지 못한다고 했습니다. 의문을 통해서 미혹을 없애고 나면 신앙은 견고해집니다. 일단 신앙이 견고하고 든든하면 이로움을 얻을 수 있습니다. 그러한 종교여야 우리에게 선택되어지고, 우리가 신앙으로 삼을 만한 가치가 있는 종교입니다.

불교의 교주이신 석가모니불께서 아직 태자이던 시절, 성문 밖을 두루 다니다가 인간은 어째서 나고 늙고 병들고 죽는 것인가에 대해 괴로워하고, 출가하여 도를 찾다가 드디어 깨달으시어 성불하셨습니다. 선재동자는 53차례의 참학을 하였으니, 세상의 선지식을 두루 찾아다니며 질문을 하여 마지막에는 무생법인에 들었습니다. 묘혜동녀妙慧童女는 부처님께 열 가지 질문을 하여 좌중을 진동시켰고, 문수보살까지도 자리에서 일어나 정례를 올렸다고 합니다. 의문이 바로 깨달음을 여는 기회이고, 심지어 간단한 문제에 대해 세 번 연속해서 왜일까라는 질문을 하면 큰 학문이 될 수도 있습니다.

그러나 불교는 의문을 제기하라고 장려하지만, 형식상의 희론은 부처님께서도 무심하게 내버려두고 대답하지도 않으셨습니다. 『중아함경』의 저명한 '십사문난十四問難'이 그 예입니다. 불교는 실천을 중시합니다. 그중에 설령 뛰어난 철학이론이 있다 해도 이 또한 진리에 들어가기 위한 방편 실천의 용도입니다. 주제와 동떨어지고 현실에 부합되지 않는 토론, 인생 문제 해결에 도움이 되지 않는 것은 모두 부처님의 질책을 받았습니다. 더욱이 부처님께선 '독화살'을 비유로 들어 현묘한 말이나 생활을 벗어난 것은 모두 궁극적이지 않다고 표명하셨습니다.

그러므로 불교는 인간성을 중시합니다. 인간을 떠난 불교는 우리 인생의 방향을 이끌어줄 수 없고, 우리 생활의 내적인 면을 충만하게 해줄 수 없습니다. 그러한 불교는 존재의 의미가 없습니다. 우리가 불도를 배우며 의심할 수는 있지만, 의미 없는 희론은 피해야 합니다. 겸허히 가르침을 청하며 의심을 신심으로 승화시키고 스스로 매일 작은 깨달음 하나씩을 쌓다 보면 수많은 작은 깨달음은 장차 커다란 깨달음이 될 것입니다. 만일 문자 놀이에 만족한다면 힘만 들고 무익할 뿐만 아니라 이치와는 더욱 멀어지게 될 테니, 그것은 얻는 것보다 잃는 것이 더 큽니다.

선악의 업보

선악에는 업보가 있다는 것이 불교의 근본 교의입니다. 이른바 "선악에는 인과가 있으니, 지은 대로 받는다"라는 말은 세간에서 일어나는 어떤 일 하나도 인연 없이 만들어지지 않으며, 업을 지은 원인은 있는데 결과는 없다고 말할 수는 없다는 것을 설명합니다. 우리의 행동 하나하나, 눈썹을 움직이고 눈을 깜빡이는 행동도, 나아가 마음의 한 생각이 좋건 나쁘건, 선한 생각이든 악한 생각이든 모두 결과를 낳게 되며 모두 보답을 받습니다.

저도 이런 얘기를 자주 합니다. 사람이 아침에 일어나서는 오늘 나는 어떻게 타인을 돕고, 무엇을 봉사하겠다고 발원하며 선한 생각과 좋은 마음을 일으킨다면 그는 천국에 오릅니다. 그러나 오후가 되면 마음에 흡족하지 않은 사람을 많이 보게 되어 번뇌를 일으킵니다. 심지어 화나고 원망하는 마음이 생기면 그때는 또다시 지옥으로 떨어지게 됩니다. 그래서 우리의 마음은 하루에도 천국에 올랐다 지옥에 떨어지기를 수없이 반복합니다. 그것은 둘 사이에 선악 업보의 관계가 있어서입니다.

선한 행동에는 선한 과보가 있고 악한 행동에는 악한 과보가 있으니, 과보가 없는 것이 아니라 시기가 도래하지 않았을 뿐이라고 말합니다. 불교에서 선악의 인과업보는 삼세가 연결되어 있다고 합니다. 과거에서 현재까지, 현재에서 미래까지, 다시 미래에서 또 되돌아갑니다. 미혹과 업과 괴로움이 미혹을 일으키고, 업을 짓고, 괴로움을 받는 것과 같습니다. 괴로움을 받고 나면 또다시 번뇌하고, 또다시 미혹을 일으키고, 업을 짓고, 괴로움을 받습니다. 이것은 끊임없이 윤회합니다.

원인을 지으면 결과가 따라옵니다. 인과업보의 관계는 비록 복잡하지만, 또 질서정연하고 조금의 오차도 없습니다. 그러나 세간에 있는 사람은 그 가운데의 도리를 이해하지 못하고 누군가 선행을 했는데 선한 과보를 얻지 못한 것만을 보고 원망하는 마음을 내는데, 이것은 옳지 않습니다. 당신이 은행에 저축한 정기예금이 시기가 도래하지 않았는데도 은행이 저축한 돈을 돌려줄리 만무합니다. 온갖 나쁜 짓을 다 저지른 사람이 부귀영화를 누리며 살고 있다면 그것은 과거 그가 은행에 저축한 돈을 아직 다 쓰지 않았기 때문인데, 은행이 당신은 나쁜 사람이니 돈을 돌려주지 않겠다고 할 수는 없습니다. 그래서 스스로 지은 업은 스스로 받는다 했으니, 누구도 여기서 벗어날 수 없습니다.

선악의 응보는 세간에서의 농경과 같습니다. 봄에 씨를 심고 가을에 수확하는 것은 일 년의 인과업보이며, 이를 순현수업(順現受業: 현생에 짓고 현생에 받는 업)이라 합니다. 올해에 씨를 심고 내년에 수확하면 양년兩年의 업보이며, 이를 순차수업(順次受業: 현생에 짓고 다음 생에 받는 업)이라 합니다. 올해에 씨를 심고 3년, 5년, 8년, 10년 이후에야 성장하고 수확할 수 있으면 다년생 업보이며, 순후수업(順後受業: 현생에 짓고 먼 후생에 받는 업)이라 합니다.

수목과 화초가 꽃이 피고 열매를 맺는 도리와 같이 서로 다른 성장의 시간과 계절이 있습니다. 인생의 선악과 과보 역시 시간의 길고 짧은 구분이 있고, 이번 생에 받는 것이 있고, 다음 생에 받는 것이 있으며, 더 나중의 생에 받는 것이 있습니다. 그러나 과보는 반드시 받게 됩니다.

일반인은 인과의 참뜻을 쉽게 이해하지 못합니다. 예를 들면 내가 채식을 하고 염불을 하고 선행을 하였으니 부자가 되기를 희망합니다. 이것은 잘못입니다. 채식·염불·선행이란 원인이 부자가 되게 해주는 결과를 가져오지는 않습니다. 그것은 도덕적인 인과·신앙적인 인과입니다. 당신이 부자가 되고 싶다면 근면하게 일하고 사업을 발전시켜야 하며, 인연을 맺고 타인을 위해 봉사해야 부자가 되는 인과업보가 있을 것입니다.

당신은 신체가 건강하길 원하면서 도로를 놓고, 다리를 수리하고, 차茶를 보시하고, 등燈을 보시한다고 해놓고는, 내 몸이 어째서 낫지 않느냐고 말합니다. 그것은 잘못입니다. 몸이 건강하길 원하면 반드시 영양을 공급하고, 운동을 열심히 하며, 양생의 도리를 알아야만 합니다. 이것이야말로 건강의 인과입니다. 도로를 만들고 다리를 보수하는 것은 선을 행한 것뿐이고, 좋은 사람이 되어 선한 일을 하면 또 다른 인과응보가 있을 것입니다.

그래서 콩을 심고 팥 나기를 바라고, 팥을 심고 콩 나기를 바라는 것은 무질서한 인과라 합니다. 선악의 업보에 대해 많은 사람들은 오해를 하고 있습니다. 왜냐하면 피차의 상관관계를 이해하지 못하고 시간적으로 이해하지 못하기 때문에 선악의 업보가 영험하지 못하고 정확하지도 않다고 탓을 합니다. 사실상 선악의 업보는 현재의 컴퓨터나 정밀한 측량기보다도 더 정확하고 한 치의 오차도 없습니다.

당신이 타인을 속이고 자신을 기만할 수는 있어도, 선악의 인과응보를 속일 수는 없습니다. 당신이 세상 사람을 속일 수는 있어도 미래에 선악의 인과응보를 피할 수는 없습니다. 당신이 저지른 일을 아무도 모를 거라고 생각하겠지만, 절대 아닙니다. 우리가 지은 모든 일은 하늘이 보고 있습니다. 인과가 우리를 위해 기록하고 있습니다. 그런데 어떻게 모를 수가 있겠습니까?

선악업善惡業의 이 '업'은 행위를 가리키는데, 거기에는 반드시 결과가 있습니다. 그러므로 선한 일을 한 사람은 인과를 믿고 서두르지 않고 기다리고 있으면 인과의 업보가 도래할 것입니다. 선한 일을 했는데 좀 좋지 않은 보답을 받아도 전혀 걱정할 것이 없습니다. 내가 빚을 다 갚은 것과 같기 때문입니다. 이미 지은 선업은 우리가 모은 재산과 같으니, 이후에도 여전히 나의 것입니다. 그래서 선한 일을 하는 사람은 선악의 업보에 대해 정확한 이해가 있어야 하고, 근거 없는 풍문을 듣고 인과를 오해하고 인과를 탓해서는 안 됩니다. 그것은 바로 자신이 어리석다는 것을 드러내는 것입니다.

유전자 개량

인류의 과학연구 중에는 유전자 개량이란 것이 있는데, 이것은 매우 선진적인 과학지식이자, 가장 위대한 인간의 발견입니다. 그렇지만 불교를 들어 얘기한다면 일찍이 이천년 전 불교의 '업력론業力論'은 이미 우리에게 모든 사람의 운명이 좋고 나쁨·행복과 불행, 자신의 성격·사상·건강·지혜로움과 어리석음·인생에서 만나는 기회 등을 포함해 모두 자신의 전생과 현생에 지은 행위와 관련 있으며, 모두 '업보'에서 기인한 것이라고 말합니다.

'업'은 생명의 비밀이고, 현대의학에서 말하는 '유전자'와 같습니다. 그러므로 불교에서 재앙을 없애고, 업장을 뉘우치고 고치며, 심신을 정화해야 한다고 제의하는 수많은 말이 유전자 개량이 아니겠습니까? 그래서 유전자 개량이라는 과학 분야를 가져다 우리는 불법을 포교하는 데 사용하며 불법과 함께 선전한다면, 방법은 다르나 같은 효과를 내는 오묘함이 있다고 말할 수 있습니다. 과학은 유전자 개량이라 말하고, 불교는 죄업 소멸이라 얘기합니다. 명칭은 다르지만 의미와 목표는 모두 같습니다.

유전자 개량을 얘기하자면, 장차 인류는 유전자 변형을 통해 더욱 향상할 수 있고, 더욱 성장할 수 있고, 더욱 발전할 것입니다. 마찬가지로 불교가 죄업을 소멸하자고 하는 것은, 몸으로 짓는 살인·도둑질·음란과 입으로 짓는 거짓말·나쁜 말·이간질·기만하는 말과 마음으로 짓는 탐욕·어리석음·성냄·시기를 없애자는 것입니다. 불교는 신구의로 지은 이 수많은 업력을 개조하여 악업을 선업으로 바꾸고, 신구의를 정화하고 아름답게 바꾸고 개선하자는 것입니다. 이것이 바로 유전자 개량입니다.

현대 과학은 이미 고도의 발전을 이루었지만, 불교의 학설과 부처님의 가르침을 뒤집어엎을 수는 없습니다. 반대로 부처님이 말씀하신 모든 불법은 더욱 진리에 부합되고 인간의 도리에 부합되고 인간의 본성에 더욱 부합된다는 것을 과학의 각종 발견이 더더욱 증명하고 있습니다. 불교는 거듭 인성人性을 불성佛性으로 향상시키라합니다. 인간 세상에서 부처가 되고 싶은데 유전자 개선이 없고, 악업을 없애지 않고, 선업이 증가되지 않는다면 어떻게 여래의 경지에 오를 수 있겠습니까?

유전자 개량 외에 또 유전자 복제가 있습니다. 인간이 소를 만들고, 인간이 양을 만드는 것입니다. 그래도 저는 유전자를 좋은 쪽으로 개선하는 것이 가장 중요하다고 생각합니다. 이러면 일체의 죄업을 모두 바꿀 수 있고, 나쁜 것은 뉘우쳐 없앨 수 있고, 좋은 것은 더 늘릴 수 있습니다. 그렇게 볼 때 불법의 업력 학설은 유전자 개량과 충돌하지 않습니다. 우리는 과학자가 유전자 개조에 한 발 더 나간 연구를 하길 희망합니다. 물론 우리도 불교의 수행자가 자신의 업력을 개량해야 하고, 악업을 선업으로 바꾸고 지옥·아귀·축생계를 모두 인천계와 보살계로 개선하길 희망합니다.

유전자 개량의 이 학설이 불법의 주장과 매우 부합될 수 있다는 점에 과학계에 감사합니다.

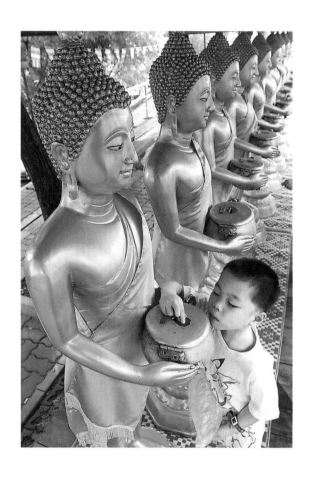

쿠알라룸푸르 사찰에서 보시하며 복전을 심고 있는 말레이시아 어린이

비법非法 보시

불교 안에서 전해져 오는 『태자수달라경太子須達拏經』은 인자한 성격의 비슈반타라(수달라) 왕자가 선행을 즐겨 하였으며, 수행할 때 무엇이든 타인에게 보시하기로 발심하였음을 서술하고 있습니다. 그는 누군가 자신의 옷을 원하면 자기의 옷을 내주었고, 음식을 원하면 자신의 음식을 주었고, 집과 전답을 원하면 자기의 집과 전답을 내주었습니다. 심지어 누군가 그의 아내를 원하면 아내를 주었고, 자녀를 원하면 두 자녀도 내주었습니다. 이유가 뭘까요? 그에게 있어 보시는 상대가 원하는 것이 무엇이든 전부 내어 주어야지, 상대의 뜻을 거슬러서는 안 된다고 생각했기 때문입니다.

저는 이렇게 번역된 이 경전의 이런 사상이 우리 당대의 정신과 부합되지 않는다고 생각합니다. 이 경전은 정말로 부처님께서 이렇게 말씀하셨던 것일까요? 태자의 신분으로 자신의 재물을 전부 보시하고 심지어 진리·가르침까지도 보시하는 것은 좋습니다. 그러나 아내와 자녀는 그의 재산이 아닙니다. 그들에게는 그들의 인격이 있고 생존 가치가 있는데, 어떻게 자신의 보시물로 삼을 수 있겠습니까? 인정에 맞지 않고 사리에 맞지 않는 이러한 상황은 현재의 인신매매와 같다고 말할 수 있지 않습니까?

우리는 비슈반타라 왕자의 행위가 사실 그랬는지는 모릅니다. 정말로 그랬다면 우리는 지금 토론을 제기해야 할 필요가 있다고 봅니다. 이 세상의 모든 사람은 인권이 있고, 심지어 지금은 '생명권(生權)'도 주장하고 있습니다. 돼지·말·소·양·새까지도 생존의 권리가 있는데 어째서 비슈반타라 왕자의 아내와 자녀는 생명의 자주권이 없는 걸까요?

비슈반타라 왕자가 그들을 보시한다고 물건처럼 가져다 마음대로 나눠주어도 되는 겁니까? 그의 이런 행동은 지아비의 도리를 상실하였고, 아내와 아이들을 보호할 수 없으니 지아비로서 어울리지도 않습니다. 아내와 아이들을 인정 삼아 타인에게 보시했으니, 이것은 시시비비가 뒤바뀐 것 아니겠습니까? 그래서 우리는 비슈반타라 왕자의 행위에 대해 연구할 필요가 있다고 생각합니다.

중요한 것은 우리는 인권을 존중해야 하고, 이와 같이 인권에 반하는 일은 불교에서 일어나서는 안 된다는 것입니다. 심지어 부처님께서는 모든 중생에게 다 불성이 있다 하셨습니다. 일체의 생명은 모두 평등합니다. 사람에게는 인권이 있을 뿐만 아니라, 중생은 모두 생존의 권리가 있습니다. 특히 현재 이 자유민주주의 시대에 개인의 권익은 끊임없이 상승하고 있는데, 우리는 이 경전의 기원과 사상에 대해서 불교계의 인사들께서 좀 더 많은 연구를 해주시길 희망합니다. 부당한 사상, 시대에 부합하지 않는 정신은 신체에 자라난 썩은 살과 같으니 도려낸 후에야 비로소 건강해질 수 있습니다.

온당하지 않은 의지依止

불교에서는 승가 대중이건 신도 대중이건 처음 불도를 배우고 수행하려고 발심하여 입도할 때, 자신이 존경하고 잘 어울리는 선지식을 찾아 그를 의지依止하여 배웁니다. 의지는 바로 의존인데, 기대어 머문다는 뜻입니다. 또한 덕이 있고 역량이 있는 사람에게 기대어 그에게서 학습하면서 함부로 떠나지 않는 것입니다.

불경에서는 부처님께서 열반하시기 전에 제자들에게 당부하시기를, 불도를 배움에 있어 "가르침에 의지하되 사람에 의지하지 말며(依法不依人), 진리에 의지하되 말에 의지하지 말며(依義不依語), 지혜에 의지하되 알음알이에 의지하지 말며(依智不依識), 요의경에 의지하되 불요의경에 의지하지 말아야 한다(依了義經不依不了義經)"라고 나옵니다. 그러나 오늘날 일부 불교도는 부처님이 가리키신 '사의지四依止'에 따라 학습하지 않고, 도리어 불교 교의에 대한 편파적인 지식이 생겼거나 또는 맹목적인 추구만을 탐하여 온당하지 않은 의지를 하기 때문에 신앙의 위기를 초래하게 되었습니다.

아래에 잘못된 의지 몇 가지를 예로 들어 불교도의 반성과 개선의 계기로 삼고자 합니다.

1. 신명에게 의지하고 부처님께 의지하지 않는다.

불교도는 부처님을 따라 배운다고 말하니, 먼저 부처님에 대한 지식과 이해가 있어야 합니다. 부처님은 인간에서 수행하여 불도를 이루시었고, 인격이 원만하시며, 복덕과 지혜를 구족하신 각자覺者입니다. 부처님이 깨달아 얻으신 진리는 중생이 어떻게 번뇌를 없애고 심신을 편안케 하여 궁극적인 해탈을 얻도록 하는지 인도할 수 있습니다.

상대적으로 신명은 사람과 같이 육도 중생의 하나입니다. 혹시 그들이 평범한 사람의 능력을 뛰어넘는 능력을 가지고 있다고 해도, 다섯 가지의 쇠한 모습을 나타내고 생사에서 윤회하는 것을 피할수는 없습니다. 그래서 불교는 비록 신명의 존재를 인정은 하지만, 신명을 신앙과 귀의의 대상으로 삼지 않습니다. 신명을 신앙으로 받드는 것은 궁극적인 해탈의 도가 아니기 때문입니다.

그러므로 불도를 배움에 부처님이 말씀하신 바에 의지해야지, 신명에 의지해서는 안 됩니다. 부처님께서는 업력은 스스로 짓고 스스로 받으며, 매사에 인과가 있으니 사람이야말로 복과 재앙을 결정하는 진정한 지배자라고 말씀하셨습니다. 또한 불교를 유일한 신앙으로 삼아 신의 권위(神權)에서 벗어나야 정신적 자유를 회복하고 자아의 신심을 세울 수 있다고 말씀하셨습니다.

2. 사람에 의지하고 가르침에 의지하지 않는다.

이른바 '법法'은 곧 진리이고, 진리는 고금을 이어오며 변하지 않고, 만겁을 지내오며 항상 신선하고 새로우며, 사해 어디 놓아도 모두 표준이 되는 것입니다. 우리는 가르침에 의지해 수행해야 이치와 도리를 이해하고 깨달을 수 있습니다. 상대적으로 사람은 희로애

불법으로 자기의 마음을 관리하면, 마음이 듣지 않을
까 걱정하지 않아도 된다.

락이 있고 생사를 오가기에, 불도를 배우는 데 있어 가르침에 의지
하지 않고 사람에 의지하면 언젠가 선지식이 왕생해지거나, 혹은 감
정적 관계로 변화가 발생했을 때 자신의 번뇌가 더 증가하지 않겠
습니까? 본래 선지식에 의지함은 정신을 정화하고 지혜를 증장하기
위해서인데, 번뇌는 오히려 줄지 않고 곤혹스러움만 증가되니, 실로
얻는 것은 없고 잃는 것만 많을 뿐입니다.

그러므로 불도를 배우는 초기에는 선지식의 안내에 의지해야 하겠지만, 일단 입문하고 난 뒤에는 가르침에 의지해 수행하고, 가르침에 의지해 실천해야 정도이고, 불법의 심오한 이치에 들어갈 수 있습니다.

3. 미혹됨에 의지하고 지혜에 의지하지 않는다.

불도를 배우는 최대 장점은 미혹됨을 깨달음으로 바꾸고, 알음알이를 지혜로 바꿀 수 있다는 것입니다. 미혹은 사물의 진실성을 여실하게 깨닫지 못하고 잘못된 사리에 집착하게 합니다. 지혜는 이성적이며 선악을 헤아리고 분별할 능력을 구족하고 있습니다.

불도를 배우는 데 지혜에 의지하지 않고 미혹됨에 의지한다면, 오욕육진 속에 빠져 있으면서 괴로움을 즐거움으로 알아 떠날 줄을 모를 것입니다. 반대로 미혹됨에 의지하지 않고 지혜에 의지할 줄 알면, 물욕에 담담해지는 것부터 시작하여 천천히 세속번뇌의 속박에서 벗어나야 함을 압니다. 이때 지혜가 점차 열리고, 법을 듣는 즐거움도 끊임없이 마음에서 솟아나게 됩니다. 더 나아가 발심하여 법을 듣는 즐거움과 법으로 받는 이익을 타인에게 보시하고 봉사하며, 타인에게 이익을 주겠다는 발심의 보살도 실천을 통해 결국에는 알음알이를 지혜로 바꿀 수 있습니다. 이것이 바로 반야가 눈앞에 있는 것이고, 불도를 배우는 가장 큰 이익입니다.

4. 구함에 의지하고 수행에 의지하지 않는다.

인간의 본성은 '얻는 바가 있음'에 관심이 있고, 따라서 일반인은

'구하는 바가 있느냐'는 것 위에서 신앙이 성립합니다. 그러나 얻는 바가 있어도 한계가 있을 수 있습니다. 반대로 구하는 바가 없어야 무한합니다. 그래서 우리는 불도를 배우면서 부처님을 믿고, 부처님께 구하는 데서 더 나아가 '행불行佛'해야 합니다. 부처님이 행하신 바대로 실천한다는 것은 자신을 위해 선근공덕을 쌓고, 자신을 위해 각종 복덕과 인연을 배양하는 것입니다. 마치 파종하는 것과 마찬가지이니, 씨를 심었는데 수확하지 못할까 걱정할 필요가 있습니까? 행불을 통해 부처님의 자비·지혜·평등·무아·인내·희사 등 불법을 힘써 실천한 뒤 당신이 배양한 각종 복덕과 인연이 구족되었을 때, 선한 인연과 좋은 운은 설령 바라지 않더라도 자연스럽게 얻어질 겁니다. 그래서 불도를 배우려면 실천에 의지해야지, 구함에 의지하지 말아야 합니다.

이상 몇 가지 외에도 어떤 사람들은 삿됨에 의지하되 올바름에 의지하지 않고, 사찰에 의지하되 가르침에 의지하지 않고, 개인에 의지하되 공동체에 의지하지 않고, 겉모습에 의지하되 본질에 의지하지 않습니다. 이것은 모두 온당하지 않은 의지이자, 지혜롭지 못한 행위입니다. 잘못 의지하면 성불의 길로 우리를 인도할 방법이 없을 뿐만 아니라, 심지어 잘못된 길로 들어설 수 있습니다. 그래서 불도를 배우고 수행하는 데 정확한 의지의 대상을 어떻게 선택하느냐에 대해서도 신중하지 않으면 안 됩니다.

호설팔도 胡說八道

다른 사람이 하는 말에 대해 기분이 나쁘면 우리는 그에게 '호설팔도(胡說八道: 중국어에서는 허튼소리라는 의미로 쓰임)'라고 비난합니다. 그 의미는, 함부로 얘기하고 멋대로 얘기한다고 욕하고, 얘기가 합리적이지 않고 올바르지도 않다고 욕하는 것입니다. 그러나 사실상 호설팔도는 매우 정당하고 올바르며, 아주 중요한 역사입니다.

당초 불교가 인도에서 중국으로 건너올 때 서역의 호인(胡人: 중국 북방의 이민족)이 머물던 지방을 거쳤는데, 호인은 불교에 대한 신봉이 매우 독실했습니다. 그들은 늘 불교의 선양을 도왔으며, 불교 안의 고집멸도인 사성제 중의 팔정도八正道를 강설하였는데, 바로 정견正見·정사유正思惟·정어正語·정업正業·정명正命·정념正念·정정진正精進·정정正定입니다.

호인이 이 '팔도八道'를 강설할 때는 불교가 전파된 초기이기에 서로 다른 번역과 해석이 매우 많았습니다. 그때 호인의 언어와 음성이 다른 지역의 사람이 듣기에 이해하기 어렵게 되자, 모두 호인이 전해 주는 팔정도를 듣고는 '호인이 말하는 팔도(胡人說的八道)'라고 말했습니다.

그러나 누군가는 그 뜻을 모르고 깊은 연구도 하지 않았으며, '호인이 말하는 팔도'를 '호인이 팔도를 말한다(胡說八道)'라 얘기하였고, 그래서 이러한 유행어가 생겨나게 된 것입니다. 후에 말의 뜻이 바뀌면서, 타인의 발언을 비난하고 듣기 싫을 때 '호설팔도'라고 합니다. 이로 인해 변질된 유행어가 한마디 성립되었습니다.

사실상 호설팔도는 그 나름의 역사가 있고 의의가 있으며, 당초 불교가 성행하던 상황을 묘사하고 있습니다.

그러나 오늘날 호설팔도 중 진정한 팔도를 깊이 이해하려고 노력하는 사람은 이미 없습니다. 즉 호인이 말하던 팔도에 대해, 현재의 대덕장자와 권위 있는 스님들은 사실 팔도가 인생의 나침반이니, 이 팔도를 인식하고 수행하면 인생은 매우 초월할 수 있고, 매우 지혜롭게 되며 매우 해탈할 수 있다고 가르쳐야 합니다.

안타깝게도 현재 이 팔도를 호인은 말할 것도 없고, 올바른 어떤 인사가 강연한다고 해도 그 의미를 분명하게 설명하기는 쉽지 않을 것이고, 그러니 모두들 이해할 수 없고 들을 필요 없는 팔정도라고 생각할 것입니다. 사실 팔정도는 우리 인생이 평탄하도록 도와주고, 우리를 성불이라는 큰길로 인도하는 올바른 안내자입니다. 이제 팔도의 내용과 의의를 아래와 같이 말씀드려보겠습니다.

첫째, 정견: 인연과 과보, 선악의 업력, 무상하고 괴롭고 공허함, 불도의 영구함.

둘째, 정사유: 몸이 깨끗하지 않음을 관찰하고, 감각기관은 괴로움의 원인이라 관찰하고, 마음은 무상하다 관찰하고, 존재하는 것은 실체가 없다고 관찰함.

셋째, 정어: 진실한 말, 자비로운 말, 찬탄하는 말, 중생을 이롭게 하는 말.

넷째, 정업: 살생하지 않음을 업으로, 도둑질하지 않음을 삶으로, 음란하지 않음을 일로, 삿된 직업을 갖지 않음을 목숨처럼 여김.

다섯째, 정명: 합리적인 경제생활, 정화된 감정생활, 자비로운 사회생활, 도덕적인 정치생활.

여섯째, 정정진: 생기지 않은 악은 생겨나지 않게 하고, 이미 생긴 악은 끊어 없앰, 생기지 않은 선은 일어나게 하고, 이미 생긴 선은 늘림.

일곱째, 정념: 각행覺行 원만圓滿하신 부처님을 생각하고, 법계法界가 원융圓融한 가르침을 생각하고, 청정한 공덕을 지닌 승가를 생각하고, 인의를 다하여 돕는 하늘을 생각함.

여덟째, 정정: 건강한 선정, 마음을 한 곳에 모으는 선정, 깨달음을 얻는 선정, 참 나를 바라보는 선정.

어린 사미승을 경시 말라. 장차 인간계와 천상계의 스승이 될 수 있으니라.

인간이 신명神明을 만든다

온 세상의 모든 국가는 대부분 그 지방색을 띤 신명에 대한 신앙을 가지고 있는데, 이것을 민간신앙이라 부릅니다. 이 민간신앙 외에도 그들은 국제적이고 세계적인 종교를 신앙으로 가지고도 있습니다. 이른바 세계적인 종교는 한 나라, 한 지방에 국한되는 신앙이 아니고 국가를 넘어섭니다. 그래서 종교에는 국경이 없다고 합니다.

현재 세계적인 종교라고 일컬어지는 것에는 불교, 천주교, 기독교, 이슬람교, 유대교, 도교, 유교 등이 있습니다. 국제적인 종교가 되기 위해서는 전 세계의 국가가 공인하고 받아들여야 정당하고 바른 종교입니다. 반대로 불교에 빌붙은 외도인 일부 부불외도附佛外道가 종파를 세우지만, 모두 잠시 지나가는 과정일 뿐 순식간에 구름처럼 사라지고 영향을 미칠 정도의 자리매김을 할 수 없습니다.

일부 지방색을 가진 민간종교 신앙 가운데 대부분은 신명이 그 기반입니다. 심지어 범주에 들지 못하는 여우나 도깨비까지도 신앙으로 받드는 사람이 있습니다. 사실 이 수많은 신명·여우·도깨비는 온 세상이 공인한 것은 아니고, 일부 소수의 사람이 인심과 인성의 필요에 따라 창조한 것입니다.

예를 들어 타인과 분쟁이 생겨 경찰이 와 중재를 하지만, 경찰의 중재가 불공평하다고 생각한 사람은 묘를 세워 토지공(地神)을 모십니다. 왜냐하면 토지공이 그의 마음속 파출소라 여기면서 정의를 집행해 자신을 도와줄 것이라 생각하기 때문입니다. 타인과 소송을 진행하고도 공정한 결과를 얻지 못했다면 법률이 나를 보호해 주지 못하니 차라리 내가 성황묘를 세우겠다고 합니다. 성황신은 가장 공평무사하니 나에게 정의를 되찾아 줄 것이라 생각하기 때문입니다.

그러므로 이러한 상황을 미루어 판단해 보면, 사람은 누구나 자신이 필요한 종교를 창조할 수 있습니다. 예를 들어 농경을 하는 사람은 신농대제神農大帝를 믿을 것이고, 노동을 하는 사람은 노반(魯班: 춘추전국시대의 걸출한 목공)을 조사로 모시고, 장사하는 사람은 관공 (관우)을 무재신武財神으로 봅니다. 이렇게 왕·선녀·왕비마마·태자 등 각종 신명이 시대적 요구에 따라 생겨납니다.

물론 대자연의 천둥 번개·비구름을 믿는 사람은 천둥 번개와 비구름이 그가 경외감을 가지는 신명입니다. 대자연의 산천대지를 믿는 사람은 산천대지가 모두 그가 숭배하는 종교가 됩니다. 심지어 과거 백성을 사랑하고 정무에 힘쓴 제왕에 대한 감사한 마음으로, 혹은 공훈을 세운 적이 있는 영웅을 위해 사람들은 그들을 모신 사당을 세웁니다. 또한 일반인들은 지역에 공헌하고 공로가 있는 분의 은덕에 감사하기 위해 그를 신명으로 삼아 숭배하기도 합니다. 그래서 세간의 종교 신앙은 하느님이 만물을 만들었다기보다는 대중이 신명을 창조했다고 말해야 할 것 같습니다.

그러나 올바른 믿음의 불교는 다릅니다. 불교의 교주이신 석가모니 부처님은 신명이 아니고 인간입니다. 그는 인도의 가비라위국에서 아버지이신 정반왕과 어머니이신 마야부인 사이에서 태어나셨습니다. 그가 수학하던 궁중생활도 있고, 입도하여 고된 수련을 한

여정의 기록도 있습니다. 부처님은 여러 해 동안 근면하게 수련과 고행을 거쳐 깨달음을 얻으셨기에 무한한 우주공간이 모두 그의 마음에 있고, 무한한 시간은 그와 생명을 같이합니다. 그는 시공을 뛰어넘은 대각자大覺者·대자재大自在·대오도大悟道하신 분으로서 중생을 위해 설법하십니다.

부처님은 신명과 다릅니다. 부처님은 당신에게 무엇을 상으로 내려주지 못하지만, 인연과보 등 불법의 진리로 당신을 인도해 줄 수 있습니다. 부처님은 당신을 징벌할 어떠한 권위도 없지만, 자신의 행위는 자신이 책임져야 한다고 말씀하십니다. 깨달으신 분이고 지혜로우신 분인 부처님은 모든 종교를 뛰어넘고 모든 신명을 초월하십니다. 불법 진리로 당신을 교화하고 당신을 가피하시지, 당신에게 평안·행복·재산·부귀를 나눠주시지는 않습니다.

부처님의 신앙을 따르면 당신은 부처님을 존중해야 하고, 그의 도덕을 믿어야 하며, 부처님은 실제로 존재하심을 믿어야 하고, 부처님의 교화가 우리에게 이로움을 준다고 믿어야 합니다. 이것이 바로 전통적인 불교입니다. 이는 현재의 인간불교와 일맥상통하니 고금古今이 일치합니다. 그러므로 우리는 불교를 신봉하고 부처님이 본래 가지셨던 뜻으로 돌아가야 합니다.

부처님은 인간을 창조하지 않으셨고, 인간도 부처님을 창조할 수 없습니다. 각자 자신의 업은 자신이 받고, 인과도 자신이 책임집니다. 소위 자신에게 의지하고 법에 의지할 뿐, 다른 것에 의지하지 말라는 것이 불교의 가장 높은 신앙 이념입니다.

영혼에 관하여

사람이 세상에서 활동하는 데는 반드시 신체가 있어야 하고, 신체 안에는 '영혼'이 머물러야 합니다. 불교에서는 이것을 '제8식'이라 부릅니다. 제8식은 홀로 활동할 수 없는 개체입니다. 그것이 눈·귀·코·혀·몸·제6식과 제7식과 합해진 것이 우리가 평소 이르는 '심식心識'입니다. 그중 제8식은 가장 깊고 미세하며 앞의 7가지 식識에 영향을 주기에 근본식根本識이라 부릅니다. 전7식은 항상 제8식에 의해 바뀌기 때문에 '7전식轉識'이라 부르기도 합니다.

사람은 일생 중 전7식의 영향을 받아 세상의 온갖 고초와 풍상·희로애락을 다 맛봅니다. 생명의 한 주기가 끝나면 전7식은 모두 작용하지 않습니다만, 제8식은 여전히 존재합니다. 그것은 생명의 근원이자 우리가 환생하는 근거가 됩니다. 일반 사회에서 혹은 기타 학설에서는 이것을 '영혼'이라 부르지만, 불교는 영혼이라 부르지 않고 '신식神識'이라 말합니다.

그러나 신식이라 불리는 이 제8식을 세상 사람들에게 이해시키기 위해서는 상당한 노력이 필요할 것입니다. 특히 제8식은 형체도 모습도 없는데다 내용이 너무 심오해 이해하기가 어렵습니다. 그러나 영혼이란 말은 온 세상이 다 알고, 온 세상에서 두루 사용하고 있어 통속적이라 이해하기 쉽습니다. 만일 불법이 세간에 있고, 세간을 떠나서는 깨달을 수 없다고 하였다면 어째서 세간의 추세에 따르지 않는지요? 제8식을 영혼이라고 하면 모두 이해하기 쉬울 텐데 왜 안 된다는 걸까요?

불교 안에는 본래 많은 방편권교가 있습니다. 소위 "먼저 욕망으로 낚아서, 뒤에 부처님의 지혜에 들어가게 한다(先以欲勾牽, 後令入佛智)"는 것은, 대중이 불교를 인지하고 불교를 이해할 수 있게 하기 위해서입니다. 불교를 전 세계에 전파하려면 반드시 많은 세간법을 활용해야 하기 때문에 세간법들을 배척할 필요는 없습니다. 일부 이해하기 어려운 현상에 대해 때로는 방편권교로 해석하고 방편권교로 인정해야 하지만, 그것을 숭배하고 무조건 믿어서는 안 됩니다. 다만 적절한 기준을 잡고 있다면 어떠한 세간법도 모두 불법을 위해 가져다 쓸 수 있습니다.

이른바 "하늘 밖에 또 하늘이 있다"는 말처럼, 현대과학계는 우주에 수많은 행성이 있다는 것을 발견했습니다. 불교가 해설할 때는 얼마나 많은 세계가 있다고 말하지 말고, 사람들이 이해하기 쉽게 얼마나 많은 행성이 있다고 바꿔 말한다고 해도 상관이 없을 것입니다. 이 밖에도 외계인의 존재 여부에 대해서 모두들 의견이 분분합니다. 사실상 부처님께서 법을 설하실 때 수많은 보살들이 모두 다른 불국토로부터 찾아왔으니, 아미타불과 시방의 제불은 외계인이라 말할 수 있습니다. 이러면 곧바로 이해를 시킬 수 있지 않겠습니까?

그래서 저는 불법을 널리 전하는 데는 근기와 이치에 맞게 전달하도록 연구해야 한다고 생각합니다. 중생의 근기에 부합하는 것 외에 또 시대의 발전에 부합되어야 하고, 당시의 문화·사상·세태와

복을 기원하는 동시에 심신의 변화와 업장 소멸을 힘써 구해야 한다.

도 더욱 조화로워야지, 다른 의견을 고집하고 내 방식대로만 하려할 필요가 없습니다. 음조가 지나치게 많은 노래는 배우기 쉽지 않은 것처럼, 간단하여 이해가 쉽고 일반인의 생활과 닿아 있으면 얼마든지 사용할 수 있습니다. 그러므로 우리가 영혼이라 말하는 것이 또 어찌 불가하겠습니까?

성운대사 약전

성운대사星雲大師는 1927년 중국 강소江蘇 강도江都에서 태어났다. 어릴 때 집안이 가난하여 학교를 그만두고, 부모님이 집안을 돌보느라 바쁜 탓에 외할머니 댁에서 오랜 기간 거주했다. 후에 노구교盧溝橋 사변(1937년 7월 7일. 중일전쟁의 시발이 된 사건)이 발발하고, 아버지가 전란으로 1938년 변을 당하시자, 어머니와 함께 아버지를 찾아 나섰다가 남경 서하산棲霞山의 지개志開 큰스님과 인연이 닿아 은사로 모시고 출가했다. 실제의 조정祖庭은 강소 의흥宜興 대각사大覺寺이다. 1947년 초산불학원焦山佛學院을 졸업하고, 그동안 종하(宗下: 선종) · 교하(敎下: 교종) · 율하(律下: 율종) 등의 총림에서 완전한 불문의 교육을 두루 수학했다. 그 뒤 백탑초등학교白塔初等學校 교장, 월간 『노도怒濤』 편집과 남경 화장사華藏寺 주지 등을 역임하였다.

1949년 타이완으로 건너와 '대만불교강습회' 교무주임과 잡지 『인생人生』의 편집을 맡기도 했다.

1953년 의란염불회宜蘭念佛會의 지도 법사를 역임하였고, 1957년 타이베이에 '불교문화복무처佛敎文化服務處'를 설립하였다. 1964년 가오슝(高雄) 수산사壽山寺 및 수산불학원을 설립, 1967년 가오슝에 불광산을 창건하여 '문화사업을 통한 불교 전파, 교육사업을 통한 인재 양성, 자선사업을 통한 사회 복지, 법회활동을 통한 마음 정화'라는 종지宗旨를 제창하고, '인간불교人間佛敎' 추진에 진력해 왔다. 또한 고금을 아우르는 규정과 제도를 직접 제정하고, 『불광산청규』를 발행하여 불교에 현대화라는 새로운 이정표를 세웠다.

성운대사는 출가 후 70여 년 동안 미국 서래사西來寺, 호주 남천사南天

寺, 아프리카 남화사南華寺, 브라질 여래사如來寺 등 전 세계 300여 곳에 도량을 건립했는데, 모두 현지에서 대가람이 되었다. 이외에도 불교 강원 16곳, 미술관 24곳, 도서관, 출판사, 서점, 그리고 '운수서점'이란 이동도서관 차량 50대, 50여 곳의 중화학교 및 지광상공智光商工 직업학교, 보문중학교普門中學校, 균두均頭·균일均一 초중고와 유치원을 다수 설립하였다. 그리고 연이어 미국에 서래대학교, 대만에 남화대학교와 불광대학교, 호주에 남천대학교, 필리핀에 광명대학교 등을 설립했다. 2006년 서래대학교는 미국 서부교육연합회(WASC)에 가입하여 정식회원이 되었고, 미국에서 중국인이 세운 학교로서는 처음으로 이런 영예를 안게 되었다. 또한 남천대학교는 호주 정부의 고등교육품질관리기구(TEQSA)의 인증을 받았다.

1970년부터 보육원(育幼院), 불광정사佛光精舍, 자비기금회慈悲基金會가 잇따라 설립되고, 인애지가仁愛之家라는 이름의 양로원과 운수雲水의원, 불광진료소, 운수호지차雲水護智車라는 이동병원을 만들었고, 가오슝 현정부와 협력하여 노인아파트를 건설하였다. 중국에 불광초등학교·불광중학교와 불광의원 수십 곳을 기증하고, 전 세계에 휠체어와 조립식 주택을 기증했으며, 재난구조, 유아·노인 돌봄, 약자와 빈곤을 구제하는 활동을 펼쳐 왔다.

1976년『불광학보佛光學報』를 창간하고, 다음 해인 1997년 '불광대장경편수위원회佛光大藏經編修委員會'를 발족하여 새롭게 단락을 나누고 구두점을 찍는 등 정리하여 천여 권에 달하는『불광대장경佛光大藏經』및『불광대사전佛光大辭典』을 편찬하였다. 1988년엔 '불광산문교기금회'를 설립하고 학술회의 개최 및 학술논문집과 정기간행물 등을 출판하였다. 1997년에는『중국불교경전보장정선백화판中國佛教經典寶藏精選白話版』132권,『불광대사전』CD를 발행하였다. '불광위성방송국'(후에 인간위시人間衛視로 명칭 변경)을 설립하고, 타이중(台中)에는 '전국라디오방송국'을 설립하였

다. 2000년에는 불교계가 발행한 첫 일간신문인 『인간복보人間福報』를 창간하였다.

2001년에는 20여 년간 발행했던 잡지 『보문普門』을 논문집 『보문학보普門學報』로 바꿔 격월로 발행했으며, 같은 시기 중국과 대만의 불교와 관련된 석·박사 논문 및 세계의 한문 논문을 수록해 『법장문고法藏文庫-중국불교학술논전』 총 110권을 편집·출판하였다. 2013년 『세계불교미술도설대사전世界佛教美術圖說大辭典』 20권을 출판하였고, 2014년 『불광대사전』 증정판 10권, 『삶의 여행자를 위한 365일』 및 『금옥만당金玉滿堂』 등 인간불교 관련 교재를 출판하였다.

성운대사는 저작 활동에도 많은 힘을 기울여 다수의 작품이 있다. 『석가모니불전釋迦牟尼佛傳』, 『불교총서佛教叢書』, 『불광교과서佛光教科書』, 『왕사백어往事百語』, 『불광기원문佛光祈願文』, 『미오지간迷悟之間』, 『인간만사人間萬事』, 『현대인의 심리(當代人心思潮)』, 『인간불교의 현대문제에 관한 좌담회(人間佛教當代問題座談會)』, 『인간불교시리즈(人間佛教系列)』, 『인간불교어록人間佛教語錄』, 『인간불교논문집人間佛教論文集』, 『승사백강僧事百講』, 『백년불연百年佛緣』, 『빈승이 할 말이 있습니다』, 『인간불교, 부처님이 본래 품은 뜻』 등이 그것이다. 이들은 모두 약 3천여만 자에 달하며 영어, 독일어, 프랑스어, 한국어, 일본어, 스페인어, 포르투갈어 등 20여 가지의 언어로 번역되어 전 세계에 널리 유포되고 있다.

성운대사의 홍법 교화는 더욱 광대하여 세계 각지에서 온 제자만도 2천여 명이 넘고, 전 세계에 분포하고 있는 신도는 수백만 명에 달한다. 법을 전한 전법제자(法子)도 백여 명으로, 중국 각 성省과 한국, 일본, 홍콩, 싱가포르, 호주 등 국내외에 두루 골고루 퍼져 있다. 예컨대 한국의 정우頂宇 스님, 남경불교협회 회장 융상隆相 스님, 보정保定불교협회 회장 진광眞廣 스님, 금주錦州불교협회 회장 도극道極 스님, 중국불교협회 상무이사 도견道堅 스님 등이 그들이다. 1992년에는 미국 로스앤젤레스에서 설립된 국제불광회 세계총회 총회장에 추대되었다. 국제불광회는 지금까지 5대양 6대주 170여 개 국가에 지역협회가 설립되었고, 전 세계에서 화인(華人: 중국인) 최대 규모의 단체가 되어 "불광은 삼천대천세계를 비추고, 법수는 5대양 6대주에 흐른다(佛光普照三千界, 法水長流五大洲)"는 이상을 실천해 오고 있다.

불광회는 LA, 토론토, 시드니, 파리, 홍콩, 도쿄 등 세계 대도시에서 연이어 세계회원총회를 개최하였으며, 회의에 참가한 대표만도 오천 명이 넘는다. 2003년 UN의 심사를 거쳐 '국제 비정부 기구(NGO)'의 정식회원이 되었다. 오랜 세월 성운대사는 '환희와 융합, 동체와 공생, 존중과 포용, 평등과 평화, 자연과 생명, 원만과 자재, 공시公是와 공비公非, 발심과 발전, 자각과 행불行佛, 화세化世와 익인益人, 보살과 봉사, 환경보호와 마음보호, 행복과 안락, 희망과 미래, 공통인식과 개방' 등의 주제로 강연해 왔으며, '지구인地球人' 사상을 제창하여 현대인과 세계가 다함께 추구해야 할 가치로 삼았다.

성운대사는 문화·교육 및 인류에 대한 관심 등에 대한 구체적 업적을 인정받아, 1978년부터 미국의 동방대학교와 서래대학교, 휘티어(Whittier) 대학교, 태국의 쭐랄롱꼰 대학교·마하마꿋 대학교, 칠레의 성토마스 대학교, 한국의 동국대학교·금강대학교·위덕대학교, 호주의 그리피스(Griffith)대학교, 대만 타이베이의 보인대학교輔仁大學校·가오슝(高雄)의 중산대학교·가의嘉義의 중정대학교·병동대학교屏東大學校, 홍콩의 중문대학교·홍콩대학교, 마카오의 마카오대학교 등 세계 유명대학에서 영광스런 명예박사학위를 받았다. 최근에는 중국대륙의 하문대학廈門大學, 남창대학南昌大學, 양주대학揚州大學, 산동대학山東大學, 무한대학武漢大學, 인민대학人民大學, 상해동제대학上海同濟大學, 호남대학湖南大學, 상해사범대학上海師範大學, 절강대학浙江大學, 상해교통대학上海交通大學, 동북재경대학東北財經大學 등에서도 명예박사학위를 수여받았다. 또한 내무부, 외교부, 교육부로부터 수차례 '일등 표창장'을 받기도 했다. 또한 국가와 사회 및 불교에 대한 공헌을 인정받아 2000년에는 '국가공익상', 2002년에는 '십대 우수교육사업가상', 2005년에는 '대통령상-보리상' 등을 수상하기도 했다.

성운대사는 국제사회에서의 수상 경력 또한 적지 않다. 1995년에는 전全인도불교대회에서 '불보佛寶상'을 받았고, 2000년에는 제21회 세계불교도우의회에서는 태국 총리로부터 '불교 최고 공헌상'을 직접 수여받았다. 2006년에는 홍콩 봉황위성TV에서는 '안정신심상'을, 세계화문작가협회世界華文作家協會로부터 '평생공로상' 및 '영구명예회장'을, 미국의 부시 대통령으로부터 '우수성과상'을 받았다. 2007년에는 서호주 베이스워터(Bayswater) 시로부터 공헌상을, 2010년에는 제1회 '중화문화인물中華文化人物-평생공로상'을, 2013년에는 '중화의 빛-세계에 영향을 미친 화인華人 평생성과상'과 '2013년 화인 기업총수 평생성과상'을 수상하였다.

성운대사는 평생 크고 깊은 자비의 원력으로 수많은 불교행사를 치렀

불교도는 사의지를 불도를 배
우는 준칙으로 삼아야 한다.

다. 1988년 11월에 북미대륙 최대의 사찰이라 일컬어지는 서래사를 낙성
하였고, 서방국가에서는 처음 있는 '만불삼단대계萬佛三壇大戒'를 전수하
였다. 또한 '세계불교도우의회-제16차 대회'를 개최하였는데, 이 대회에
중국과 대만의 대표가 함께 참가하여 양국 불교 교류의 물꼬를 트는 계기
가 되었다. 1989년 중국불교협회의 초대를 받아 '홍법탐친단弘法探親團'을
이끌고 중국으로 건너가, 양상곤楊尚昆 국가주석, 이선념李先念 정협주석
을 북경 인민대회당에서 회견하고 양안의 불교 교류라는 역사의 한 장을
열었다.

　1998년 2월에 인도 보드가야에서 국제삼단대계를 전수하고, 남방불교
에서 실전된 지 천 여년이 지난 비구니계법을 회복시켰다. 이와 동시에

여러 차례 재가자를 위한 오계五戒·보살계菩薩戒 수계법회를 봉행했다. 같은 해 4월에 성운대사는 영접단을 이끌고 부처님 사리를 인도에서 대만으로 모셔와 봉안하였다. 2004년 11월에는 호주 남천사에서 호주불교 역사상 처음으로 국제삼단대계를 전수하였다.

성운대사는 평생 석가탄신일의 법정공휴일 제정을 적극적으로 추진해 왔다. 1999년 마침내 입법원을 통과하여 음력 4월 8일이 법정공휴일로 제정되었다. 2000년에는 중국에 불교가 전래된 지 2,000년을 경축하는 첫 법정 석가탄신일이 되었다. 2001년 10월에 직접 뉴욕 '911 테러' 사고 현장을 방문하여 희생자들을 위한 기도를 올렸다. 같은 해 12월 총통부의 초청으로 '우리가 앞으로 노력해 나갈 방향'이란 주제로 강연을 펼쳤다. 2002년 1월에는 중국과 부처님 손가락 사리를 대만에 모시는 협약을 체결하였다. '성운 영도, 공동 영접, 공동 봉안, 절대 안전' 등을 원칙으로 '대만불교계 불지사리 영접위원회'를 조직하였으며, 서안西安 법문사法門寺에서 모셔온 사리를 대만에서 37일간 봉안하였는데, 이때 500만 명이 예참하였다.

2003년 7월, 성운대사는 하문廈門 남보타사南普陀寺의 초청으로 '양안 및 홍콩·마카오 불교계의 사스 퇴치와 국태민안 및 세계평화 기원대법회'에 참가하였으며, 같은 해 11월 '감진대사鑑眞大師 일본 불교 전파 성공 1,250주년 기념대회'에도 참가하였다. 이어서 중국예술연구원 종교예술연구센터의 초청으로 불광산범패찬송단을 인솔하여 북경과 상해에서 공연을 펼치기도 하였다. 2004년 2월에는 양안의 불교계가 공동으로 '중화불교음악전연단中華佛教音樂展演團'을 구성하여 대만, 홍콩, 마카오, 미국, 캐나다 등을 순회하며 홍법을 펼쳤다.

2006년 3월, '천년학부千年學府'의 명성을 지켜온 호남 장사長沙의 '악록서원嶽麓書院'에서 '중국문화와 오승불법五乘佛法'이란 주제로 강연하였고, 같은 해 4월엔 발기인 8인 중 한 사람의 신분으로 항주에서 개최한 첫 '세계불교포럼'에 초청되어 테마 강연을 하였다. 2009년 3월에는 국제불광회와 중국불교협회·중화문화교류협회·홍콩불교연합회가 공동으로 '제2회 세계불교포럼'을 주최했는데, 개막식은 무한에서, 폐막식은 타이베이에서 거행함으로써 중국과 대만의 네 곳에서 종교 교류를 개최한 역사의 새 장을 열었다. 2012년 9월, '세계경제포럼'의 요청으로 '제6회 하계 다보스포럼(Davos Forum)'에 출석하여 '신앙의 가치'라는 주제로 강연하여, 이 포럼의 개최 이래 처음으로 테마 연설을 한 첫 불교지도자가 되었다.

2008년부터는 각 지역의 인세와 일필자—筆字에서의 수입금 전액을 기부하고, 그것으로 여러 제자들이 대만과 중국 및 호주 등지에서 교육문화 공익기금을 설립하여 교육·문화 관련 각종 상장 수여 및 공익 명목의 활동을 개최해 오고 있다. 2010년부터 북경의 중국미술관과 중국국립박물관으로부터 '일필자 서예대전'의 개최를 요청받았는데, 이 장소에서 서예전을 연 첫 출가자가 되었다. 계속해서 해남海南, 천진天津, 내몽고內蒙古, 산서山西 태원太原, 광동廣東, 운남雲南, 하문廈門, 진강鎭江, 상해上海, 대련大連, 산동山東, 절강浙江, 광서廣西 등의 미술관 또는 박물관에서도 전시하였다.

2011년 12월, 성운대사가 직접 지도하여 건설한 불타기념관이 낙성되었는데, 다음 해 '국가건축금장–문화교육 분야 금사장金獅獎'을 수상하였다. 개관 3년이 되는 2014년 국제박물관협회(ICOM)의 인증을 획득하고 협회의 가장 젊은 정식회원이 되었다. 같은 해 세계 최대 규모의 여행 사이트 트립어드바이저(TripAdvisor)는 '2014년 대상'의 주인공이라고 평가하며 '우등優等' 증서를 수여하였고, 예술전시, 교육고취, 양안의 문화교류, 지하궁의 시대문물 소장, 사회 대중을 위한 영구지속적인 공익봉사 등의 항목에서 국제적으로 긍정적 평가를 받았다.

세계평화의 촉진을 위해 성운대사는 일찍이 각국 지도자들과 회견을 한 적이 있다. 예컨대 푸미폰 아둔야뎃(Bhumibol Adulyadej) 태국 국왕, 자와할랄 네루(Jawaharlal Nehru) 인도 수상, 디오스다도 마카파갈(Diosdado Macapagal) 필리핀 대통령, 클라렌스 세이그노렛(Clarence Seignoret) 도미니카 연방 대통령, 앨 고어(Al Gore) 미국 부통령, 그리고 세 번이나 수상을 역임한 마하티르 모하마드(Mahathir Mohamad)를 비롯해 압둘라 바다위(Abdullah Badawi), 나집 툰 압둘라작(Najib Tun Abdul Razak) 등 말레이시아의 세 수상이 그들이다. 이 밖에도 대사는 연이어 각 종교지도자와 의견을 나누었으며, 세계불교도우의회 회장인 태국의 뽄 디스쿨 공주(Princess Poon Pismai Diskul), 천주교 교황 요한 바오로 2세와 교황 베네딕토 16세와도 직접 만나 대화를 나누었다.

2004년에 대사는 '중화문화부흥운동총회'의 종교위원회 수석위원을 역임하며 천주교, 기독교, 일관도一貫道, 도교, 회교 등의 지도자들과 함께 '평화음악기도법회'에 참석하여 종교교류 및 종교가 사회인의 마음을 정화해 주는 실질적인 종교역할을 추진해 나가기를 역설하였다. 스웨덴 노벨문학상 심사위원인 고란 말름크비스트 교수와 한학자漢學者 토비언(Torbjorn Loden) 교수, 에즈라 보겔(Ezra Vogel) 하버드대 교수, 노벨문학상 수상자인 모옌(莫言) 선생 등과 인문교류 좌담 등을 가졌다.

2013년에는 시진핑(習近平), 후진타오(胡錦濤), 장저민(江澤民) 등 중국 국가지도자와 회견하여 불교 역사의 새로운 페이지를 썼다.

최근 성운대사는 중국 의흥宜興에 있는 조정祖庭인 대각사大覺寺를 복원하였으며, 중국 서원박물관, 양주 감진도서관, 남경대학 불광루 건설에 보시하고, '양주강단'과 '성운문화교육공익기금회' 설립 등 양안의 화합 촉진과 세계평화가 도래하기를 기원하며 적극적으로 문화교육을 추진하고 있다.

성운대사는 평생 인간불교를 널리 알리고, 불교의 제도화와 현대화, 인간화, 그리고 국제화에 대한 발전에 지대한 공을 세웠다.

조은자

대학에서 중어중문학을 전공하고 현재 전문번역가로 활동하고 있다. 성운대사의 『합장하는 인생』, 『천강에 비친 달』, 『성운대사의 관세음보살 이야기』, 『인간불교, 부처님의 참된 가르침』, 『계·정·혜, 인간불교의 근본 가르침』, 『삶의 여행자를 위한 365일』, 『성운대사의 세상 사는 지혜』, 『인간불교, 부처님이 본래 품은 뜻』, 『부처님 광명 기원문』, 『불교관리학』을 우리말로 옮겼다.

佛法眞義

성운대사가 들려주는 불법의 참된 의미

초판 1쇄 인쇄 2020년 8월 12일 | **초판 1쇄 발행** 2020년 8월 20일
지은이 성운대사 | **옮긴이** 조은자 | **펴낸이** 김시열
펴낸곳 도서출판 운주사

(02832) 서울시 성북구 동소문로 67-1 성심빌딩 3층

전화 (02) 926-8361 | 팩스 0505-115-8361

ISBN 978-89-5746-614-8 03220   값 16,000원

http://cafe.daum.net/unjubooks 〈다음카페: 도서출판 운주사〉